AF558121

Andreas Leinhäupl
Andrea Pichlmeier
Christian Schramm

Logbuch Bibel

Andreas Leinhäupl
Andrea Pichlmeier
Christian Schramm

Logbuch Bibel

Erkundungen im Alten und Neuen Testament

mit Illustrationen
von Christiane Becker

Inhalt

Vorwort

Mit dem „Logbuch Bibel" möchten wir Sie zu einer Expedition in die Bibel einladen und Ihnen dazu einen hilfreichen Reisebegleiter an die Hand geben. Wir haben unsere sehr unterschiedlichen Zugänge zu den biblischen Texten zusammengeführt und daraus ein Angebot erarbeitet, das sich an all diejenigen wendet, die Lust haben, einfach in der Bibel zu lesen oder sich grundsätzlicher und intensiver mit dem Buch der Bücher auseinanderzusetzen. Die einzelnen Beiträge verknüpfen biblisches Basiswissen mit den persönlichen Begegnungen mit biblischen Texten. Anhand ausgewählter Beispieltexte wird man so durch die einzelnen Teile der Bibel geführt und mit den vielfältigen Entwürfen vertraut gemacht. Die Erklärungen der geschichtlichen Hintergründe der Bibel sowie besondere Illustrationen und Grafiken machen das Buch zu einer kurzweiligen und verlässlichen Informationsquelle. Beiträge zu außergewöhnlichen Orten, die eine besondere Rolle im jeweiligen biblischen Buch spielen, regen das Fernweh an. Insgesamt entsteht ein Leitfaden, der die Bibel für die alltägliche Praxis aufbereitet und einen selbstständigen Umgang mit den Texten eröffnet.

Wir freuen uns, dass das Zusammenführen unserer Reisetätigkeiten in der Bibel Aufnahme im Verlag Katholisches Bibelwerk gefunden hat und bedanken uns für die produktive und unkomplizierte Zusammenarbeit. Bedanken möchten wir uns auch bei Laura Müller für vorbereitende Arbeiten an der KHSB sowie bei Dr. Bettina Wellmann für manche weisheitliche (Wort)Inspiration.

Nun wünschen wir Ihnen eine anregende Lektüre und hoffen, dass Sie Ihre eigenen Wege in die Bibel finden.

Ihre Reiseleitung
Andreas Leinhäupl – Andrea Pichlmeier – Christian Schramm – Christiane Becker

Teil 1: **Die biblische Landkarte – Wege in die Bibel**

Als Reisegruppe unterwegs: Verschiedene Zugänge zur Bibel

Andrea Pichlmeier

Wenn sich mehrere Individualreisende einer Reisegruppe anschließen, ist das ein Wagnis, als zeitweilige Reiseleiterin kann die Autorin dieser Zeilen ein Lied davon singen. Nun sind vier Individualisten dieses Wagnis eingegangen und haben sich zu einer Gruppe zusammengeschlossen, um gemeinsam die Bibel zu bereisen und ihre jeweiligen Erkundungen in einem „Logbuch" zu dokumentieren.

Ein Logbuch wurde ja ursprünglich in der Seefahrt geführt, um über die täglich zurückgelegte Strecke einschließlich besonderer Vorkommnisse Protokoll zu führen. Im Unterschied zu einem Tagebuch war das Logbuch verpflichtend zu führen, um im Ernstfall als Beweismittel zu dienen, ähnlich der Blackbox heutiger Flugzeuge.

Nun mag sich der Leser oder die Leserin fragen, was es beim Bereisen der Bibel denn zu beweisen gebe. Beweisen lasse sich in der Bibel doch nichts, weil die Bibel gar nicht bewiesen werden will. Sie lädt ein zur Begegnung: mit bekannten und unbekannten Personen an bekannten und unbekannten Orten, mit nicht erwartbaren Ereignissen und besonderen Vorkommnissen. Auf diese Begegnungen haben wir uns eingelassen, jeder und jede für sich, zwei Männer und zwei Frauen, eine Künstlerin und drei Theologen, die auf verschiedene Weise in Bibelwissenschaft und Bibelpastoral tätig sind. Wir stammen aus Norddeutschland und aus Süddeutschland und sprechen verschiedene Dialekte, und wir haben sehr unterschiedliche Erfahrungen mit der Bibel und verschiedene Zugänge zu ihr, die unsere Wahrnehmung und unser Urteil unvermeidbar und unverwechselbar prägen. Das soll kein Schaden sein.

In seiner Dankrede zur Verleihung des Georg-Büchner-Preises 1999[1] formulierte der Schriftsteller Arnold Stadler – auch er übrigens ein erfahrener „Bibelreisender" – drei Fragen, die der Autorin dieser Zeilen zu einer Art „hermeneu-

1 In: A. Stadler, Erbarmen mit dem Seziermesser. Über Literatur, Menschen und Orte, Köln (DuMont-Buchverlag) 2000. 25.

tischem Schlüssel", einem Schlüssel also zum Verstehen von Erfahrungen und Widerfahrnissen geworden sind. Sie lauten:

- Was habe ich für einen Platz bekommen?
- Was habe ich gesehen?
- Was kann ich bezeugen?

Jeder und jede von uns hat einen Platz bekommen, den kein anderer einnehmen kann, weil er nun schon einmal besetzt ist, von uns. Das gilt nicht nur für die vier Autor*innen, sondern auch für die Leser und Leserinnen dieses Buches. Dieser Platz ermöglicht eine bestimmte Perspektive (und verhindert andere). Unsere Lebenserfahrung und auch unser Wissen sind perspektivisch. Wir können nie alles sehen. Das aber, was wir sehen, kann möglicherweise kein anderer sehen, und es wäre daher ein unwiederbringlicher Verlust fürs Ganze, wenn wir unsere Sicht nicht dokumentieren würden. Wir sind dazu verpflichtet. Wir sind verpflichtet, ein Logbuch zu führen und nicht nur das weitaus weniger verbindliche Tagebuch, im Bild gesprochen.

Gleichzeitig ist zu sagen, dass der eigene, perspektivische Beitrag immer nur „Zeugnis", nie die umfassende Wahrheit sein kann. Aber was heißt schon „nur". Die Aussagen von Zeugen dienen als Beweismittel vor Gericht. Jede Perspektive zählt.

Es zählt die Perspektive des Theologen und die der Künstlerin. Der Hochschulprofessor blickt anders auf einen antiken Text als der Familienvater, der diesen Text als spannende Geschichte seiner Tochter erzählt. Die zeitweise Auslandsdeutsche nimmt grundsätzlich gern die Außenperspektive ein, auf Länder, auf Traditionen, Positionen und Religionen, auch die eigenen. Die Künstlerin sieht Dinge, die andere nicht sehen, und macht sie sichtbar. Das sind wir.

Wir haben, jeder und jede auf seine und ihre spezifische Weise, biblische Bücher erkundet und diese Erkundungen in unserem „Logbuch" dokumentiert. Wir haben versucht, die Texte als Landschaften zu begreifen und sie entsprechend zu kartographieren. Wir haben auch versucht, sie „on ground", in der geographischen Wirklichkeit (nicht nur) der sogenannten biblischen Länder zu verorten. Davon erzählt jeweils das „topographische Streiflicht". Es erzählt von Streifzügen auf verschiedenen Landgängen der Autorin dieser Zeilen, die tatsächlich so stattgefunden haben. Und schließlich haben wir Bilder gemacht, nicht mit dem Fotoapparat, sondern mit dem Zeichenstift der Künstlerin unter uns, die sah, was die Bibelwissenschaftler unter uns nur mit Worten beschreiben konnten. Aber was heißt wiederum „nur".

Auf diese Weise ist ein vielfältiges Panorama entstanden, nüchtern und sachlich, aber auch in Eindrücken und Assoziationen schwelgend, wissend, staunend. Wir sind, das ist zu sagen, nie zusammen losgezogen, sondern ausgeschwärmt, jeder und jede für sich, und haben dann unsere Entdeckungen zusammengetragen und in das gemeinsame Logbuch einsortiert. Dieses Logbuch liegt nun vor Ihnen. Es ist nicht aus einem Guss, sondern erwachsen aus den akribischen Erkundungen einer vierköpfigen Reisegruppe, die sich Ihnen nun im Einzelnen vorstellen möchte:

Andreas Leinhäupl

Seitdem ich vor gefühlten Ur-Zeiten im ersten Semester des Theologiestudiums zufällig in einen „Grundkurs Bibel" hineingerutscht bin, lassen mich die Texte aus dem Ersten und Neuen Testament nicht mehr los. Wenn ich nach meiner bibel-theologischen Herkunft gefragt werde, gebe ich unumwunden zu, dass ich diesbezüglich ein „Münsteraner Gen" habe. Hier war das „Theologietreiben" insgesamt durch und durch biblisch motiviert, eben nicht nur bloße Vermittlung und Aufnehmen von Inhalten, sondern es war so etwas wie ein Lebensentwurf, von dem ich mit Büchern wies diesem ein klein wenig weitergeben möchte. Die Bibel begleitet mich seither sowohl privat als auch beruflich und ich beschäftige mich seit vielen Jahren mit bibelwissenschaftlichen und bibelpastoralen Fragestellungen. Daraus haben sich neben der Lehrtätigkeit an verschiedenen Universitäten – inzwischen an der Katholischen Hochschule für Sozialwesen in Berlin – sehr innovative und umfängliche diözesane Projekte in verschiedenen pastoralen Handlungsfeldern ergeben. Mein Arbeitsschwerpunkt liegt im Bereich der angewandten Theologie aus biblischer Perspektive und ich arbeite an einer biblisch fundierten Grundlage für pastorale Struktur- und Handlungskonzepte. Hierfür gehe ich immer wieder auf die Suche nach offenkundigen und verborgenen Highlights in den biblischen Büchern, nach roten Fäden, die die zweiteilige Bibel durchziehen – und ich freue mich über die ganz unterschiedlichen und doch gemeinsamen Pfade, die wir hier in diesem Buch zusammengetragen haben.

Andrea Pichlmeier

Vielleicht liegt es daran, dass ich an einer Landesgrenze aufgewachsen bin und den größeren Teil meines Lebens an Landesgrenzen verbracht habe: Ich habe den Platz in der Mitte immer gescheut, ob im Klassenzimmer oder in der Kirche. Dafür habe ich gern Grenzen überschritten und von außen auf die Dinge geblickt, staunend über das Fremde im Vertrauten, aber auch mit heimlichem Vergnügen über manche Skurrilitäten. Ich habe früh angefangen, Sprachen zu lernen und zu reisen. Mein Studium der Theologie, der Bibelwissenschaften und der biblischen Archäologie hat mich mehrfach ins Ausland geführt, ein großer Teil meiner Freunde lebt in anderen Ländern. Nach einem zweijährigen Aufenthalt an der Jerusalemer École biblique habe ich angefangen, hin und wieder, Reisegruppen durchs Heilige Land zu begleiten. Meine Aufgabe als Reiseleiterin sah ich darin, das Land zu „beschriften", und es wurde mir zunehmend bewusst, dass dies bereits Ungezählte vor mir getan hatten. Wenn alle Worte aller Menschen, die je ihren Fuß auf dieses Land gesetzt haben, plötzlich sichtbar werden könnten, dachte ich mir, dann müssten die Steine, die Berge und Flüsse unter den Schichten von Geschichten geradezu verschwinden. Aber dies ist auch ein Wesenszug biblischer Texte: Sie „beschriften" Orte, Ereignisse, Erfahrungen. Sie wurden ihrerseits wieder und wieder kommentiert, d.h. „beschriftet". Und nun habe ich, wie auch meine drei „Mitreisenden", einen weiteren Kommentar hinzugefügt. Einen, den es so vorher noch nicht gegeben hat.

Christian Schramm

Ich reise gerne – so richtig leibhaftig von Ort zu Ort, sofern Corona das zulässt, und auch in Texte hinein. Alte Steine und alte Texte haben es mir besonders angetan, kurz gesagt: Ich bin ein *Antiken-Fan*. Wo diese Begeisterung für Vergangenes herkommt? Das habe ich mich auch schon oft gefragt. Auf jeden Fall haben mein Theologiestudium und besonders auch meine Studienzeiten im Heiligen Land diese Leidenschaft noch verstärkt. Dabei schaue ich mir auch Einzelheiten gerne genau an, gehe den Dingen auf den Grund, grüble und forsche nach – sowohl bei Steinen als auch bei Texten. Zugleich schätze ich *Leichtfüßigkeit* im Leben und Schreiben, freue mich an Humor und bin begeistert, wenn der Staub vergangener Jahrhunderte weggepustet wird, dies aber nicht staubtrocken daherkommt. Und (persönliche) Schätze in biblischen Texten mit anderen Menschen suchen – das ist ein Herzensanliegen von mir sowohl an der Universität als auch im Bistum Hildesheim.

Christiane Becker

Als ich mich dieser Bibelreisegruppe anschließen durfte, habe ich als erstes ein neues Skizzenbuch gebunden und in Bildern gefragt und formuliert, was das wohl für eine Reise werden mag. Das ist meine Weise auf die Welt zu schauen: Bei einer neuen Idee oder Entdeckung kribbelt es in meinen Fingern, sie in Bildern auszudrücken. Ich zeichne, mache Collagen und spiele mit Schrift, Druck und Farbe. Das Arbeiten und Gestalten mit Papier ist momentan der Schwerpunkt meiner künstlerischen Tätigkeit. An dieser Reise durch die Bibel hatte ich Entdeckerfreude. Ich habe vieles unterwegs mit dem Zeichenstift erkundet und in Bildern notiert. Auch gelesen, recherchiert und nachgedacht (Theologin bin ich nämlich auch) oder nach den Bildern in den Worten meiner Mitreisenden gesucht. Und dann habe ich die Entdeckungen des Tages aufgezeichnet. Ich muss zugeben, ich liebe Details! Diese habe ich am biblischen Wegesrand entdeckt und beim Herumspielen mit den Bildmotiven von Karten, Entdeckungsreisen, (Spiel)-Plänen und Infografiken. Daraus sind die Illustrationen für dieses Buch entstanden. Mein persönlicher Blickwinkel und zugleich eine Einladung für eigene Entdeckungen.

Ein Logbuch – von uns für Sie

Christian Schramm

Das Logbuch Bibel will zweierlei: Einerseits *dokumentiert* es unsere biblischen *Reiseerfahrungen*, unsere Entdeckungen und Erkenntnisse – das, was wir als Höhepunkte bei unseren Erkundungen erlebt haben und was wir von unseren *Reisen* als *Andenken* mitbringen. Andererseits will es Sie zu eigenen *Reisen* und *Entdeckungstouren* in die Bibel motivieren sowie darauf einstimmen und vorbereiten. Von daher ist das Buch, das Sie zu lesen beginnen, beides: Logbuch und Reiseführer in einem. Am Ende sollen Sie gut gerüstet sein, selbst ins Buch der Bücher *aufzubrechen*; zugleich wollen wir, indem wir von unseren Erkundungen erzählen, Ihre *Reiselust* wecken und *Appetit* auf die Bibel machen.

Zwar sind wir vier jeweils einzeln durch die Bibel *gereist*, doch haben wir uns zwischendurch auch mehrfach getroffen, unsere *Reiseerfahrungen* miteinander geteilt und an einem gemeinsamen Konzept für dieses Logbuch gefeilt. Sie halten nun das Ergebnis in Ihren Händen, das in seinen einzelnen Teilen die je individuelle Handschrift trägt, das aber zugleich eine Einheit bildet. Die einzelnen Elemente verbinden sich im Logbuch Bibel zu einer Einheit, ja treten in einen Dialog miteinander.

Da wären zum einen die Grafiken und Illustrationen von Christiane Becker, die einen eigenen Zugang zu den biblischen Büchern eröffnen und so manchen Schatz erschließen, der mit schnöden Worten blass und farblos bliebe.

Da wären zum anderen die *Reiseblogeinträge* von Andrea Pichlmeier, die *topographischen Streiflichter*, die uns – passend zum jeweiligen biblischen Buch – zu den unterschiedlichsten Zielen in der heutigen Welt entführen und auf ihre eigene Weise zum Nachdenken anregen und das Fernweh wecken.

Da wären zum Dritten die kurzen Einführungen von Andreas Leinhäupl und Christian Schramm in die Teile des biblischen Kanons (Tora, Geschichtsbücher, Weisheit, Propheten, Evangelien, Briefe), die zur Orientierung und Reisevorbereitung dienen. Und viertens finden sich die Erkundungen der beiden Letztgenannten in unterschiedlichen biblischen Büchern, die Zeugnis von bewegten persönlichen *Bibelreisen* inkl. Highlights und Geheim-Tipps geben. Die Beiträge zu den biblischen Büchern orientieren sich grob an folgenden Hauptakzenten: Basisdaten (als Reisevorbereitung), Sehenswürdigkeiten und Highlights (durchaus in persönlicher Auswahl und Profilierung), Souvenirs (das, was wir von unseren *Reisen* mitbringen – u. a. Erkenntnisse, Einsichten, Überraschendes, Ermutigendes ...).

Daneben finden sich, quer durch das Buch verteilt, immer wieder anregende *Einsprengsel* für Sie: a) Tipps (z. B. Lesenswertes, Sehenswertes, Hörenswertes); b) Kleiner Sprachführer (Begriffserklärungen oder ein wenig hebräische oder griechische Sprachkunde) – dezent eingesetzt; c) Souvenirs (jeweils gegen Ende der Beiträge). Und mit die wichtigste Kategorie, die sich als roter Faden durch das Buch zieht: d) Logbucheinträge. Hier präsentieren wir uns wichtige, für das jeweilige Thema bedeutsame, überraschende, prägende, kurz gesagt: (be-)merkens- und bedenkenswerte Bibelzitate – unsere biblischen Funde bei unseren *Reisen* durch die Bibel. Für Sie zur Anregung – und verbunden mit der Einladung, Ihre ganz persönlichen Logbucheinträge bei Ihren biblischen *Entdeckungstouren* zu notieren.

Auf Literaturangaben verzichten wir im Logbuch Bibel weitestgehend und bewusst – abgesehen von den im Buch verstreuten (Lese-)Tipps. Eine umfängliche Literaturliste wäre kaum hilfreich, zudem bliebe sie immer unvollständig. Damit wollen wir Sie nicht belasten. Zugleich basiert dieses Logbuch aber fundamental auf Literatur sowie auf prägenden Exeget*innen, bei denen wir studiert, von denen wir per Lektüre viel mitgenommen haben. Das kann und soll nicht geleugnet werden – unsere *Erkundungen* sind davon beeinflusst und durchzogen. Wer sich in der Exeget*innen-Szene etwas genauer auskennt, der wird an der ein oder anderen Stellen herauslesen können, wer prägend im Hintergrund steht.

Die Bibel als ganzes Buch lesen Reisevorbereitungen (Teil 1)

Andreas Leinhäupl

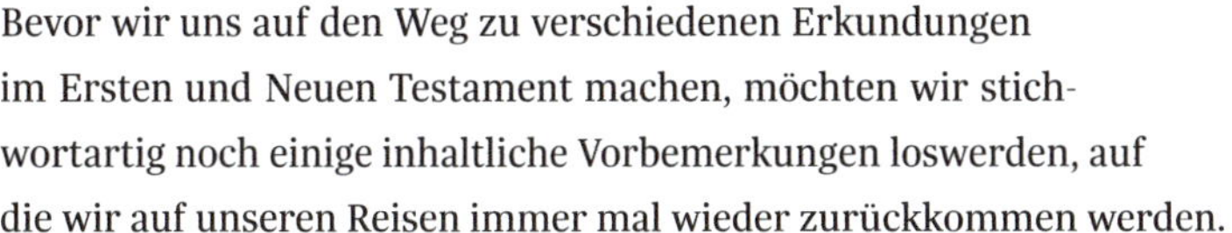

Bevor wir uns auf den Weg zu verschiedenen Erkundungen im Ersten und Neuen Testament machen, möchten wir stichwortartig noch einige inhaltliche Vorbemerkungen loswerden, auf die wir auf unseren Reisen immer mal wieder zurückkommen werden.

Kleiner Sprachführer: Bibel
Das Wort „Bibel" kommt vom griechischen Begriff „biblia", der wiederum der Plural von „biblion" ist, was übersetzt soviel heißt wie „Buch", „Schriftstück", „Dokument", und in der Mehrzahl dann eben „Bücher".

Ein Buch? Eine ganze Bibliothek!

Die Bibel ist kein Buch aus einem Guss, sie ist auch nicht nur „ein" Buch, sondern eine ganze Bibliothek. Die Bücher des Ersten und Neuen Testament sind über einen langen Zeitraum entstanden (ganz grob gesagt etwa von 800 v.Chr. – 130 n. Chr.) und haben in der uns heute vorliegenden Form jedes für sich eine mehr oder weniger lange Entstehungsgeschichte, d.h. sie sind nicht von einem Autor geschrieben, sondern durch Prozesse der mündlichen und schriftlichen Überlieferungen und deren Weiterentwicklungen gewachsen.

Ein Buch für Juden und Christen?

Der größere erste Teil der christlichen Bibel ist auch dem Judentum heilig. Was für das Christentum das Alte (oder Erste) Testament ist, ist für das Judentum dessen heilige Schrift, die Bibel Israels. Judentum und Christentum sind mit diesem gemeinsamen Teil allerdings unterschiedliche Wege gegangen und auch die Konzeption und Reihenfolge ist verschieden: Die ursprüngliche jüdische Bibel besteht aus drei Teilen (Tora, Nevi'im=Propheten, Ketuvim=Schriften, wodurch das Kunstwort TaNaK entsteht). Einige uns bekannte Schriften sind hier noch nicht vorhanden: Tobit, Judit, 1/2 Makkabäer, Weisheit, Jesus Sirach, Baruch sowie Teile der Bücher Ester und Daniel; sie sind allesamt erst in der griechischen Übersetzung der hebräischen Bibel, der sogenannten Septuaginta, hinzugekommen, sind im Original in Griechisch geschrieben und werden von daher „deuterokanonisch“ (= zweiter Kanon) genannt. Die Zusammenstellung des christlichen Alten Testaments greift auf den Gesamtumfang der Septuaginta zurück und ist in vier Teile unterteilt (Tora, Bücher der Geschichte, Bücher der Weisheit, Bücher der Propheten) und weist auch eine etwas andere Logik auf als die hebräische Bibel (siehe unten).

Das Neue Testament ist dann ausschließlich christlich geprägt. Die Bücher dieses Teils der Bibel entstehen in einer Zeit, in der sich die Gruppen und Gemeinden, die sich zu Jesus von Nazaret als dem Messias und dem Sohn Gottes bekennen, Schritt für Schritt aus dem Judentum emanzipieren und eigene Wege ausloten. Aber sie tun das eben auf der Grundlage des Alten Testaments und sie können auch nicht darauf verzichten, sondern greifen immer wieder auf diese Schriften zurück, zitieren sie und legen sie für ihre eigene Situation aus.

Und nun die Frage: was ist eigentlich „alt“ und was ist „neu“?

„Altes“ oder „Erstes“ Testament

Gegenüber dem weit verbreiteten Vorurteil, das Alte Testament sei der verstaubte und überholte Teil der Bibel, der dort verkündete Gott sei ein Gott der Rache und der Strafe, die behandelten Themen seien düster, es rechtfertige Krieg und Frauenunterdrückung ... und das Neue Testament würde demgegenüber durch Jesus von Nazaret Rettung und Heil bringen und schlimmsten Falls sogar den Alten Bund überbieten, sind doch erhebliche Zweifel anzumelden. Das „Alte“ ist eben nicht überholt, sondern zunächst einmal zeitlich vor dem Neuen Testament angesiedelt. Gottes erste Liebe gilt dem Volk Israel und die Bücher des Alten Testamentes beschreiben ja gerade die Grundlagen, die Geschichte und die Perspektiven dieses Volkes. Und mehr noch: das „Alte“ in der christlichen Bibel verweist auf die Kontinuiät zwischen dem Gottesvolk Israel und dem Christentum. Das zweite würde es ohne das erste nicht geben, die Offenbarung Gottes in Jesus von Nazaret wäre ohne das Alte Testament nicht verständlich. Und nicht ohne Grund finden wir im ersten Teil unserer Bibel das Alte und darauf aufbauend erst das Neue Testament. Der Alttestamentler Erich Zenger hat deshalb den Begriff „Erstes Testament“ stark gemacht … und wir möchten diese Bezeichnung gerne mit auf unsere Reisen nehmen.

Kleiner Sprachführer: Der „Kanon“ der Bibel

Das griechische Wort *kanon* bedeutet „Messschnur“, oder „Regel“, „Standard“. Im Blick auf die Bibel bezeichnet der Begriff „Kanon“ die Gesamtheit aller in diesem Buch versammelten Schriften. Seit dem 4. Jahrhundert n.Chr. liegt der Kanon der christlichen Bibel in der uns bekannten Form vor. Erst im Jahre 1546 fand auf dem Konzil von Trient die Dogmatisierung des Kanons statt, d.h. von hier an darf weder etwas hinzugefügt oder weggenommen werden. Der Kanon umfasst alle Bücher des Alten und Neuen Testaments, die dem frühen Christentum wichtig gewesen sind. Welche Bücher aufgenommen wurden und wie sie angeordnet worden sind, ist das Ergebnis eines langen Aushandlungsprozesses. Der Kanon stellt somit auch ein wichtiges Glaubenszeugnis und ein echtes Stück Kontinuität dar.

I
II
III
IV
V
VI
VII
5
ח
NO
46
יהוה
STOP

Die christliche Bibel – Eine Bibliothek aus zwei Teilen

	Altes Testament	**Neues Testament**
Grundlage	Tora	Evangelien
Vergangenheit	Bücher der Geschichte	Apostelgeschichte
Gegenwart	Bücher der Weisheit	Briefe
Zukunft	Bücher der Propheten	Offenbarung

Die beiden Teile der einen, zweigeteilten christlichen Bibel sind parallel aufgebaut und verfolgen eine gemeinsame Idee: Die *Tora* beschreibt Schöpfung, Befreiung aus Ägypten, Landnahme, Bundesschluss und Erhalt des Gesetzes am Sinai. Die *Evangelien* beinhalten Leben und Lehre Jesu als gründende Erzählungen für die christlichen Gemeinden. Die *Bücher der Geschichte* zeigen, wie es Israel mit dieser Tora erging. Die *Apostelgeschichte* erzählt vom Schicksal der ersten christlichen Gemeinden und von den Aposteln, die das Evangelium Jesu zu verwirklichen suchten. Die *Bücher der Weisheit* laden den einzelnen ein, mit ihrer Hilfe die Weisheit zu suchen und einen Weg zu finden, die Tora lebensfördernd umzusetzen. Die *neutestamentlichen Briefe* geben Hilfen für das Leben in den Gemeinden und des einzelnen. Die Schlussteile beider Buchteile wenden den Blick in die *Zukunft*. Die *Bücher der Propheten* sowie die *Offenbarung* entwerfen die Vision von der Vollendung der Welt und Geschichte.

Bezugspunkte vom Anfang bis zum Ende der Bibel – Beispiel: „Schöpfung“

Neben vielen anderen thematischen roten Fäden, die das Erste und das Neue Testament durchziehen, bildet das Schöpfungsthema eine Grundachse und nicht zuletzt auch einen Rahmen um die gesamte Bibel: Die beiden Eckbücher Genesis und Offenbarung fungieren dabei als eine Klammer, die im Wesentlichen durch schöpfungstheologische Komponenten formatiert ist. Das wird vor allem beim Blick auf den Anfang der Genesis und das Ende der Offenbarung deutlich: „Im Anfang schuf Gott Himmel und Erde“ (Gen 1,1) – „Dann sah ich einen neuen Himmel und eine neue Erde“ (Offb 21,1); „Gott nannte das Licht Tag, und die Finsternis nannte er Nacht“ (Gen 1,5) – „Nacht wird es dort nicht mehr geben ... denn die Herrlichkeit Gottes erleuchtet sie“ (Offb 21,23–25). Diese und weitere Stichwortverbindungen zeigen den übergreifenden Zusammenhang zwischen Erstem und Neuem Testament: Der Gott des Anfangs wird die Welt auch vollenden. Was mit Israel begonnen hat, wird in und durch Jesus von Nazaret auf die Völkerwelt ausgeweitet, sodass alle an der Erneuerung der Welt – also an der „neuen Schöpfung“ – teilhaben.

Wenn wir dann noch einen Blick in das Johannesevangelium wagen, das ja mit den Worten „Im Anfang war das Wort“ (Joh 1,1) beginnt, also eine klare Stichwortverbindung zum Anfang des Buches Genesis herstellt, und im gesamten Prolog (Joh 1,1–18), wie auch darüber hinaus an vielen anderen Stellen (vgl. nur die Hochzeit zu Kana) mit schöpfungstheologischen Methaphern arbeitet, wird recht schnell deutlich, welchen notwenigen und engen Zusammenhang das Erste und das Neue Testament aufweisen.

Übersetzung: Die Qual der Wahl

Wenn man heute eine Bibel aufschlägt, muss man sich darüber im Klaren sein, dass man eine „Über-Setzung“ liest, d.h. man ist von vornherein mit einer Interpretation der hebräischen oder griechischen Originalschriften des Ersten oder Neuen Testaments konfrontiert. Der Markt der Übersetzungen ist sehr groß: es gibt Bibelübersetzungen, die sich sehr stark am Originaltext orientieren (Münchener Neues Testament), oder solche, die die biblische Botschaft eher in eine heutige, zeitgemäße und verständliche Sprache übertragen, oder solche (Gute Nachricht Bibel, Basisbibel), die auf spezielle Adressatengruppen (Kinder, Jugendliche, Familien, Kirchennahe, Kirchenferne etc.) zugeschnitten sind (Wir erzählen die Bibel), oder solche, die bestimmte Aspekte von Gerechtigkeit oder politischem Engagement als Perspektive haben (Bibel in gerechter Sprache). Wie auch immer: Sie haben die Qual der Wahl und damit auch die Gelegenheit, die für Sie und Ihr Anliegen „richtige“ Bibelübersetzung auszusuchen. Probieren Sie es einfach aus. Testen Sie verschiedene Übersetzungen und finden Sie „Ihre“ Bibel!

Die neue Einheitsübersetzung

Wir legen für unsere Reiseunternehmungen die „neue Einheitsübersetzung 2016“ zugrunde. Diese Übersetzung, die nach einem zehnjährigen Arbeitsprozess die ursprüngliche Einheitsübersetzung aus den 80er Jahren ablöst und vom Katholischen Bibelwerk herausgegeben wird, berücksichtigt viele neue Erkenntnisse der Bibelwissenschaft und der Exegese. Sie versucht, die ursprünglichen Sprachbilder und Formulierungen der biblischen Texte ins Heutige zu übertragen und ringt auf diese Weise darum, den aktuellen kulturellen Horizont unserer Sprachgemeinschaft in eine vitale Beziehung zu den biblischen Urtexten zu setzen. Die Einheitsübersetzung bildet die textliche Grundlage für Gottesdienste sowie für alle möglichen Einsätze im pastoralen und schulischen Bereich.

Zurück in die Vergangenheit – Reisevorbereitungen (Teil 2)

Christian Schramm

Wenn wir in die Bibel *reisen*, dann verlassen wir das 21. Jahrhundert und machen eine *Zeitreise*, z. T. mehrere Jahrtausende zurück. Wobei wir in zeitlicher Perspektive grundsätzlich unterscheiden müssen, in welcher Zeit ein biblisches Buch, eine biblische Erzählung spielt, und in welcher Zeit das Buch/die Erzählung (vermutlich) entstanden ist, verfasst wurde. Letzteres ist meist schwierig zu ermitteln und umstritten. Ein gutes Beispiel vom Beginn der Bibel: Gen 1 erzählt von der Schöpfung als Ursprung von allem; hier befinden wir uns in einer mythischen Ur-/Vorzeit (s. Genesis). Aufgeschrieben wurde diese Erzählung vermutlich im 6. Jh. v. Chr.

Wenn uns diese Unterscheidung klar ist, dann sind wir gut für die nun anstehende *Zeitreise* gewappnet. Hierfür bieten viele Bibelausgaben hilfreiche Informationen in Form von Zeittafeln, Königslisten, Ereignisübersichten etc. im Anhang. Und es gibt zahllose Bücher zur alt- und/oder neutestamentlichen Zeitgeschichte. Damit möchte und kann ich nicht konkurrieren. Ich möchte Sie im Folgenden vielmehr mit den zwei, drei entscheidenden Basisdaten vertraut machen.

Grob gesprochen können wir die alt- und die neutestamentliche Zeit unterscheiden, wobei der Übergang fließend und der Umfang deutlich unterschiedlich ist: Was meist als alttestamentliche Zeit bezeichnet wird, umfasst mehrere Jahrtausende (ca. 2000 bis 1. Jh. v. Chr.), wohingegen die Zeit des Neuen Testaments ein gutes Jahrhundert (ca. 30 bis 150 n. Chr.) ausmacht. Beide *Epochen* sind jeweils durch eine Katastrophe gezeichnet, die als prägender Einschnitt identifiziert werden kann.

Für die alttestamentliche Zeit ist das Jahr 587/586 v. Chr. zentral: Die Babylonier erobern – als aufstrebende Großmacht – Jerusalem und zerstören den Tempel. Damit endet auf lange Sicht die Phase der Eigenstaatlichkeit Israels; unmittelbar schließt sich das Babylonische Exil an. Dieser Einschnitt ist nicht nur markant und existenziell verstörend, sondern führt auch zu einer verstärkten Sammlung und Sicherung der eigenen (Erzähl-)Traditionen, auch in schriftlicher

ICHTYS
A Ω
nw
no
sw
so
ROM
SANTIAGO
COCHIN
27
hic
sunt
dracones
TERRA INCOGNITA

Form. Zudem setzt eine beeindruckende Literaturproduktion ein – Krisen und Katastrophen wollen bewältigt werden, auch literarisch. Für das Volk Israel stellt sich angesichts der rauchenden Trümmer des Tempels die Gottesfrage mit äußerster Brisanz, denn in altorientalischer *Logik* gedacht: Der eigene Gott JHWH hat sich als schwächer erwiesen als die Götter der Feinde (Babylonier) – ergo schließen wir uns den stärkeren Göttern an. Das wäre das normale Vorgehen. Doch in der Zeit des Babylonischen Exils passiert genau das Gegenteil: Hier entsteht die Überzeugung, dass es nur einen Gott gibt, nämlich JHWH – wir haben es mit der Geburtsstunde des biblischen Monotheismus zu tun („Ein-Gott-Glaube").

Mit Blick auf die alttestamentlichen Schriften werden in der Folge vorexilische, exilische und nachexilische Traditionen unterschieden, wobei nahezu alle alttestamentlichen Bücher eine nachexilische (redaktionelle) Überarbeitung erfahren haben (s. Amos). Das Babylonische Exil endet gegen 539 v. Chr. – anschließend kann auch der Tempel wiederaufgebaut werden.

Für die neutestamentliche Zeit, die mit dem Auftreten, dem Kreuzestod und der Auferstehung Jesu von Nazaret ansetzt (30er Jahre des 1. Jh. n. Chr.), ist es erneut die Eroberung Jerusalems und die Zerstörung des Tempels, die als einschneidendes Datum zu notieren ist: 70 n. Chr.; die erobernde Großmacht sind diesmal die Römer. Auch diese Krise und Katastrophe bleibt nicht ohne literarischen Nachhall, besonders auch in den vier Evangelien lässt sich diesbezüglich Zahlreiches aufspüren.

Mit diesen beiden Jahreszahlen – 587/586 v. Chr. und 70 n. Chr. – hätten wir die zwei entscheidenden Dreh- und Angelpunkte der biblischen Zeit vor Augen, aus biblischer Perspektive versteht sich. Alles andere lässt sich dem zuordnen bzw. ordnet sich dem unter.

Teil 2:
Erkundungen im Alten Testament

Weg-weisend und fundierend – Einführung in die Tora

Christian Schramm

Wer literarische *Ausflüge* in die Bibel plant, muss für sich das genaue *Ziel* klären. Das ist gar nicht so einfach, denn die Bibel ist nicht nur ein dickes, sondern auch ein äußerst vielfältiges Buch – besser gesagt: eine umfängliche Büchersammlung. Da ist guter Rat teuer: Was *lohnt* sich? Was muss ich *gesehen*, sprich: gelesen haben?

Unabhängig davon, dass favorisierte Reiseziele zu einem Gutteil immer subjektiv und Geschmackssache sind – das gilt sowohl für literarische als auch für reale –, gibt es in der Bibel selbst durchaus eine (auch wertende) Gewichtung zwischen einzelnen Teilen. Einzelne Kanonteile sind so grundlegend, so elementar im biblisch-kanonischen Selbstverständnis, dass sie bei keiner *Bibelreise* fehlen sollten – idealerweise starte ich hier.

Beginnen Sie Ihre Reise hier!

Im Alten Testament sind dies die ersten fünf Bücher, die zu den unverzichtbaren Basics zählen: die Tora, der Pentateuch oder die fünf Bücher Mose genannt. Damit beginnt nicht nur die Bibel, sondern mit dem Beginn der Tora beginnt schlechterdings alles – wird hier doch von der Schöpfung erzählt (s. Genesis).

Auch die Anfänge des Volkes Israel finden sich in der Tora, weshalb die Tora die zentrale Gründungsurkunde für die jüdische Religion, ja für das jüdische Volk darstellt und folgerichtig im Synagogengottesdienst (heute) eine wichtige Rolle spielt. Die Tora wird als Bahnlesung von vorne bis hinten gelesen. Es gibt sogar ein eigenes Fest im jüdischen Festkalender, an dem ausgelassen mit den Tora-Rollen in der Hand gefeiert wird: *Simchat Tora*, das „Fest der Torafreude". An diesem Tag wird der letzte Toraabschnitt im Synagogengottesdienst gelesen – und unmittelbar danach wieder der erste. Das soll versinnbildlichen: Die Tora ist ewig wie Gott; die Toralesung endet nie.

Das Reiseziel im Begriffswandel: Tora – Nomos – Lex

Doch mag der eine oder die andere Bedenken gegenüber einer *Reise* in die Tora haben, da es hier so *gesetzlich* zugehen würde. Dieses verbreitete Vorurteil hängt damit zusammen, dass der hebräische Begriff „Tora" im Griechischen mit „Nomos" (so die Septuaginta) und im Lateinischen mit „Lex" (so in der Vulgata zu finden) wiedergegeben wird.

Für „Lex" und „Nomos" ist die hauptsächliche Übersetzung „Gesetz". Sind also die fünf Bücher Mose quasi „Gesetzesbücher"? Und ein „Fest der Gesetzesfreude" klingt eher nicht nach einer reizvollen Partyeinladung.

Allen Zweiflern und Skeptikerinnen sei zum einen ein persönlicher *Besuch* in der Tora empfohlen. Zum anderen kann ein Hinweis ermutigend mit auf den Weg gegeben werden: Tora kann zwar auch mit „Gesetz" übersetzt werden, doch ist das Bedeutungsspektrum viel weiter. Tora meint ebenso „Lehre", „(An-/Unter-) Weisung" – und mit Blick auf die vorrangige Verwendung in der Bibel lässt sich das noch zuspitzen: Tora ist die „Weg-Weisung Gottes" – Zielperspektive: ein gelingendes Leben, Heil und Segen in Fülle, Wohlergehen, Schalom. Ps 1,1–3 bringt dies treffend auf den Punkt.

Logbucheintrag: „Selig der Mensch, der … sein Gefallen hat an der Weisung des HERRN, bei Tag und bei Nacht über seine Weisung nachsinnt. Er ist wie ein Baum, gepflanzt an Bächen voll Wasser, der zur rechten Zeit seine Frucht bringt und dessen Blätter nicht welken. Alles, was er tut, es wird ihm gelingen." (Ps 1,1–3)

So gesehen: Ein „Fest der Freude über die Lebensweisung Gottes“ ist eine äußerst attraktive Feiergelegenheit.

Zwei Komplett-Reise-Angebote

Fünf Bücher umfasst die Tora (Genesis = Gen, Exodus = Ex, Levitikus = Lev, Numeri = Num, Deuteronomium = Dtn) und siedelt sich damit zahlenmäßig zwischen Bestsellern wie „Herr der Ringe“ (3 Bände) und „Harry Potter“ (7 Bände) an. Alle, die sich eine komplette *Durchreise* vorgenommen haben, können dies unter verschiedenen Blickwinkeln tun. Zwei finde ich besonders ergiebig.

Reise-Angebot 1: Wandern bis das Gelobte Land kommt

Die Tora kann als Erzählung vom Volk Israel auf dem Weg gelesen werden – und zwar auf dem langen Weg in die Freiheit. Während im Buch Gen die Vor- und Entstehungsgeschichte präsentiert wird, geht es diesbezüglich in Ex (s. Exodus) richtig los. Ex, Lev, Num und Dtn nehmen uns mit auf einen spannend-spannungsreichen Weg mit vielen Höhen und Tiefen, mit Freud und Leid, mit Murren und Jubel. Ein Lernweg – für das Volk Israel ebenso wie für Gott.

40 Jahre, so die biblische Überlieferung, ist das Volk unterwegs: aus dem Sklavenhaus Ägypten – durch die Wüste – Richtung *Gelobtes Land* – Sackgassen und Umwege inklusive. Also: *Wanderfreund*innen* werden hier auf ihre Kosten kommen. Wobei auch längere Zeit pausiert wird. Hier sind *Bergsteiger*innen* gefragt: Ein (textlich) längerer Stopp wird mittendrin am Gottesberg Sinai (manchmal als Berg Horeb bezeichnet) eingelegt.

Der – vielleicht geniale, vielleicht frustrierende – Clou: Das Volk Israel kommt nur bis an die Grenze des verheißenen Landes. Man erhascht einen ersten Blick, schnuppert ein wenig Luft von Freiheit, Milch und Honig – und dann endet die Tora mit dem Tod des Mose (Dtn 34), quasi auf der *Schwelle*. Ein *Cliffhanger*, der zur nächsten *Bibelreise* motivieren kann – das sich anschließende Buch Josua ist allen zu empfehlen, die nicht mit dieser *Grenzerfahrung* aufhören wollen.

Reise-Angebot 2: In Moses Fußstapfen – vom Binsenkörbchen bis zur Bahre

Was Frodo im „Herrn der Ringe“ und Harry Potter in den gleichnamigen Romanen das ist Mose in der Tora: der zentrale Held, den wir bei seinen Abenteuern und Prüfungen, bei Höhenflügen und Abstürzen begleiten. Die fünf Bücher werden in der Tradition nicht nur auf Mose zurückgeführt, sie lassen sich wie eine *Biographie von Mose* lesen. Von seiner Geburt inklusive dramatischer Rettungsaktion (Stichwort „Binsenkörbchen") über seine Erfolge und Misserfolge als großer Volksanführer, Befreier und Gottes Sprachrohr bis hin zu seinem Tod – dieser Bogen wird erzählerisch von Ex 1–2 bis Dtn 34 nachvollzogen. Von daher eignet sich die Tora gerade auch für all diejenigen gut, die eine *Bildungsreise* auf den Spuren des Mose unternehmen wollen.

> Logbucheintrag: „Niemals wieder ist in Israel ein Prophet wie Mose aufgetreten. Ihn hat der HERR von Angesicht zu Angesicht erkannt" (Dtn 34,10).

Zur Reisevorbereitung: Machen Sie sich auf etwas „Altes" und „Gewachsenes" gefasst!

Die Tora kann eine gute und erhellende Vorbereitung für weitere *Bibelexkursionen* sein, da in vielen anderen biblischen Texten auf sie Bezug genommen, daraus zitiert, darauf verwiesen wird. Das gilt im Übrigen auch für das Neue Testament (s. Matthäus). Doch schadet ein wenig Vorbereitung auf die Tora selbst nicht. Wer in die fünf Bücher Mose *hineinreist*, der muss sich bewusst machen, dass wir es hier z. T. mit den ältesten Traditionen der Bibel zu tun haben. Manche Texte sind sicherlich mehrere tausend Jahre alt.

> Logbucheintrag: „Mirjam sang ihnen vor: Singt dem HERRN ein Lied, denn er ist hoch und erhaben! Ross und Reiter warf er ins Meer." (Ex 15,21)

Alte Texte einerseits, Tradierung, Weitergabe und Wachstum über einen langen Zeitraum andererseits – das führt, trotz *Endredaktion* (oft um 400 v. Chr. angenommen), dazu, dass das Endprodukt so manche Auffälligkeit und Stolperstelle in sich trägt. Brüche, Spannungen, Ungereimtheiten, ja auch Widersprüche sind in einem derart umfänglichen literarischen Werk mit derart komplex-komplizierter Entstehungs- und Wachstumsgeschichte nicht nur erwartbar, sondern quasi unumgänglich. Das sollte man wissen, damit man beim Stolpern nicht zu Fall kommt.

Unterschiedliche Schwierigkeitsgrade – für jede*n ist etwas dabei

In literarischer Hinsicht bietet die *Reise* durch die Tora sowohl *leicht gängiges Gelände* (besonders in Gen und Ex finden sich viele spannende Erzähltexte) als auch *steinig-steilere Passagen*. Das Buch Lev mit seinen zahlreichen Kult- und Opfervorschriften beispielsweise dürfte von vielen eher als herausfordernd und mühsam erlebt werden, wobei:

Die sowohl textliche als auch v. a. (bibel-)theologische Mitte der Tora findet sich in Lev 16. Ein *Highlight* aus kanonischer Sicht. Hier wird der *Jom Kippur*, der „große Versöhnungstag", erzählerisch entfaltet (bis heute ist der *Jom Kippur* einer der zentralen jüdischen Feiertage – in Israel steht an diesem Tag das gesamte öffentliche, wirtschaftliche, gesellschaftliche ... Leben nahezu still).

Aber ganz ehrlich: Zu meinen persönlichen Lieblingsbüchern in der Bibel zählt Lev (dennoch) nicht – zu fremd bleibt mir die Welt der rituellen Opfervorschriften mit ihren detaillierten Regelungen.

Ausflüge in die Tora insgesamt habe ich allerdings noch nie bereut, sondern bin vielmehr stets reich mit *Souvenirs* beschenkt in meinen Alltag zurückgekehrt – kurz gesagt: Tora lohnt!

Logbucheintrag: „Der HERR segne dich und behüte dich. Der HERR lasse sein Angesicht über dich leuchten und sei dir gnädig. Der HERR wende sein Angesicht dir zu und schenke dir Frieden." (Num 6,24–26)

Souvenirs:

- Tora = Weg-Weisung Gottes für ein segensreiches und heilvolles Leben – und damit: Tora = Grund zu Freude und Jubel!
- Der Weg in die Freiheit ist ein langer und manchmal steiniger Weg – Umwege und Sackgassen gehören dazu.
- Lev 16 ist die „Mitte der Tora" und trotz aller Fremdheit und Sperrigkeit auch heute lesenswert.

Mit Rucksack und Zelt den Sternen folgen – Das Buch Genesis

Christian Schramm

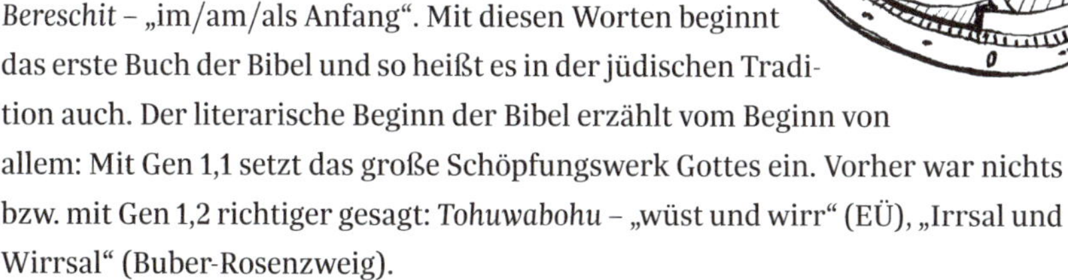

Bereschit – „im/am/als Anfang“. Mit diesen Worten beginnt das erste Buch der Bibel und so heißt es in der jüdischen Tradition auch. Der literarische Beginn der Bibel erzählt vom Beginn von allem: Mit Gen 1,1 setzt das große Schöpfungswerk Gottes ein. Vorher war nichts bzw. mit Gen 1,2 richtiger gesagt: *Tohuwabohu* – „wüst und wirr“ (EÜ), „Irrsal und Wirrsal“ (Buber-Rosenzweig).

Da das Werden und Entstehen in mehrerlei Hinsicht (Schöpfung, Volk Israel) ein durchlaufendes Thema in diesem biblischen Buch ist, hat sich als griechisch-lateinischer Name „Genesis“ eingebürgert (Gen; so v. a. im katholischen Kontext gebräuchlich). Die lutherische Tradition spricht vom „1. Buch Mose“, was auf die Tora als Fünf-Buch-Sammlung verweist. Davon bildet Gen den Auftakt.

Reichlich Reisemöglichkeiten: 50 Kapitel in drei Großteilen

Die 50 Kapitel des Buches Gen bieten geballte Erzählkunst und gerade Gen ist allen zu empfehlen, die eine ausgiebigere *Rundreise* durch ein biblisches Buch unternehmen möchten. Spannend, dynamisch, abwechslungsreich – so lässt sich Gen inhaltlich charakterisieren. Langeweile kommt da keine auf.

Zur ersten Orientierung ein kurzer Blick auf Aufbau und Komposition. Drei große Teile lassen sich erkennen: Gen 1–9 (Urgeschichte), Gen 10–36 (Erzelternerzählungen), Gen 37–50 (Josefsgeschichte: Josef und seine Brüder).

Gen 1–9	Urgeschichte *(Schuld & Strafe / Tat & Tatfolgen)*
Gen 10	Völkertafel
Gen 11	Turmbauerzählung (Babel)
Gen 12–36.38	Erzelternerzählungen *(Verheißungen: Nachkommenschaft, Land, Segen)*
Gen 12–25	Abraham & Sara *(Verheißung & Gefährdung)*
Gen 26	Isaak & Rebekka
Gen 27–36	Jakob & Rahel/Lea *(Kampf & Segen)*
Gen 37.39–50	Josefsgeschichte *(Ankunft in Ägypten; Entzweiung & Versöhnung)*

Die drei Großteile haben einen je eigenen Charakter und entführen uns in unterschiedliche Welten.

Von wegen „Es war einmal ...“: Ein Ausflug in die Urzeit

Die Erzählungen in Gen 1–9 spielen in einer mythischen Ur- oder Vorzeit. Hier kommen all diejenigen auf ihre Kosten, die sich an der sinnstiftenden Kraft von Mythen stärken wollen. Mythen sind zutiefst *wahre* Gründungsgeschichten von bleibendem Wert. Die Frage nach dem *Wie* interessiert sie nicht (*Wie* ist die Welt entstanden?); Mythen fragen vielmehr nach dem *Warum* und *Wozu* (*Warum* ist überhaupt etwas und nicht vielmehr nichts? *Wozu* ist der Mensch da?). So schauen sie in gewissem Sinne weniger zurück als vielmehr hoffnungs- und sehnsuchtsvoll voraus (in der erzählten Vergangenheit spiegelt sich eine erhoffte Zukunft) – nicht ohne Grund knüpfen biblische Bilder einer paradiesischen Endzeit gerne daran an (z. B. Jes 11,1–9, s. Jesaja; Offb 21–22, s. Offenbarung).

Die Texte nehmen uns tief mit hinein in das Geheimnis des Lebens und des (Mensch-)Seins an sich mit seinen Licht- und Schattenseiten. Wir begegnen urmenschlichen Gefühlen (Liebe – Hass), Sehnsüchten (Erkenntnis, ewiges Leben) und Ängsten (Schmerz, Leid und Tod). Ja, wir durchleben sie mit den Protagonist*innen (Adam und Eva, Kain und Abel, Noah und seine Familie). Das kann klärend, tröstend, heilend sein. Dabei spielt auch die Beziehung des Menschen zu Gott, dem Schöpfer, sowie der Menschen zueinander eine zentrale Rolle.

Die tragende Grundüberzeugung formuliert Gen 1,31 – dies stellt auch ein *Schöpfungsneustart* via Flut (Gen 6–9) nicht grundsätzlich in Frage.

Logbucheintrag: „Gott sah alles an, was er gemacht hatte: Und siehe, es war sehr gut.“ (Gen 1,31)

Tipp: Der Pantomime Carlos Martinez hat ein Programm „(Still) My Bible“ (auch auf DVD erhältlich). Hier werden u. a. die Schöpfung, die Bindung Isaaks und auch die Arche Noah pantomimisch umgesetzt. Sehenswert!

Großclansaga mit Potenzial: Ein Ausflug in die Erzelternerzählungen

Anschließend verlassen wir mit Völkertafel (Gen 10) und Turmbau zu Babel (Gen 11) Schritt für Schritt die mythische Urzeit und treten ein in die geschichtliche Zeit. Im zweiten Großteil des Buches Gen (Gen 12–36.38) sind es v. a. die Erzeltern (Sara und Abraham, Rebekka und Isaak, Rahel und Lea und Jakob), die wir auf ihren unterschiedlichen (Lebens-)Wegen begleiten. Nomadische Existenz und Sesshaftwerden wechseln sich ab. Ab Gen 12 wird Volks-, ja Weltgeschichte als (Groß-)Familiengeschichte erzählt.

Hier geht es sowohl sehr menschlich als auch sehr göttlich zu. Mitunter schimmert die heil- und segensvolle Zukunft erst auf den letzten Blick durch das Dunkelgrau der Alltagssorgen. „Gott kann auch auf krummen Zeilen gerade schreiben", heißt es. Wer genial erzählte Beispiele für diese Weisheit sucht, der sollte in die Erzelternerzählungen hineinschnuppern. Gleichzeitig stolpert man hier auch über bleibend *dornige* Passagen – für mich persönlich zählt Gen 22 (Bindung/Opferung Isaaks) dazu.

Blockbusterqualitäten: Ein Ausflug in die Josefsgeschichte

Auch der dritte und letzte Teil (Gen 37.39–50) hat es in sich. Die Josefserzählung hat Romane, Filme, Musicals inspiriert und weist alle Bestandteile eines packenden *Blockbusters* auf: eine spannungsreiche Brüderkonstellation, Bevorzugung, Neid und abgrundtiefen Hass, Herzschmerz und Liebe, Intrige und Verrat, eine beispiellose Karriere (aus dem Kerker fast bis auf den Thron), Lebensgefahr, Versöhnung mit *Happy End* – und in allem Gott als heilvoll begleitende Macht im Hintergrund. Keine Märchenidylle, sondern pralles Leben mit Auf und Ab.

Örtlich sind wir hier großteils in Ägypten unterwegs – schlussendlich kommt das entstehende Volk Israel hier an, womit die Basis für das folgende Buch Ex (s. Exodus) gelegt wäre.

Dieser knappe Ein- und Überblick hat hoffentlich bereits ein wenig *Reiselust* geweckt. Gerade Gen kann wunderbar am Stück *durchreist* werden. Gen bietet zahllose starke Texte, unterschiedliche eindrückliche Bilder und auch so manches, das als geflügelte Redensart in unseren alltäglichen Sprachgebrauch eingedrungen ist.

Kleiner Sprachführer:

1) Hier herrscht ein „Tohuwabohu" > Gen 1,2: תֹהוּ וָבֹהוּ = tohū wabohū; 2) Hier geht es zu wie in „Sodom und Gomorra" > Gen 18–19; 3) Du bist „alt wie Metuschelach" (= 969 Jahre) > Gen 5,27 (der älteste Mensch der Bibel).

Doch möchte ich für alle, die *Themenreisen* mit speziellem Fokus bevorzugen, ein paar persönliche Empfehlungen aussprechen. Und einen *Warnhinweis* darf ich nicht vergessen.

Themenreise: Outdoor-Abenteuer-Nächte mit Sternenhimmel

Mir persönlich haben es besonders die *Draußen-Nächte unterm Sternenzelt* angetan. Das ist etwas für *Outdoor-Freund*innen.* Auf diese *Entdeckungstour* möchte ich Sie gerne mitnehmen. Vier dieser Nächte werden uns in Gen geboten – und dabei können wir Verheißung, Gottesbegegnung, Auseinandersetzung, Ringen und Verletzlichkeit hautnah miterleben.

1. Nacht Das beginnt bereits ganz am Anfang. Am vierten Schöpfungstag (Gen 1,14–19) wird von der Erschaffung der Himmelslichter erzählt. Hier haben wir die erste Sternennacht überhaupt vor Augen. Die Gestirne sind keine Gottheiten, die anzubeten wären (vgl. Dtn 4,19), sondern der Schöpfergott klebt sie gewissermaßen ans Firmament – so die plastische Erzählung (vgl. Ps 8,4; 136,9). Sterne dienen in der Folge den Menschen auch zur Orientierung, als Wegweiser auf Reisen.

Logbucheintrag: „Gott machte die beiden großen Lichter, das große zur Herrschaft über den Tag, das kleine zur Herrschaft über die Nacht, und die Sterne." (Gen 1,16)

2. Nacht Die Sterne funkeln in der Ferne und der Blick zum nächtlichen Sternenhimmel kann unterschiedliche Empfindungen auslösen. Ich kann mich als Mensch klein, aber in Gottes Hand geborgen fühlen, wie in Ps 8,4–5 staunend beschrieben und gefragt – ich kann mit Abraham im Sternenhimmel einer göttlichen Verheißung entgegensehen (Gen 15).

Logbucheintrag: „Seh ich deine Himmel, die Werke deiner Finger, Mond und Sterne, die du befestigt: Was ist der Mensch, dass du seiner gedenkst, des Menschen Kind, dass du dich seiner annimmst?" (Ps 8,4–5)

Logbucheintrag: „Sieh doch zum Himmel hinauf und zähl die Sterne, wenn du sie zählen kannst! ... So zahlreich werden deine Nachkommen sein." (Gen 15,5)

Diese Nacht verändert Grundlegendes in Abrahams Leben und der Blick zum Sternenhimmel scheint sich dauerhaft mit der Segensverheißung verbunden zu haben. Zumindest begegnet die Formulierung „Nachkommen(schaft), so zahlreich wie die Sterne am Himmel" immer wieder in der Bibel. Wenn wir Abraham weiter in der Bibel begleiten, dann durchleiden wir mit ihm und Sara auch höchst schwierige und herausfordernde Zeiten. Ich stelle mir vor, dass der Blick zum nächtlichen Sternenhimmel dann Halt und Trost geben und Zuversicht spenden kann.

3. Nacht Besonders Jakob ist ein Stammvater, der nächtens Entscheidendes erlebt. Seine erste prägende Nachterfahrung wird in Gen 28 erzählt. Sein Bruder Esau ist nicht sonderlich gut auf ihn zu sprechen, da sich Jakob betrügerisch den Erstgeburtssegen erschlichen hat (Gen 27). Jetzt ist Jakob quasi auf der Flucht; auf jeden Fall will er möglichst schnell möglichst weit weg von zu Hause. Unterwegs übernachtet er unter freiem Himmel und sein Traum von der *Himmelsleiter* zählt für mich mit zu den berührendsten Texten der Bibel. Und inspiriert mich, auch in meinem Leben in Offenheit darauf zu warten, wo für mich der Himmel offensteht, wo ich Gott begegnen kann. Völlig überraschend, mitten im Alltag.

Logbucheintrag: „Jakob erwachte aus seinem Schlaf und sagte: Wirklich, der HERR ist an diesem Ort und ich wusste es nicht. Er fürchtete sich und sagte: Wie ehrfurchtgebietend ist doch dieser Ort! Er ist nichts anderes als das Haus Gottes und das Tor des Himmels." (Gen 28,16–17)

4. Nacht Die zweite *Draußen-Nacht* Jakobs bringt erneut eine Gottesbegegnung mit sich, doch geht es diesmal ruppiger und gewalttätiger zu (Gen 32,23–33). Eine Erzählung, die zu denken gibt. Und die zugleich viel Wahrheit enthält. Erzählt wird eine Übergangssituation (hier konkret: Flussdurchquerung). Wobei die Zukunftsaussichten alles andere als rosig ist: Jakob geht seinem Bruder Esau entgegen, den er heftig betrogen hat. Ob dessen Zorn bereits verraucht ist? Von daher dürfte der Weg auch angstbesetzt, zumindest sorgenbelastet sein. Als Jakob allein ist, stellt sich ihm ein Unbekannter in den Weg – Gott. Aber es folgt keine beschauliche *geistliche Stunde;* Jakob muss sich den göttlichen Segen vielmehr erkämpfen, erringen. Schlussendlich geht er gesegnet aus dieser Nacht hervor sowie mit neuem Namen („Israel“ = „Gottesstreiter“) – aber eben auch bleibend verletzt und verwundet. Er hinkt.

Logbucheintrag: „Er sagte: Lass mich los; denn die Morgenröte ist aufgestiegen. Er entgegnete: Ich lasse dich nicht los, wenn du mich nicht segnest.“ (Gen 32,27)

Insider-Reise-Tipps: Brunnen und Tor

Wenn wir durch das Buch Gen *reisen,* treffen wir auf Naturlandschaften ebenso wie auf Städte und nomadische Zeltlager. Für den Fall, dass Sie nicht nur die Einsamkeit der Landschaft genießen wollen, sondern auch Berührung mit zivilisierten Gegenden beabsichtigen, hier noch ein paar Hinweise zu den Orten „Tor“ und „Brunnen“. Beides gehört zu einer altorientalischen Stadt dazu und wer eine dieser Städte besucht, kommt zwangsläufig daran vorbei bzw. hindurch.

Ein Brunnen hat, damals wie heute, eine lebenswichtige Funktion: Er stellt die Wasserversorgung sicher.

Ein Tor in einer altorientalischen Stadt dient zwar auch als Ein- und Ausgang und ist für die Verteidigung von elementarer Bedeutung, daneben hat ein Tor aber noch mehr Funktionen (diese Tore sind nicht einfach Türen oder Durchgänge, sondern bestehen aus mehreren – 2, 4, 6 oder 8 – Kammern). Im Tor wird Recht gesprochen und Handel getrieben (einen Marktplatz haben diese Städte in der Regel nicht). Rechtsgeschäfte werden hier abgeschlossen oder Verhandlungen geführt.

Tor und Brunnen sind beides Orte der gesellschaftlichen Öffentlichkeit – doch in den biblischen Erzählungen jeweils einer etwas unterschiedlich akzentuierten Öffentlichkeit: Am Brunnen sind überwiegend Frauen zu finden; im Tor dominieren die Männer. Das bedeutet natürlich auch: Wenn ich als Mann auf der Suche nach einer Frau bin, dann kann der Weg zum Brunnen lohnend sein – diese Erfahrung macht z. B. der Knecht Abrahams, der eine Ehefrau für Isaak sucht und

Rebekka findet (Gen 24; lesen Sie mal vor diesem Hintergrund Joh 4; s. Johannesevangelium). Umgekehrt kann Frauen, die am/im Tor herumlungern, ein etwas anrüchiger Touch anhaften – Tamar weiß, wo und wie sie sich als vermeintliche Prostituierte erfolgversprechend in Szene setzt (Gen 38).

Eine kulinarische Warnung

Beim angekündigten *Warnhinweis* geht es ums Essen. Ungewohnte Speisen in fremden Ländern sind an sich eher mit Vorsicht zu genießen – hinsichtlich ihrer Verträglichkeit für den eigenen Magen. In Gen werden sich Feinschmecker immer wieder freuen – es werden einige exquisite Leckerbissen geboten. Doch können die Konsequenzen fatal sein, wenn angebotene Speisen unbedacht angenommen und gegessen werden – schlimmer als Durchfall oder Magenverstimmung.

Manch eine Speise kostet viel – und zwar nicht in monetärem Sinne. Adam und Eva verlieren schlussendlich das Paradies – verursacht durch eine (verbotene) Frucht, so die Erzählung in Gen 3. Esau wird gewaltiger Kohldampf und ein Linsengericht zum Verhängnis – das Erstgeburtsrecht sollte man nicht leichtfertig gegen Kalorien und Kohlenhydrate eintauschen (Gen 25,27–34). Und dass sich Jakob wirklich den Erstgeburtssegen erschleichen kann, verdankt er nicht zuletzt dem Leibgericht seines Vaters, durch das sich Isaak täuschen lässt (Gen 27).

Zum Schluss: Reisehinweis & Reisewunsch

Damit sollten Sie gut gerüstet sein, um Gen zu *bereisen*. Dabei werden Sie alten Texten, fremden Ländern (wir bewegen uns im altorientalischen Raum bis nach Ägypten), unbekannten Sitten und Gebräuchen begegnen. Ich kann Sie nur ermutigen: Tauchen Sie ein und brechen Sie Ihre *Reise* nicht ab, wenn Sie mal das eine oder andere nicht verstehen sollten, wenn Ihnen manches ungewöhnlich und fremdartig anmutet.

Und noch einen *Insider-Tipp* gebe ich Ihnen mit auf den Weg: In Gen finden sich Erzählungen. Diese wurden lange Zeit von Menschen erzählt. Wer sie aufgeschrieben hat? Schwer zu sagen. Traditionell wird hier Mose ins Spiel gebracht, aber in historischer Betrachtung waren sicherlich viele Menschen über viele Jahrhunderte (7.–4. Jh. v. Chr.) daran beteiligt (s. Einführung Tora).

Die Frage der Autorenschaft finde ich persönlich zweitrangig. Entscheidend in meinen Augen: Die Wahrheit von Erzählungen hängt nicht – zumindest nicht in erster Linie – an ihrer Historizität. Erzählungen können zutiefst wahr sein, ohne dass das Erzählte in Wirklichkeit so passiert sein muss. In Gen wird Wahres und Wichtiges über die Welt, die Menschen und über Gott erzählt – und vielleicht bzw. hoffentlich finden Sie sich mit Ihren eigenen Erfahrungen und Ihrem Leben in diesen Erzählungen auch häufig wieder. Das wünsche ich Ihnen.

Souvenirs:

- Erinnerungen an beeindruckende Sternenhimmelimpressionen – verbunden mit einem Gefühl von Geborgenheit, mit einem Hauch von Verheißung, mit einer Spur (auch schmerzhafter) Gottesbegegnung.
- Im Gedächtnis bleiben mir die poetisch starken Mythen zu Beginn des Buches Gen – besonders die Schöpfungsmythen. Sie geben allem Sein einen Grund – und bringen eine Hoffnung und Sehnsucht in Bild und Wort, die mich auch heute tragen.
- Ein Charakter hat es mir angetan, da er beeindruckend und schillernd ist: Jakob, das *Schlitzohr* – im Englischen oft als „trickster" (Gauner, Schwindler, Trickbetrüger) bezeichnet. Mich fasziniert, dass sich eine der zentralen Persönlichkeiten der alttestamentlichen Heilsgeschichte so erfolgreich durchs Leben *gaunert;* zugleich ist Jakob auch ein *betrogener Betrüger* (siehe die Sache mit seiner Hochzeit).

Durch Panzerglas geeint: Ein topographisches Streiflicht aus Hebron

Andrea Pichlmeier

Es ist ein kalter Dezembertag, kurz vor Weihnachten. Ein Sandsturm hat das Westjordanland und auch Hebron in eine graue Decke gehüllt. Wir stehen auf altem biblischem Boden, der umstritten ist wie nirgendwo sonst, nicht erst seit dem 20. Jahrhundert, als der Nahostkonflikt hier Einzug nahm.

Wir lassen den Blick durch die grün schimmernde Moschee gleiten. Ihr arabischer Name *al-Ibrahimi* erinnert an Abraham, den jüdische Gläubige zärtlich *Avinu*, "unser Vater", rufen, und den arabische Gläubige *al-Chalil*, den "Freund", nennen. Den alttestamentlichen Hetitern hatte er als "ein Gottesfürst in unserer Mitte" (Gen 23,6) gegolten.

Dem Buch Genesis zufolge erwirbt Abraham von einem Hetiter namens Efron ein Feld mit einer Höhle, *Machpela* genannt, um hier seine geliebte Frau Sara zu bestatten. Die Machpela wird damit zum ersten Grundeigentum Israels im verheißenen Land und Sara nach ihrem Tod zur ersten Erbin der biblischen Landverheißung.

Besucher, die erstmals nach Hebron kommen, sind verwirrt. Es gibt eine Moschee und eine Synagoge, einen arabischen und einen jüdischen Zugang. Beide werden vom israelischen Militär scharf bewacht. Christen und Touristen dürfen beide Eingänge benutzen, die arabischen Einheimischen nicht. Am Eingang zur Moschee müssen die Frauen sich in bodenlange Kapuzenumhänge hüllen, sehr zum Amüsement unserer männlichen Kollegen. Die Schuhe sind, wie in jeder Moschee, auszuziehen und in die dafür vorgesehenen Regale zu stellen.

Wir stehen im *Temenos*, jenem heiligen Bezirk, den Herodes der Große Ende des ersten Jahrhunderts vor unserer Zeitrechnung geschaffen hatte, um der Patriarchentradition einen würdevollen Ort zu geben. Herodes ließ das Grundstück der Machpela mit einer Mauer aus mächtigen Quadern umgeben, zwei Meter dick und bis zu sieben Metern lang. Diese sogenannten Spiegelquader mit ihrer glatten Oberfläche und einem schmalen, leicht zurückspringenden Rand kann man auch an der Umfassungsmauer des ehemaligen Jerusalemer Tempelbergs bewundern. In Hebron sind sie besser erhalten.

Dem herodianischen Temenos wurde in byzantinischer Zeit eine Kirche hinzugefügt, an deren Stelle in islamischer Zeit eine Moschee und im Mittelalter wiederum eine Kirche trat. Als Saladin im 12. Jahrhundert Palästina eroberte, zerstörte er die elegante Hallenkirche der Kreuzfahrer nicht, sondern ließ sie in jene Moschee umwandeln, in der sich die Muslime von Hebron bis heute zum Gebet versammeln. In ihr befinden sich die Kenotaphe von Isaak und Rebekka. Jene von Jakob und Lea sind nur im jüdischen Bereich zugänglich. Die mit grünem Samt bezogenen Grabmonumente von Abraham und Sara stehen auf der Grenze, man kann sie von beiden Seiten aus sehen und berühren. Nur begegnen kann man sich hier nicht mehr, denn die Stätte, die auf Arabisch *Haram al-Chalil*, "Heiligtum des Freundes" heißt, und von jüdischen Gläubigen *Me'arat ha-Machpela* oder "Höhle der Doppelgräber" genannt wird, ist geteilt. Neben Abrahams Kenotaph ist eine Panzerglasscheibe befestigt, kugelsicher.

Die jüdischen Gläubigen haben im Hof vor der ehemaligen Kreuzfahrerkirche eine Synagoge eingerichtet, die sich größtenteils unter freiem Himmel befindet und teilweise mit einem Sonnensegel überspannt ist. Während man die Moschee nur außerhalb der muslimischen Gebetszeiten besuchen kann, trifft man in der Synagoge immer jüdische Betende an. Nach Geschlechtern getrennt nähern sie sich den Grabstätten von Abraham, Sara, Jakob und Lea, innig Gebete murmelnd. Anders als "drüben" werden wir hier kaum beachtet. Wir mischen uns unter die Leute, lauschen den Gebeten und atmen eine Atmosphäre, die uns mit zwiespältigen Gefühlen zurücklässt. Hier begegnen Menschen ihren biblischen Vätern und Müttern leidenschaftlich und voller Sehnsucht. Doch diese Leidenschaft hat einen hohen Preis. Sie ist mit Stacheldraht und Maschinengewehren erkauft, muss bewacht, überwacht und verteidigt werden. Ob es anders gehen könnte? Abraham, der Vater beider, schweigt in seinem leeren Grab.

Eine lange Reise mit „schwerem Gepäck" – Das Buch Exodus

Andreas Leinhäupl

Bitte Platz nehmen ...

Für die nun vor uns liegende Reise müssen wir etwas mehr Zeit einplanen, denn wir werden viel erleben und lange unterwegs sein: wir erleben die Geburt eines Religionsstifters, den Aufbruch eines unterdrückten Volkes aus der Knechtschaft, einen vierzig Jahre dauernden Zug durch die Wüste, verschiedene Begegnungen mit einem rettenden Gott, brennende Büsche, goldene Kälber, steinerne Tafeln, ein murrendes Volk und nicht zuletzt die Vorbereitungen für das gemeinsame Leben einer Religionsgemeinschaft.

... und ausreichend Reisegepäck zusammenstellen

„Die Namen" (hebr. Schemot): damit beginnt der hebräische Text und so nennt dann auch die jüdische Tradition das zweite Buch der Bibel; gemeint sind die Namen der 70 Personen, die nach Ägypten gezogen sind. In der griechischen Übersetzung des Ersten Testaments und damit letztendlich auch in unserer Einheitsübersetzung trägt dieses Buch den Namen Exodus (griech. Exodos = „Auszug"). Mit dieser Bezeichnung ist bereits das Hauptthema des Buches benannt, denn es geht im Wesentlichen um den Auszug der Israeliten aus Ägypten. Die lutherische Tradition bevorzugt die Bezeichnung „Zweites Buch Mose" ohne dabei den lateinischen Namen abzulehnen.

> **Logbucheintrag:** „Das sind die Namen der Söhne Israels, die nach Ägypten gekommen waren – mit Jakob waren sie gekommen, jeder mit seiner Familie: Ruben, Simeon, Levi, Juda, Issachar, Sebulon, Benjamin, Dan, Naftali, Gad und Ascher. Es waren siebzig Personen; sie alle stammten von Jakob ab." (Ex 1,1–5)

Das Buch Exodus weist einen sehr langen Entstehungsprozess auf, der wohl gegen Ende des 5. Jahrhunderts v.Chr. abgeschlossen war. Das uns heute vorliegende Buch ist aus einer redaktionellen Verflechtung verschiedener Erzählstränge entstanden, die sich im großen Zusammenhang der Tora (also Gen, Ex, Lev, Num, Dtn) nur äußerst schwer auseinanderdividieren und rückverfolgen lässt. Die Historizität der beschriebenen Geschichten, die ja im Blick auf die erzählte Zeit bis zu 2.500 Jahre alt sind, ist umstritten. Die Exodus-Erzählungen sind nicht als historische Berichte zu lesen, sondern vielmehr als glaubende und verkündigende Deutung des Geschehens: der Exodus stellt die entscheidende Grunderfahrung des Volkes Israel dar.

Im ersttestamentlichen Zusammenhang beschreibt der Übergang vom Buch Genesis zum Buch Exodus den Veränderungsprozess Israels von der Großfamilie, von den Clan- oder Stammesgeschichten wie sie in den Erzelternerzählungen beschrieben werden, hin zur Geschichte eines Volkes. Aus den siebzig Personen, die nach Ägypten gezogen waren, entwickelt sich ein großes Volk, das lange Zeit im Lande des Pharao gelebt hat und hier großer Diskriminierung und Unterdrückung ausgesetzt war. Es wächst eine Gemeinschaft, die sich durch die enge Beziehung zu ihrem solidarischen Gott auszeichnet und die immer „auf dem Weg“ sein wird.

Bevor es losgeht: Studium verschiedener Reisekarten

Wenn wir zunächst einen ganz groben Blick auf das Buch Exodus richten, lässt es sich in zwei große Abschnitte unterteilen: (1) Auszug aus Ägypten und Wüstenwanderung (Ex 1–18); (2) Sinai-Erfahrungen inklusive der anschließenden Anweisungen für den Bau des Heiligtums (Ex 19–40). Auf der Grundlage dieser Grobstruktur wurden und werden immer wieder neue Detailgliederungen erarbeitet, so etwa der plausible Vorschlag, das Buch in zwei mal vier Unterabschnitte zu unterteilen:

Teil 1: Ex 1–18

1. Unterdrückung Israels und Berufung des Mose (Ex 1–4)
2. Konfrontation mit dem Pharao und Plagenerzählung (Ex 5–11)
3. Das Pesach und der Auszug (Ex 12–15,21)
4. Wüstenwanderung vom Schilfmeer zum Sinai (Ex 15,22–18,27)

Teil 2: Ex 19–40

1. Gottes Offenbarung und Bundesschluss (Ex 19–24)
2. Anweisungen für das Heiligtum (Ex 25–31)
3. Goldenes Kalb und Bundeserneuerung (Ex 32–34)
4. Errichtung des Heiligtums (35–40)

Ich möchte zusätzlich noch den Vorschlag von Uta Zwingenberger vorstellen, der durch seinen narrativen Ansatz für die Struktur des Exodus-Buches unser Reisevorhaben sehr schön unterstützt:

Im ersten Drittel des Buches (1,1–15,21) geht es um die Frage, wer die Macht hat: Pharao oder der lebendige Gott. Hier wird vom Sklavendienst der Israeliten und von der Geburt des Mose erzählt, vom Eingreifen Gottes und seiner Erscheinung im brennenden Dornbusch (1,1–6,1), von der Verschärfung der Drangsale durch Pharo und der zehn Plagen (6,2–11,10) sowie nicht zuletzt vom Rettungshandeln Gottes durch die Herausführung der Israeliten in der Pesach-Nacht und der endgültigen Rettung vor den Ägyptern am Meer (12,1–15,21).

Das zweite Drittel (15,22–24,11) ist geprägt durch die Erfahrungen der Befreiung sowie dem Aufbau gerechter Strukturen. Auf die Beschreibung des Übergangsweges in die Wüste (15,22–28,27) folgen die Gottesoffenbarung auf dem Sinai (19,1–25), die Gabe der Tora (20,1–23,33) sowie der Bundesschluss (24,1–11). Dieser gesamte Teil bildet das Zentrum des Exodusbuches, zeigt die Größe Gottes und seinen festen Willen, mit diesem umherziehenden Volk Israel ein dauerhaftes Bundesverhältnis einzugehen und damit eine gerechte und gottgemäße Gesellschaft zu schaffen.

Im drittel Drittel (24,12–40,38) geht es darum, den Raum Gottes inmitten des Volkes zu gestalten und die Sinai-Erfahrung dauerhaft mitzunehmen. Hier folgen zunächst ausführlichste Anweisungen zum Bau des Zeltheiligtums und zur Vorbereitung für den Gottesdienst (24,12–31,17). Dann wird ein menschlicher Zwischenfall beschrieben: die Israeliten haben vergessen, wer Gott ist, beten statt seiner ein goldenes Kalb an und setzen auf diese Weise die Bundesbeziehung aufs Spiel (31,18–34,35). Allerdings offenbart sich Gott dann noch einmal als „barmherzig und gnädig“ (34,6) und erneuert seinen Bund, so dass abschließend das Heiligtum doch noch gebaut werden kann (35,1–40,38) und somit der Sinai seinen Platz im Zelt der Gottesbegegnung findet.

Lesetipp: Uta Zwingenberger: Die roten Fäden des Buches, in: Bibel heute 221 (1/2020), S. 8–11.

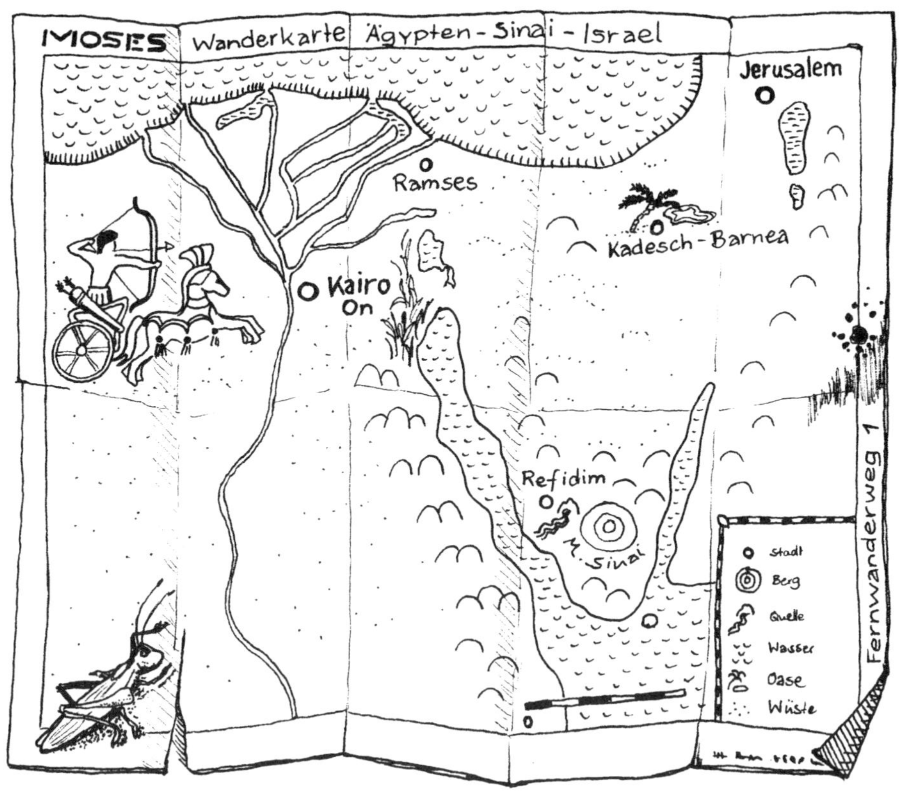

Mit dem Volk Israel unterwegs: Drei ausgewählte Stationen

Mit Mose beim brennenden Dornbusch

> **Logbucheintrag:** „Mose weidete die Schafe und Ziegen seines Schwiegervaters Jitro, des Priesters von Midian. Eines Tages trieb er das Vieh über die Steppe hinaus und kam zum Gottesberg Horeb. Dort erschien ihm der Engel des HERRN in einer Feuerflamme mitten aus dem Dornbusch. Er schaute hin: Der Dornbusch brannte im Feuer, aber der Dornbusch wurde nicht verzehrt." (Ex 3,1f.)

Im dritten Kapitel des Exodus-Buches gelangt Mose an den Gottesberg und wird dort im brennenden Dornbusch von Gott angesprochen. Nach kurzen Anlaufschwierigkeiten stellt Gott sich selbst vor: „Ich bin der Gott deines Vaters, der Gott Abrahams, der Gott Isaaks und der Gott Jakobs" (3,6) ... und beruft Mose trotz dessen Einwänden und Unsicherheiten dazu, zum Pharao zu gehen und die Israeliten aus Ägypten herauszuführen (3,7–10). Der Höhepunkt dieser Erzählung ist die Offenbarung des „Gottesnamens". Auf die Frage nach seinem dem Namen antwortet Gott:

> **Logbucheintrag:** „Ich bin, der ich bin. Und er fuhr fort: So sollst du zu den Israeliten sagen: Der Ich-bin hat mich zu euch gesandt. Weiter sprach Gott zu Mose: So sag zu den Israeliten: Der HERR, der Gott eurer Väter, der Gott Abrahams, der Gott Isaaks und der Gott Jakobs, hat mich zu euch gesandt. Das ist mein Name für immer und so wird man mich anrufen von Geschlecht zu Geschlecht." (3,14f.)

Der von Gott selbst offenbarte „Name" ist geheimnisvoll, er bringt zum Ausdruck, dass Gott nun eine neue Beziehung eingeht, dass er aktiv und wirksam mit seinem Volk sein wird. Erich Zenger hat für das Verständnis dieses Namens einmal vier Dimensionen zusammengestellt: (1) Zuverlässigkeit: ihr könnt fest mit mir rechnen; (2) Unverfügbarkeit: ihr müsst mit mir rechnen, vielleicht auch dann, wenn es gerade nicht passt; (3) Ausschließlichkeit: ich bin alleine der, der euch rettet; (4) Unbegrenztheit: mein Dasein kennt keine räumlichen und zeitlichen Grenzen. Damit ist der Exodus-Gott ein Gott, der in jeder Hinsicht ein offenes Ohr für sein Volk hat, der in die Geschichte eingreift, der Partei ergreift für die Geknechteten und Unterdrücken. Dass dies der Gott der Väter, der Gott Abrahams, Issaks und Jakobs ist, wird im weiteren Verlauf des Buches wieder aufgenommen (vgl. z.B. Ex 6,3) und darauf wird auch im weiteren Verlauf des Ersten und sogar des Neuen Testaments immer wieder hingewiesen (vgl. nur Mt 22,31f.).

Gemeinsam Essen und sich für den Aufbruch vorbereiten

Den zweiten Halt machen wir im 12. Kapitel des Exodus-Buches. Der Auszug aus Ägypten beginnt mit dem sogenannten Pesach-Mahl (Ex 12,1–20). Es wird sehr detailliert beschrieben, wie die Vorbereitungen für das Pesach-Mahl ablaufen sollen (was später von den Rabbinern in der sogenannten Pessach-Haggada niedergeschrieben wird): man soll bei der Aufteilung des Lammes berücksichtigen, wie viel jeder einzelne essen kann; es sollen also alle satt werden, aber nur so viele Tier geschlachtet werden, wie dafür nötig sind. Es darf nur ein fehlerfreies, männliches, einjähriges Lamm sein, es soll das Junge eines Schafes oder einer Ziege sein. Man soll es bis zum vierzehnten des Monats aufbewahren, dann soll es die ganze Gemeinde in der Abenddämmerung schlachten. Danach wird erklärt, dass das Blut der Lämmer an die Pfosten der Häuser geschmiert werden soll als Symbol, dass die Leute dieses Hauses zum Volk Israel gehören und von den Ägyptern unterschieden werden können. Das Fleisch soll dann über dem Feuer gebraten werden und mit ungesäuertem Brot und Bitterkräutern gegessen werden. Die Bitterkräuter stehen als Symbol für die bittere Zeit der Sklaverei, die ungesäuerten Brote lassen lassen sich schnell herstellen, die gegürteten Hüften und der Stab in der Hand sind die typischen Attribute einer Reise, das Essen im Stehen zeigt an, dass alles für einen hastigen Aufbruch vorbereitet wird.

> **Logbucheintrag:** „So aber sollt ihr es essen: eure Hüften gegürtet, Schuhe an euren Füßen und euren Stab in eurer Hand. Esst es hastig! Es ist ein Pesach für den HERRN." (Ex 12,11)

Das Blut an den Türpfosten rettet die Israeliten, alle Erstgeborenen der Ägypter werden in dieser Nacht getötet. Die sehr starken und harten Bilder, die in diesem Text stecken („vernichtendes Unheil"), sind für heutige Ohren durchaus schwer zu verstehen. In der antiken Welt und damit auch in der damaligen Literaturlandschaft gelten sie als wichtiges Mittel, um die soziale Ordnung zu erhalten und Gerechtigkeit (wieder)herzustellen. Ein über alle Maßen mächtiger Gott – so die Vorstellung – ist in der Lage, die Gewalten von Natur, Feinden und auch den Unfrieden im eigenen Volk zu vermeiden.

> **Logbucheintrag:** „Diesen Tag sollt ihr als Gedenktag begehen. Feiert ihn als Fest für den HERRN! Für eure kommenden Generationen wird es eine ewige Satzung sein, das Fest zu feiern!" (Ex 12,14)

Eine Bergtour mit Konsequenzen: Die 10 Worte

Es ist wohl einer der bekanntesten Texte in der Bibel überhaupt: während der Gottesbegegnung auf dem Sinai erhält Mose die 10 Worte, die wir heute als „Dekalog", als die „Zehn Gebote" kennen.

> **Logbucheintrag:** Dann sprach Gott alle diese Worte: Ich bin der HERR, dein Gott, der dich aus dem Land Ägypten geführt hat, aus dem Sklavenhaus. Du sollst neben mir keine anderen Götter haben." (Ex 20,1–3)

Interessant ist, dass hier zunächst die Leser*innen des Exodus-Buches eine Zusammenfassung der wichtigsten Weisungen Gottes erhalten. Die Personen innerhalb der Erzählung erfahren noch nichts von diesen Geboten, denn sie erleben erst einmal Donner und Blitz, bekommen Angst, halten sich in der Ferne (Ex 20,18) und bitten Mose um Vermittlung (20,19–21), was wiederum die Autorität des Mose mit besonderem Gewicht versieht.

Was steckt aber nun hinter diesen „10 Worten"? In der Einleitung zu diesem Textabschnitt gibt Gott selbst die Grundlage an, indem er auf die Herausführung aus Ägypten und damit auf seine Rettung der Israeliten aus der Sklaverei hinweist (20,1f.). Es geht nun darum, die einmal gegebene Freiheit mit Hilfe der Gebote zu bewahren. Die 10 Worte sind nicht die Bedingung dafür, dass Gott ein gnädiger ist und bleibt, sondern sie zeigen, dass Gott immer schon gnädig war und sich barmherzig gezeigt hat. Die Gebote stellen keine Zwangsjacke für die weitere Entwicklung Israels dar, sondern sie sind die Urkunde der Freiheit, sie schärfen ein Ethos ein, das die Grundlage für ein kontinuierliches Zusammenleben bildet.

Der Dekalog ist kategorisch und unbedingt formuliert, er präsentiert ein theologisches Konzept, ein unmittelbares Grundgesetzt, das Gott seinem auserwählten Volk schenkt, und das allen weiteren, im Bundesbuch folgenden Vorschriften, Ordnungen, Strukturanweisungen vorgeordnet ist. Der Dekalog entfaltet durch seinen systematischen und modellhaften Charakter eine inspirierende Wirkung: er ist das Grundgesetzt für eine neue freie Gesellschaft. Dabei wird Freiheit im biblischen Sinne verstanden als geteilte und geschenkte Freiheit! Alles nach dem Leitsatz: Was du willst, das Gott dir tut, das tue du auch den andren!

Es sei noch darauf hingewiesen, dass die 10 Gebote in zwei verschiedenen Varianten vorliegen: Neben dem Exodus-Text gibt es eine zweite Fassung in Dtn 5,6–21. Die Dekalogfassungen weisen sehr große Gemeinsamkeiten auf, aber auch eine Reihe von Unterschieden, z.B. in der Zählweise oder in der Länge und Intensität der einzelnen Gebotsausführungen.

Souvenirs: Zwei umfängliche Mitbringsel für viele weitere Reisen durch die Bibel

Exodus – Ein ursprünglicher Befreiungsmythos

Der Exodus erzählt von Aufbruch, von Flucht und von der Befreiung aus der Gefangenschaft. Es geht darum, Altes zu verlassen und sich auf den Weg zu machen, um im gelobten Land einen neuen Anfang zu starten. Aber mehr noch: Der Exodus beschreibt den Gründungsmythos Israels, der dann in der literarischen Form die Fragen nach der Nähe Gottes zu den Menschen und nach der damit verbundenen, eigentlichen Identität des Gottesvolkes beantwortet. Die beiden Fragen hängen eng zusammen und beschreiben ein umfängliches Programm, das die Grundlage für die jüdisch-christlichen Tradition bildet.

Lesetipp: Jan Assmann: Exodus: Die Revolution der alten Welt, München [3]2015.

Ein Mythos mit gesamtbiblischer Strahlkraft

Der Exodus-Mythos hat eine enorme Strahlkraft. Die in ihm angelegten Motive und Erzählzüge, Schlüsselwörter und Figurenkonstellationen sowie nicht zuletzt die programmatischen Strukturelemente werden in verschiedenen Büchern des Ersten und des Neuen Testaments immer wieder aufgenommen. So liegen die Stichwortverbindungen zwischen dem Exodus und der Jesusgeschichte bei der Lektüre neutestamentlicher Texte schnell auf der Hand: die Geburt eines Kindes, das bedroht und in besonderer Weise gerettet wird; das Land Ägypten sowie die Zahlen 12 und 40 ; besondere Ereignisse auf Bergen oder in der Wüste; herausragende Figuren wie etwa Mirjam und Maria ... und vieles mehr. Der Exodus-Mythos schafft durch seine starken Bilder offensichtlich so etwas wie einen roten Faden durch die Bibel, verbindet das Erste und das Neues Testament eng miteinander und steht somit für eine theologische Einheit der gesamten Bibel.

Lesetipp: „Exodus – Vom Auszug in die Freiheit": Bibel heute 221 (1/2020)

Der Nicht-Ort: Ein topographisches Streiflicht auf dem Sinai

Andrea Pichlmeier

Es ist Ende Februar, wir haben das Land der Pharaonen und der koptischen Christen besucht, waren auf Felukken, in Nachtzügen und auf der Ladefläche klappriger Kleinbusse unterwegs und brechen nun wieder auf nach Norden, in das Gelobte Land der biblischen Israeliten. Uns ist kein Pharao auf den Fersen, auch müssen wir kein Schilfmeer durchqueren. Dafür stehen wir in Kairo auf sechsspurigen Highways in einem nicht enden wollenden Stau. Unser Ziel ist der 2285 Meter hohe Mosesberg, *Dschebel Musa*, im Süden der Sinaihalbinsel.

Dieser Berg hat viele Namen: Sinai, Horeb, Gottesberg, Berg JHWHs. Jeder dieser Namen eröffnet eine eigene Perspektive auf die Geschichte Israels. Der Sinai gilt als Berg des Gottesoffenbarung in der Wüste. Im Buch Exodus, "im dritten Monat nach dem Auszug aus Ägypten", kommen die Israeliten in der Wüste Sinai an und lagern gegenüber „dem Berg", wie es in Ex 19,1 heißt. Schwarz und zerklüftet ragt seine Silhouette in den Abendhimmel. Ob es tatsächlich „der" Berg ist, weiß niemand. Der Berg, den wir in wenigen Stunden besteigen wollen, gilt erst seit dem 4. Jahrhundert christlicher Zeit als Ort der Offenbarung Gottes an Israel. Im Neuen Testament wird er ausschließlich „Sinai" genannt, und vermutlich kommt es Paulus und Lukas gar nicht darauf an, den Berg als solchen zu lokalisieren. Der Sinai ist in der gesamten biblischen Tradition eine Art Chiffre für Israels Gottesbegegnung irgendwo zwischen Ägypten und dem Gelobten Land, weil sich Gottesbegegnungen vermutlich immer irgendwo in einem Zwischenraum oder an Übergängen ereignen. „Nicht-Orte" hat der französische Anthropologe Marc Augé solche Zwischenräume einmal genannt. Es sind jene Orte, an denen wir nicht zuhause sind, Orte des Übergangs, *de passage*, an denen sich unsere soziale, kulturelle und emotionale Identität auflöst, das Neue aber noch nicht zu erkennen ist. Das Alte Testament hat dafür einen eigenen Namen: *chorev*, Öde, Verwüstung.

In Ex 3 weidet Mose die Schafe und Ziegen seines Schwiegervaters Jitro, der Priester in Midian ist. Offenbar tut er an diesem Tag einen Schritt über das Gewohnte bzw. „über die Steppe“ hinaus „und kam zum Gottesberg Horeb“ (Ex 3,1), dem „Wüstenort“. Hier begegnet ihm der Engel des HERRN in einem Dornbusch, der brennt und doch nicht verbrennt. Die Geschichte dürfte eines der bekanntesten biblischen Motive hervorgebracht haben, und es wird uns am nächsten Tag auch nicht verwundern, im Hof des Katharinenklosters vor eben diesem Dornbusch zu stehen. Er ist ja nicht verbrannt. Im hebräischen Wort für „Dornbusch“, *senäh*, klingt wiederum der „Sinai“ an, die Wüste – oder ist es „der“ Berg? – wo Mose für das Volk die Tora empfangen wird.

Die Beduinen haben Fladenbrot und Chai, sehr heißen Schwarztee mit viel Zucker, für uns zubereitet. Es ist noch dunkel, doch am Horizont kündigt sich bereits die aufgehende Sonne an. Sie wird unseren Aufstieg begleiten. Nach der letzten, anstrengendsten Etappe, bei der man auf 750 Stufen siebenhundert Höhenmeter überwindet, stehen wir auf dem Gipfel. Über uns wölbt sich ein wolkenloser Himmel, vor uns erstrecken sich Wüstenberge, soweit das Auge reicht. Sie schimmern in hellen und dunkleren Ockerfarben, werfen harte Schatten, berühren mit ihren leicht abgerundeten Zacken den Himmel. Jeder von ihnen könnte ein Gottesberg sein.

In der Geschichte Israels ist der Tempelberg zum Ort der Gottesbegegnung geworden. Der Zion hat den Sinai abgelöst, ganz verdrängen konnte er ihn nie, denn der Sinai bleibt der Ort, an dem Israel die Tora empfängt und Gott kennenlernt. Als der Jerusalemer Tempel unwiederbringlich zerstört und seinerseits zum „Nicht-Ort“ geworden war, wurde die Tora zum einzigen Ort, an dem Israel seinem Gott begegnen konnte. Vielleicht sollte der Tempel, vielleicht soll auch die Kirche nur ein Ort des Übergangs, *de passage,* sein, denn nicht nur Israel, sondern alle sind wir noch unterwegs in das Land, an das wir glauben.

Eine Reise in die Vergangenheit – Einführung in die Geschichtsbücher

Andreas Leinhäupl

Ein Blick in den Rückspiegel

Die „Bücher der Geschichte" erzählen Geschichten über Geschichte. Sie sind dabei nicht an einer neutralen Widergabe der historischen Ereignisse interessiert, sondern vielmehr an der Bewertung und Interpretation, wie sich das Volk Israel im Laufe der Zeit entwickelt hat und wie es sich in sehr unterschiedlichen Situationen gegenüber seinem rettenden und befreienden Gott verhalten hat. Dabei sind durchgehend zwei Aspekte leitend: Zum einen geht die Geschichtstheologie Israels davon aus, dass sich der Gesamtverlauf der Geschichte als großer Entwurf Gottes ereignet. Zum anderen zeigt sich in den zahlreichen Büchern immer wieder, dass die Erinnerung an den Exodus für die jeweilige Phase der Entwicklung eine herausragende Rolle spielt.

Im christlichen Ersten Testament erstrecken sich die Geschichtsbücher vom Josuabuch bis zu den beiden Makkabäerbüchern. Damit werden die verschiedenen Phasen der Geschichte Israels in den Blick genommen: Die Darstellung reicht von der vorstaatlichen Zeit, also dem Einzug des Volkes Israel in das verheißene Land, über die staatlichen Zeit, also die Zeit der Könige und der eigenständigen Nationalstaaten Israel und Juda, hinein in die substaatliche Zeit, also in die Zeit der babylonischen, persischen und hellenistischen Fremdherrschaft. Die Geschichte Israels hat ihre besondere Kontur wesentlich durch die großen Krisensituationen gewonnen: Untergang des Nordreiches im Jahr 722 v. Chr., Exilerfahrung im 6. Jahrhundert (zentrales Datum 586 v.Chr.), hellenistische Überfrachtung im 3. Jahrhundert, Makkabäerzeit im zweiten Jahrhundert. Die meisten Bücher der Geschichte haben ihre Endgestalt (d.h. den Abschluss des jeweiligen literarischen Entstehungsprozesses) genau im Umfeld dieser Krisen gefunden.

Die Bücher Geschichte spielen übrigens alle „im Land". Während die fünf Bücher der Tora (Gen, Ex, Lev, Num, Dtn) im Anschluss an die Schöpfung und die Urgeschichte das Entstehen Israels außerhalb des Landes beschreiben, setzen die Geschichtsbücher das umfängliche Programm der Tora im gelobten Land um.

Logbucheintrag: „Nachdem Mose, der Knecht des Herrn, gestorben war, sagte der Herr zu Josua, dem Sohn Nuns, dem Diener des Mose: Mein Knecht Mose ist gestorben. Mach dich also auf den Weg und zieh über den Jordan hier mit diesem ganzen Volk in das Land, das ich ihnen, den Israeliten geben werde." (Jos 1,1)

Die Landkarte: In den Geschichtsbüchern unterwegs

Josua	Eroberung des Gelobten Landes unter der Führung Josuas und Verteilung des Landes an die Stämme Israels
Richter	Zeit nach der Inbesitznahme des Landes vor dem Aufkommen des Königtums unter den „Richtern", d.h. den Stammesherrschern
Rut	kleine novellenartige Erzählung, spielt in der Übergangszeit zwischen Vor-Königszeit (Rut 1,1: *„Zur der Zeit, als die Richter regierten"*) und Königszeit (Rut 44,13–17: Verheißung des Königs David)

1/2 Samuel	Geschichtsablauf von der Geburt des letzten Richters, Samuel, der das Königtum in Israel einführt, über den ersten König, Saul, bis zu dessen Tod und die Herrschaft des König David bis kurz vor dessen Tod
1/2 Könige	die letzten Tage Davids, das Königtum Salomos, die Geschichte der Könige der getrennten Reiche Israel (Norden) und Juda (Süden) bis zu deren jeweiligem Untergang, Babylonisches Exil
1/2 Chronik	entstanden auf der Grundlage der Samuel- und Königsbücher, Geschichtsablauf von der Schöpfung über den Untergang von Nord- und Südreich bis zum Neuanfang und dem Tempelbau nach dem Babylonischen Exil durch den Erlass des Perserkönigs Kyrus
Esra/Nehemia	Wiederherstellung eines jüdischen Gemeinwesens nach dem Babylonischen Exil
Tobit	romanhafte Erzählung über das Leben eines Juden in der Diaspora fern des Gelobten Landes
Judit	romanhafte Erzählung über die Bedrohung Israels, die Macht Gottes und die Rettung durch eine gottesfürchtige Frau
Ester	novellenartige Erzählung über die Rettung der Juden vor einer amtlich verordneten Vernichtung im Perserreich mit der Heldin Ester
1/2 Makkabäer	Geschichte des jüdischen Widerstandes gegen die kulturelle, politische und ökonomische Einbindung in die Fremdherrschaft der Griechen

Erinnerung und Identität – zwei besondere Reisebegleiter für die Geschichtsbücher

Die Bücher der Geschichten setzen auf Erinnerung, und zwar vor allem auf die Erinnerung an das befreiende Handeln Gottes, das in der Exodusgeschichte erzählt wird. Diese Heilshandlung Gottes wird immer wieder explizit oder implizit aufgerufen, bzw. in erzählte Geschichten umgesetzt. Die Exoduserinnerung wird als „Kurskorrektur" genutzt und hat verändernde Kraft. Das Erzählen und Bewerten von Geschichte wird somit zu einem Akt des Widerstand gegen alles, was dem rettenden und befreienden Handeln Gottes entgegensteht.

> **Logbucheintrag:** „So weit kam es, weil sich die Leute von Israel an dem Herrn, ihrem Gott, versündigt hatten. Er hatte sie aus Ägypten herausgeführt und aus der Hand des Pharaos befreit. Aber sie folgten dem schlechten dem schlechten Beispiel ihrer Könige, verehrten fremde Götter und übernahmen die Gebräuche der Völker, die der Herr vor ihnen vertrieben hatte." (2 Kön 17,7–8)

Auf diese Weise entsteht aus Erinnerung identitätsstiftendes Wissen, oder anders gesagt: die Bücher der Geschichte bilden das *kulturelle Gedächtnis Israels* ab. Mit Hilfe des Exodus als Erinnerungsfigur entsteht in Jahrhunderte langem Ringen eine Religion im Kontext der eigenen Kultur sowie gleichzeitig in Abgrenzung zu derselben. Genau dafür stehen die Bücher der Geschichte: Sie machen Religion als Erinnerungskultur verstehbar und reagieren mit ihren literarischen Entwürfen auf den Schock des Vergessens. Ein besonders eindrückliches Beispiel zeigt die Erzählung von der Auffindung des Buches Deuteronomium und der sich anschließenden Joschianischen Reform (2 Kön 22). Hier taucht ein Buch auf, das als das Vermächtnis des Mose identifiziert wird und das sich als Brennpunkt bzw. als Transformation für die weitere Entwicklung des Volkes auszeichnet.

> **Logbucheintrag:** „Geht und befragt den HERRN für mich, für das Volk und für ganz Juda wegen dieses Buches, das aufgefunden wurde! Der Zorn des HERRN muss heftig gegen uns entbrannt sein, weil unsere Väter auf die Worte dieses Buches nicht gehört und weil sie nicht getan haben, was in ihm niedergeschrieben ist." (2 Kön 22,13)

Souvenirs

Die Bücher der Geschichte bilden nicht die historische Wirklichkeit ab. Ihr Fokus liegt auf der Deutung der Geschichte für die Entwicklung des Volkes Israel. Die realen historischen Abläufe werden also mit der eigentlichen Frage konfrontiert, welche Rolle der Geschichtsplan Gottes dabei spielt.

In den Geschichtsbüchern finden sich an entscheidenden Stellen größere Reden, die als Reflexionen in den die Abläufe der Geschichten eingespielt werden: vgl. etwa die Reden Josuas (Jos 23 u. 24), die Abschiedsrede Samuels (1 Sam 12), Nathans Weissagung (2 Sam 7), Salomos Rede zur Tempeleinweihung (1 Kön 8,14–21), die Reflexion anlässlich der Eroberung Samarias (2 Kön 17,1–23).

> **Logbucheintrag:** „Tretet zu mir, damit ich vor den Augen des HERRN mit euch ins Gericht gehe wegen all der Wohltaten des HERRN, die er euch und euren Vätern erwiesen hat! Als Jakob nach Ägypten gekommen war und eure Väter zum HERRN schrien, da sandte der HERR Mose und Aaron. Sie führten eure Väter aus Ägypten heraus und gaben ihnen Wohnsitze an diesem Ort."(1 Sam12, 7f.)

Die Geschichtsbücher scheuen nicht den Konflikt, im Gegenteil: sie setzen ihre theologischen, politischen, kulturellen Vorstellungen konsequent um und sind dabei oftmals sehr parteiisch (vgl. z.B. die wunderbare Erzählung vom Konflikt des Elia mit den Baalspriestern und der Entscheidung auf dem Karmel, 1 Kön 18)

> **Logbucheintrag:** „Um die Mittagszeit verspottete sie Elija und sagte: Ruft lauter! Er ist doch Gott. Er könnte beschäftigt sein, könnte beiseitegegangen oder verreist sein. Vielleicht schläft er und wacht dann auf. Sie schrien nun mit lauter Stimme." (1 Kön 18,27f.)

Die Geschichtsbücher wollen aus der Geschichte lernen, indem sie Regelmäßigkeiten aus ihr ableiten. Geschichte ist in Israel immer Heils- und Unheilsgeschichte. Ereignisse werden als Segen oder Fluch Gottes erfahren, je nachdem wie er auf das Verhalten seines Volkes reagiert. In den Königsbüchern werden z.B. die Könige Israels nach einem wiederkehrenden Schema vorgestellt und ihr Geschick daran gemessen, wie loyal sie gegenüber dem Gott Israels waren.

Neues von den Royals – Die Samuelbücher

Christian Schramm

Schnuppern Sie gerne Palastluft? Und sind auch einem Hauch von Luxus nicht abgeneigt? *Sightseeing* mit Klatsch und Tratsch über die aufstrebende *High Society* ist Ihr Ding? Und dabei schrecken Sie auch Intrigen, *Sex and Crime* nicht ab?

Dann habe ich genau das Richtige für Ihre nächste *Lese-Reise* in der Bibel: die beiden Samuelbücher (1 Sam, 2 Sam). Doch Vorsicht: Wer nicht rechtzeitig in Deckung geht, kommt schnell unter die Räder.

Reisevorbereitung I: Geschichtsschreibung eigener Art ...

Mit 1 und 2 Sam bewegen wir uns innerhalb der „Bücher der Geschichte". Doch liegt hier keine chronistische Aneinanderreihung einzelner Fakten und Daten vor, sondern es wird erzählt – parteiisch, selektiv, subjektiv gefärbt, mit Intention (s. Einführung Geschichtsbücher). Das ist unterm Strich ebenso unterhaltsam wie lehrreich, wenn auch nicht immer *historisch* in einem engeren Sinne. So werden *Abenteuerfreund*innen* im Folgenden leichter auf ihre Kosten kommen als diejenigen, die (nur) nach exakt beweisbaren *hard facts* suchen.

... mit prophetischer Grundierung

Die jüdische Tradition ordnet die Samuelbücher in den Großteil *Nebiim* („Propheten") ein, und zwar unter die *Vorderen Propheten* (s. Einführung Propheten). Denn: Auch wenn zahlreiche mächtige und einflussreiche Persönlichkeiten (u. a. König*innen) das Geschehen prägen, für die Bibel sind in erster Linie die auftretenden Propheten die entscheidenden *Player*. Sie verkünden den Willen Gottes, sie betätigen sich mitunter als *Politiker* und lenken die Geschicke des Volkes in Gottes Sinne – oder versuchen dies zumindest.

Allen voran können wir dem Propheten Samuel begegnen, nach dem die beiden Bücher benannt sind und den wir von Geburt (1 Sam 1) bis Tod (1 Sam 25,1; 28,3; vgl. 1 Sam 12) begleiten. In 2 Sam ist dann u. a. der Prophet Natan bedeutsam – auch und gerade als Korrektiv für König David (2 Sam 7 und 12). Unterm Strich wird dadurch betont, dass bei allen geschichtlichen Ent- und Verwicklungen schlussendlich Gott im Hintergrund die entscheidende Lenkungsinstanz darstellt und die Geschichte des Volkes Israel nach Mose (Ex–Dtn) immer gott-geleitet und prophetisch fundiert weitergeht.

Nichtsdestotrotz: Bei aller Bedeutsamkeit der prophetischen Komponente werden wir es bei unseren *Reisen* durch die Samuelbücher doch mit jeder Menge Königsgeschichten inklusive Hofintrigen, vereitelten Mordanschlägen und Eifersucht, aber auch inklusive verlässlicher Freundschaft, Treue und Loyalität zu tun bekommen.

Reisevorbereitung II: Fünf Etappen im Grobüberblick

Eine erste Groborientierung über das vor uns liegende *Reisegebiet* gelingt mittels der zentralen Personenpaare sowie der Erzähldynamik. Fünf Etappen/Teile lassen sich identifizieren:

Teil 1 – 1 Sam 1–15: Samuel (Prophet & Priester) und Saul (König)	
1 Sam 1–7	Kindheitsgeschichte Samuels und Philisterkriege
1 Sam 8–11	Saul wird König
1 Sam 12–15	Abschied Samuels und Schicksal Sauls
Teil 2 – 1 Sam 16–31: Saul vs. David – Sauls Niedergang und Davids Aufstieg (bis 2 Sam 5)	
1 Sam 16–17	Salbung Davids und Sieg über Goliat
1 Sam 18–20	David am Hofe Sauls
1 Sam 21–30	David als Söldnerführer
1 Sam 31	Sauls Tod
Teil 3 – 2 Sam 1–5: David wird König	

Teil 4 – 2 Sam 6–20: Königtum Davids und Thronnachfolgegeschichten (bis 1 Kön 2)	
2 Sam 6–10	Natansverheißung und (Kriegs-)Taten Davids
2 Sam 11–12	David und Batseba
2 Sam 13–19	Aufstand Abschaloms
2 Sam 20	Schebas Aufstand
Teil 5 – 2 Sam 21–24: Anhänge und Nachträge	

Reisevorbereitung III: Kurze Geschichtsstunde

Und für alle Freund*innen von Zahlen und Daten: Vermutlich haben die Samuelbücher ihre Endgestalt im Babylonischen Exil, also im 6. Jh. v. Chr., erhalten (s. Teil 1). Das bedeutet, dass der Untergang von Königtum, Hauptstadt, Tempel und damit der Verlust von Eigenstaatlichkeit, Freiheit und Souveränität als unmittelbar prägende Erfahrungen der jüngsten Vergangenheit hier mitverarbeitet worden sind.

Immer wieder schimmert dies durch. Nicht von ungefähr wird der Beginn des menschlichen (!) Königtums in Israel alles andere als beklatscht – nur die unwissende Menge jubelt (1 Sam 8–11). Und die Hoffnung auf die Beständigkeit der davidischen Herrschaft, die Sehnsucht nach etwas Bleibendem und Verlässlichem in Gestalt eines Nachkommens Davids auf dem Thron wird stark und in eindrücklichen Worten formuliert – die Natansverheißung in 2 Sam 7 zählt mit zu den wirkmächtigsten Texten des Alten Testaments.

> Logbucheintrag: „Ich werde für ihn Vater sein und er wird für mich Sohn sein. ... Nie wird sich meine Huld von ihm entfernen ... Dein Haus und dein Königtum werden vor dir auf ewig bestehen bleiben; dein Thron wird auf ewig Bestand haben.“ (2 Sam 7,14–16)

Damit sind Sie fürs Erste grundsätzlich vorbereitet, um auf eigene Faust *Entdeckungstouren* in 1 und 2 Sam unternehmen zu können. Gerne nehme ich Sie aber auch auf ein paar geführte *Touren* mit, wobei unterschiedliche thematische Blickwinkel unterschiedliche Vorlieben ansprechen.

Auf und ab – Klettertouren auf der Karriereleiter

Ein erster Schwerpunkt, der uns durch große Teile der beiden Bücher führen wird, ist mit dem Stichwort „Karriereleiter" treffend charakterisiert. Wenn Sie sich für Auf- und Abstiegsgeschichten interessieren, dann werden Sie in 1 und 2 Sam reichlich fündig werden. Doch Vorsicht: Wer hoch klettert, kann tief abstürzen!

Da wäre zuallererst einmal Saul. Sein Aufstieg zum König (1 Sam 8–10) geht schlussendlich zulasten Gottes, der als König dem Volk Israel doch eigentlich genügen müsste (1 Sam 8,6–9). Und die Art und Weise, *wie* Saul König wird, kann uns ein Schmunzeln entlocken: Da wird von einem erzählt, der auszog, die verlorenen Eselinnen wiederzufinden, und der stattdessen mit einer Königskrone im Gepäck nach Hause zurückkehrt. Geplant war da nichts, so die unterschwellige Botschaft. Überraschung pur.

Besonders eindrücklich können wir die Auf-Abstiegs-Verbindung an der spannungsreichen Konstellation *Saul und/vs. David* erleben. Die Verwerfung des einen (Saul; 1 Sam 13 und 15) geht Hand in Hand mit der *Beförderung* des anderen (David; 1 Sam 16). David wird als *Gegenkönig* bzw. *Kryptokönig* (im Geheimen) gesalbt, während offiziell Saul auf dem Thron sitzt, ja sitzen bleibt (erst in 2 Sam 2 und 5 nimmt David offiziell auf dem Thron Platz). Und der Geist Gottes wechselt quasi den Träger – das zumindest suggeriert 1 Sam 16,13–14. Wobei die Königssalbung Davids auch ziemlich überraschend kommt – auf dem Schirm hatten ihn weder sein Vater noch Samuel, ist er doch der jüngste der Brüder. Die Auswahlkriterien Gottes folgen eben eigenen Regeln (1 Sam 16,7).

> **Logbucheintrag:** „Gott sieht nämlich nicht auf das, worauf der Mensch sieht. Der Mensch sieht, was vor den Augen ist, der HERR aber sieht das Herz." (1 Sam 16,7)

In der Folge ist die Beziehung von Saul und David durch viele Höhen und Tiefen gekennzeichnet. Einerseits steht David im Dienste Sauls und gewinnt dessen Gunst (z. B. 1 Sam 16,14–23), andererseits nimmt Saul David zunehmend als gefährlichen Konkurrenten wahr (bereits 1 Sam 18,10–30) und versucht mehrfach, ihn aus dem Weg zu räumen (1 Sam 18–23). David flieht – Saul hinterher. Unterwegs nutzt David zwei Chancen, Saul umzubringen, nicht – so erzählt es 1 Sam 24 und 26.

Doch hat David auch zahlreiche Leichen im Keller – der Weg zur Macht ist auch bei ihm durch eine Blutspur markiert: Das beginnt mit Goliat (1 Sam 17), steigt nummerisch gewaltig an durch die 200 Philister (1 Sam 18,17–30) und endet mit Urija (2 Sam 11; s.u.) noch lange nicht.

> **Logbucheintrag:** „Du kommst zu mir mit Schwert, Speer und Sichelschwert, ich aber komme zu dir im Namen des HERRN der Heerscharen ... Alle Welt soll erkennen, dass Israel einen Gott hat." (1 Sam 17,45–46).

Das Porträt von David, das 1 und 2 Sam malen, ist weit entfernt von einer verklärenden Idealisierung. Hier begegnet uns vielmehr jede Menge Realität, manchmal vielleicht mehr, als uns lieb ist. Zum Teil erscheint David als skrupelloser Machtpolitiker, der auf seinem Weg nach oben über Leichen geht – doch gibt es auch andere Seiten. Und Gott greift korrigierend ein, wenn David es mal wieder gar zu wild treibt (2 Sam 11–12).

Vor diesem Hintergrund erscheint es fast *gerecht*, dass auch David selbst mit Widerstand und Gegnerschaft – ja sogar aus dem eigenen Hause – zu kämpfen hat: Abschalom (2 Sam 15–19) und Scheba (2 Sam 20) proben den Aufstand gegen David – beide schlussendlich ohne Erfolg.

Liebe und Tod – Herz-Schmerz-Tour

Für alle, denen dies bislang zu karriere-fixiert war, hätte ich noch die *Herz-Schmerz-Tour* im Angebot. Wobei eine Vorwarnung nötig ist: große Gefühle, tiefe Liebe, tragfähige Freundschaft ist die eine Seite – Eifersucht, Hass und Tod die andere. Auch hier steckt viel *Lebenswahrheit* drin.

David und Michal, die Tochter Sauls – das klingt zunächst nach einer wirklichen Liebesgeschichte (1 Sam 18,10–30). Doch der Brautpreis ist blutig: 200 Vorhäute von erschlagenen Philistern *zahlt* David für sie, wie es Saul von ihm fordert. Und irgendwie scheint in der Beziehung nicht dauerhaft die Sonne (2 Sam 6,16.20–23).

Von Dauer und Verlässlichkeit ist die Freundschafts-, ja vielleicht sogar Liebesbeziehung von David und Jonatan (1 Sam 18,1.3; 19,1; 20,17; 2 Sam 1,26). Auf Jonatan kann sich David verlassen, auch und gerade in der Auseinandersetzung

mit Jonatans Vater Saul. Das verwundert, steht diese Freundschaft doch der *Karriereleiter-Perspektive* diametral entgegen. Jonatan ist als erstgeborener Sohn des amtierenden Königs der Kronprinz, der eigentlich den Thron erben soll. Von daher müsste ihm ein gesundes Misstrauen, ja eine Grundfeindschaft mit David im Blut liegen. Saul bringt dies treffend auf den Punkt (1 Sam 20,31). Aber nichts davon ist zu spüren. Vielmehr treffen wir in Jonatan auf einen selbstlosen Freund, der sich sogar in Gefahr bringt (1 Sam 20,33) und für den das eigene Nach-oben-Kommen nicht an erster Stelle steht. Eine wohltuende Ausnahme in dieser Macht- und Karrierewelt.

Kleiner Sprachführer:
„König" auf Hebräisch heißt מֶלֶךְ (*mäläch*); bei מַלְכִּי (*malki*) ist das Personalpronomen der ersten Person Singular angehängt, also: „mein König".

David und die Frauen – das ist keine einfache Sache. Von Michal war bereits kurz die Rede. Auch die zweite Frau in Davids Leben bringt eine spannend-dramatische Erzählung mit sich (1 Sam 25) – wobei die Initiative auf ihrer Seite liegt. Abigajil ist „klug und von schöner Gestalt" (1 Sam 25,3), ihr Mann Nabal ist „sehr reich" (1 Sam 25,2), aber

„roh und bösartig" (1 Sam 25,3). Mit dieser Kurzskizze der Ausgangssituation sollte ausreichend Neugier geweckt sein. 1 Sam 25 ist meisterhaft erzählt und braucht sich vor *House of Cards* nicht zu verstecken. Am Ende steht ein Hochzeitsfest und ein Begräbnis – wieder einmal hängen Liebe und Tod eng zusammen.

Das Gleiche gilt auch für die dritte ausführlicher erzählte *Frauengeschichte* Davids. Auch hier fallen Hochzeit und Beerdigung quasi zusammen. Doch diesmal wird der – lüsterne, triebgesteuerte – David aktiv. Wir begegnen hier einem skrupellosen Mann, der sich rücksichtslos nimmt, was er begehrt. Bzw. holen lässt: Er ist ja schließlich der König. Als eine beginnende Schwangerschaft seinen Fehltritt zu verraten droht, setzt er alles daran, dies zu vertuschen. Und als das nicht funktioniert, lässt er höchst intrigant den gehörnten Ehemann aus dem Weg schaffen – das geht schon in Richtung *Auftragsmord*. Wenn Ihre Nerven dafür stark genug sind, dann wagen Sie sich in 2 Sam 11 hinein: Die Geschichte von David, Batseba und Urija hat das Zeug zum Thriller.

Kleiner Sprachführer:
Batseba = „Tochter der Fülle".

Bei so viel *Sex and Crime* kann Gott nicht schweigen. Die kritisch-mahnende Stimme sowie die Strafe folgen in Gestalt des Propheten Natan auf dem Fuße (2 Sam 12). Das erneut Überraschende: Statt den Propheten mundtot zu machen, wie das Könige für gewöhnlich mit unliebsamen Kritikern zu tun pflegen (vgl. Mk 6), sieht David seine Schuld ein und bereut sein Verhalten. Das macht seine Verbrechen nicht ungeschehen, das macht das viele Böse und Leidvolle nicht gut. Aber David beweist die Größe, seine Fehler auch eingestehen und umkehren zu können – keine Selbstverständlichkeit, damals wie heute. Die Worte, die dem sterbenden David in den Mund gelegt werden, sind ein Vermächtnis von bleibender Aktualität (2 Sam 23,3–4).

Logbucheintrag: „Der Gott Israels sprach, zu mir sagte der Fels Israels: Wer gerecht über die Menschen herrscht, wer voll Gottesfurcht herrscht, der ist wie das Licht am Morgen, wenn die Sonne aufstrahlt an einem Morgen ohne Wolken, der nach dem Regen grünes Gras aus der Erde hervorsprießen lässt." (2 Sam 23,3–4)

Takt und Ton – Eine kleine Konzert-Tour

Ein dritter Schwerpunkt führt uns in feingeistigere Höhen. Vielleicht eine wohltuende Abwechslung nach so viel Action und Dramatik. Jetzt kommt eher etwas zum Zurücklehnen und Genießen, wobei es nie banal oder rosa-rot wird. In 1 und 2 Sam laden einzelne poetische Lieder zum Verweilen, zum Verkosten, zum Nachdenken und Nachspüren ein.

Das Lied der Hanna zum Beispiel (1 Sam 2), von dem das Magnificat, das Loblied Marias (Lk 1,46–55), beeinflusst ist. Die singenden Frauen bejubeln den Kriegserfolg (1 Sam 18,6–9), doch kann sich das für den Bejubelten auch zum Nachteil entwickeln.

Und in allem Krieg und Machtpoker treffen wir hin und wieder auch auf einen David, der uns eine andere Seite zeigt. Eine eher zarte und verletzliche. David hat durchaus Sinn für die schönen Künste. Er betätigt sich nicht nur mit Erfolg als Leierspieler und Musiktherapeut (1 Sam 16,14–23; 18,10), sondern er singt auch zu Herzen gehende Lieder (Totenklage: 2 Sam 1,17–27; Danklied: 2 Sam 22). Auch als Tänzer scheint David eine gute Figur gemacht zu haben (2 Sam 6,14–23) – wobei dies seine Ehefrau Michal anders beurteilen würde.

Eine Kuriosität zum Schluss: „Du hast die Haare schön ..."

Ich möchte diese Kurzeinführung beschließen mit einer *haarigen* Kuriosität. Abschaloms Haarpracht wird als geradezu legendär geschildert (2 Sam 14,25–26; 1 Schekel = 11,4 g)!

> **Logbucheintrag:** „In ganz Israel gab es keinen schöneren und lobenswerteren Mann als Abschalom. Vom Scheitel bis zur Sohle war kein Makel an ihm. Und wenn er sein Haar schneiden ließ – das geschah von Zeit zu Zeit, weil es so schwer wurde, dass er es schneiden lassen musste –, und man wog sein Haar, dann wog es zweihundert Schekel nach königlichem Gewicht." (2 Sam 14,25–26)

Zugleich scheint sie ihm zum Verhängnis geworden zu sein: Auf der Flucht bleibt er (mit seinem Kopf) an einem Baum hängen und ist damit ein leichtes Opfer für seine Verfolger (2 Sam 18,6–32; schon Flavius Josephus sieht die langen Haare Abschaloms hier involviert, vgl. Ant 7,239). Auch dieses Beispiel zeigt: Deckung suchen, sich rechtzeitig ducken kann Leben retten!

Für unterschiedlich akzentuierte *Lese-Reisen* bieten 1 und 2 Sam jede Menge Stoff. Und wer dann immer noch nicht genug hat: Die beiden Königsbücher erzählen nahtlos weiter, wo 2 Sam 24 endet.

Souvenirs:

- Die Machtprotze in Gestalt einflussreicher Könige haben nicht die letztgültige Macht – Gott steht schlussendlich doch über allem. Und mischt sich durch seine Propheten auch ein – in Wort und Tat.
- Mir hat es besonders das *Paar* David und Jonatan angetan. Die selbstlose Freundschaft, zumindest von Jonatans Seite aus, beeindruckt mich und stellt einen inspirierenden Gegenpol zum karriere-orientierten, strategischen Aufstiegsdenken drumherum dar.
- Zwei Seiten von David sind meist nicht so bekannt – und von daher spannend. David als *Tänzer*, der sich vor Gott gewissermaßen *zum Affen macht*. Und David nimmt berechtigte Kritik an, gesteht Fehler ein und kehrt bereuend um – besonders eindrücklich nach seinem Fehltritt in der *Causa* Urija/Batseba.

Eine theologische Geburt: Das topographische Streiflicht aus Betlehem

Andrea Pichlmeier

In Betlehem ist ganzjährig Weihnachten. Betlehem gilt als Geburtsstadt Jesu, auch wenn es alles andere als sicher ist, dass Jesus, historisch betrachtet, hier geboren ist. Theologisch gesehen blieb Jesus nichts anderes übrig, als in Betlehem das Licht der Welt zu erblicken, denn Betlehem ist die Davidsstadt.

Um David, der um das Jahr 1000 vor unserer Zeitrechnung König von Juda und Israel wurde, ranken sich viele Erzählungen. Der Sohn Isais aus der Sippe Efrata in Betlehem ist schon dem Namen nach ein „Liebling" Gottes. Gott hat ihn erwählt, und diese Erwählung wird durch nichts zurückgenommen, nicht durch seine durchwachsene Genealogie, in die sich drei Ausländerinnen hineingeschmuggelt haben, und auch dadurch nicht, dass David sich für einen Ehebruch (wiederum mit einer Ausländerin) und für die Tötung eines Menschen verantworten muss.

Davids Geschichte zieht sich durch die gesamte Geschichte Israels bis hinein in das Neue Testament, in dem Jesus von Nazaret zum Erben des großen israelitischen Königs erklärt wird. In ihm sei in Erfüllung gegangen, was David im zweiten Samuelbuch zugesagt wird: „Dein Haus und dein Königtum werden vor dir auf ewig bestehen bleiben; dein Thron wird auf ewig Bestand haben." (2 Sam 7,16) In den Evangelien von Matthäus und Lukas spielt Betlehem dabei eine zentrale Rolle.

Kaum jemand bemerkt es: Wer in der Geburtsgrotte niederkniet und den silbernen Stern berührt, der die Stelle der Geburt Jesu markieren soll, berührt vor allem die ersten siebzehn Verse des Matthäusevangeliums, genauer gesagt Mt 1,17, wo es heißt: „Im Ganzen sind es also von Abraham bis David vierzehn Generationen, von David bis zur Babylonischen Gefangenschaft vierzehn Generationen und von der Babylonischen Gefangenschaft bis zu Christus vierzehn Generationen." Der Stern hat vierzehn Zacken und greift damit eine Besonderheit der hebräischen Sprache auf, auf die Matthäus anspielt: Die Buchstaben des Namens Davids haben auch einen Zahlenwert: Vierzehn. Dreimal vierzehn weist auf die Erfüllung der davidischen Verheißung hin, auf den messianischen König.

Die Grotte soll bereits im zweiten Jahrhundert als Ort der Geburt Jesu verehrt worden sein, und man darf annehmen, dass diese Verehrung sich erst an den Erzählungen von Matthäus und Lukas entzündet hat. Wenig später ließ Kaiser Hadrian an genau dieser Stelle ein Adonisheiligtum errichten, vielleicht, um damit eine lebendige christliche Tradition zu unterbinden. Sein Nachfolger Konstantin ließ das heidnische Heiligtum wieder entfernen und eine fünfschiffige Basilika errichten. Das war kurz nach dem Konzil von Nizäa, auf dem man versucht hatte zu klären, wie sich göttliche und menschliche Natur in Jesus verbinden.

Die Betlehemer Geburtskirche gehört zu den wenigen Kirchenbauten aus frühchristlicher Zeit, die fast unverändert erhalten geblieben sind. Sogar die persische Armee, die 614 das gesamte Land verwüstete, machte vor dieser Kirche halt. Die Überlieferung sagt, ein Mosaik über dem Portal habe die Weisen aus dem Osten in persischer Kleidung dargestellt, was die Eroberer als Zeichen der Verehrung ihres Volkes gedeutet hätten. Das Mosaik ist leider nicht erhalten. Auch von dem eleganten hohen Portal aus justinianischer Zeit sind nur noch die Umrisse zu erkennen. Heute betritt man die Kirche gebückt durch eine nur 1,20 Meter hohe Tür. Man vermutet, dass die Mamluken (oder vielleicht auch die Osmanen) damit verhindern wollten, dass Plünderer mit ihren Wagen in die Kirche eindringen konnten. Doch warum sollte in islamischer Zeit jemand mit einem Pferdegespann in eine Kirche eindringen wollen? Was wäre dort noch zu holen gewesen?

Der kostbarste Schatz dieser Kirche besteht bis heute in der Überzeugung, dass Gott in Jesus von Nazaret Mensch geworden ist. Das hat bisher kein anderer Gott gewagt. Dem biblischen Gott, der unbeirrbar und bedingungslos einen David erwählt, ist dies freilich zuzutrauen. Dafür kann man schon einmal durch eine 1,20 Meter niedrige Tür schlüpfen.

Eine *Adventure-Tour* mit *Promi-Begleitung* – Das Buch Tobit

Christian Schramm

In der Bibel finden sich Texte sehr unterschiedlichen Charakters. Vielfältige Gattungen sind vertreten. Von daher ist die Bibel ein schier unerschöpflicher Schatz für unterschiedliche *Reisetypen*. Und biblische Texte zeigen eindrücklich: Unterhaltsam-spannend und lehrreich schließen sich nicht aus – ohne dass es moralisierend-belehrend werden muss. Ein treffliches Beispiel dafür: das Buch Tobit (Tob).

In christlichen Bibeln zählt Tob meist zu den „Geschichtsbüchern" (s. Einführung Geschichtsbücher), wenn es denn überhaupt zu finden ist. Überwiegend vergeblich suche ich Tob in Bibeln der reformierten Tradition, da es zu den *deuterokanonischen Büchern* zählt. Das bedeutet: In der hebräischen Bibel ist es nicht vorhanden; es ist nur griechisch überliefert in der Septuaginta, dem griechischen Alten Testament – und diese Bücher hat Martin Luther bei seiner Bibelübersetzung nicht berücksichtigt (s. Teil 1; s. Judit).

Was Sie erwartet: Abenteuer- und Bildungsreise in einem

Hinsichtlich der Gattung sind mehrere Profilierungen von Tob möglich, was das Buch für diverse Zielgruppen spannend macht.

Zunächst einmal, quasi auf der Oberfläche betrachtet, ist Tob eine Reiseerzählung, ein Abenteuerroman, eine Heldenreise mit Ringkomposition: Ein Held zieht aus, besteht diverse Abenteuer und kehrt schlussendlich nach erfüllter Mission wohlbehalten nach Hause zurück. Wer gerne *unterwegs* ist und sich herausfordernden *Challenges* zu stellen bereit ist, der ist hier goldrichtig.

Wenn wir ein wenig tiefer gucken, dann zeigt uns das nach wie vor spannende Buch, das gute, leichtfüßige Leseunterhaltung verspricht, zudem sein Lehrpotenzial: Tob ist gleichermaßen Reise- wie weisheitliche Lehrerzählung – somit ist die Lektüre nicht nur kurzweilig, sondern auch bildend.

Und zwar in zweierlei Hinsicht: Zum einen wird in Gestalt von Tobias vom Erwachsenwerden erzählt, zum anderen – hier ist vor allem Tobias' Vater Tobit vorbildhaft – wird der *Wert* von Gottesfurcht, Frömmigkeit und Gerechtigkeit erzählerisch inszeniert. Gerade unter widrigen Bedingungen zahlt es sich schlussendlich doch aus, gottesfürchtig, fromm und gerecht zu leben und zu handeln – so eine väterliche Weisung als Vermächtnis zum Schluss.

Logbucheintrag: „Dient Gott in Wahrheit und tut, was ihm wohlgefällig ist! Auch eure Kinder sollen unterwiesen werden, Gerechtigkeit und Barmherzigkeit zu tun und an Gott zu denken und jederzeit mit all ihrer Kraft in Wahrheit seinen Namen zu preisen." (Tob 14,8–9)

Für Ihre Etappenplanung: ein paar Kompositionsinfos

Das Buch Tob bietet sich auf jeden Fall für eine *Komplettreise* an, ist es doch mit seinen *nur* 14 Kapiteln von der Länge her überschaubar. Es beansprucht nicht so viel Lesezeit – es sei denn, ich verweile an der ein oder anderen Stelle länger. Ein paar Hinweise auf lohnende literarische *Rastplätze* gebe ich später noch. Einmal in seinen Bann gezogen, mag es sein, dass Sie es nicht mehr aus der Hand legen wollen, bis Sie mit Tobias wieder in Ninive angekommen sind. Vielleicht aber präferieren Sie auch eine *Reise* in *Etappen*. Hierfür ist es hilfreich, sich vorab einen kleinen Überblick über das *Gelände* zu verschaffen und die *Etappen* je nach persönlicher *Reisegeschwindigkeit* und eigenen Vorlieben zu planen.

Grundsätzlich präsentiert sich das Buch Tob, nach einem kurzen *Buchtitel* mit lokaler Verortung (Tob 1,1–2), in drei Hauptteilen: Prolog bzw. Exposition (Tob 1,3–3,17), Hauptteil mit der Reise (Tob 4,1–14,1a), Epilog (Tob 14,1b–15).

„Familienaufstellung"

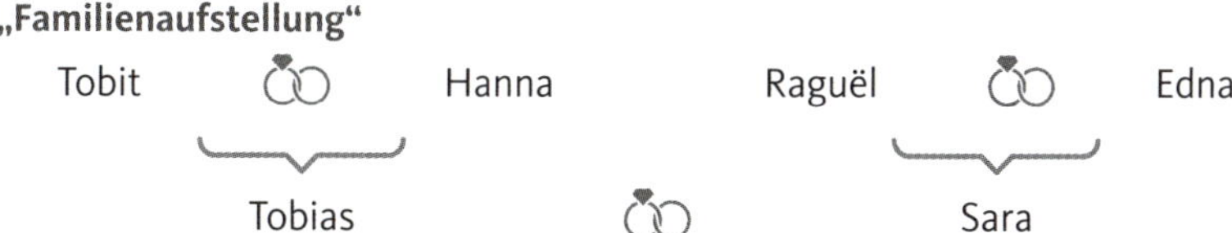

Der Prolog/die Exposition skizziert die Ausgangssituation bzw. die Notlagen (von Tobit und Sara); hier finden sich auch die Bittgebete (von Tobit und Sara) sowie eine verheißungsvolle Vorausschau auf den Heilsplan Gottes. Von der Inszenierung her ist das genial gemacht: Tobit in Ninive und Sara in Medien werden erzählerisch parallel in Szene gesetzt (Tob 3). Filmisch gesprochen: Hier wird die Technik der Parallelmontage angewandt (gut sichtbar in Tob 3,7 und besonders Tob 3,17: „... Zu derselben Zeit kehrte Tobit vom Hof in sein Haus zurück und auch Sara, die Tochter Raguëls, stieg vom Obergemach herab.").

Der Hauptteil lässt sich in mehrere *Etappen* gliedern, hierfür sei auf die folgende Übersicht verwiesen. Literarisch zeigt sich eine wunderbare Ringkomposition (konzentrischer Aufbau mit dem Hochzeitsfest im Mittelpunkt).

Tob 1,3–3,17	Prolog/Exposition
Tob 4,1–14,1a	Hauptteil: Reise von Tobias mit *illustrer* Begleitung
Tob 4,1–21	(A) Reiseplan und jede Menge Ratschläge
Tob 5,1–6,1	(B) Suche nach einem Reisegefährten
Tob 6,2–7,9a	(C) Reise von Ninive nach Ekbatana
Tob 7,9b–10,14	**(D) Hochzeitsfeier**
Tob 11,1–19	(C') Heimreise von Ekbatana nach Ninive
Tob 12,1–22	(B') (Versuchte) Entlohnung des Reisegefährten & Selbstvorstellung
Tob 13,1–14,1a	(A') Tobits Lobgesang
Tob 14,1b–15	Epilog

Im Epilog kommt es zum *Happy End* auf ganzer Linie: Die Hauptakteur*innen dürfen sich über ein erfülltes und *sattes* Leben freuen (Tobit stirbt mit 112 Jahren, Tobias erreicht das stolze Alter von 117 Jahren) und so endet das Buch.

Zur Einstimmung: Ort & Zeit

Damit sind Sie fürs Erste ausreichend gewappnet, um Ihre persönliche *Reise* durch Tob nach Ihrem eigenen Gusto gestalten zu können.

In lokaler Hinsicht dürfen Sie sich auf nahöstliche Impressionen freuen: von Ninive über Ekbatana bis nach Rages sind wir in Tob mit den Figuren unterwegs, sprich Assyrien, Mesopotamien, Medien. Auf jeden Fall aus jüdischer Perspektive: Wir befinden uns in der Diaspora, fern des jüdischen *Kernlandes* (Israel, Judäa), fern auch von Jerusalem.

Kleiner Sprachführer: Der Begriff „Diaspora" kommt aus dem Griechischen (διασπορά) und bedeutet „Zerstreuung". Angewandt wird er im biblischen Kontext oft auf die in aller Welt zerstreut lebenden jüdischen Gemeinden/Gemeinschaften. Aber auch die Rede von der „christlichen Diaspora" (bezogen auf Gebiete mit geringem christlichen Bevölkerungsanteil) etc. begegnet.

In zeitlicher Hinsicht ist Tob nicht so leicht zu bestimmen, auf jeden Fall zählt das Buch zu den jüngeren im Alten Testament. Vermutlich ist Tob in der persischen oder hellenistischen Zeit (4.–2. Jh. v. Chr.) entstanden.

Wenn eine*r eine Reise tut …

… dann kann er oder sie nicht nur was erleben. Meistens verbinden wir mit Reisen auch konkrete Ziele oder Wünsche, z. B. Erholung, Abenteuer, Bildung, Stillung des Fernwehs … Auch Ihre *Lesereise* durch das Buch Tob kann mit unterschiedlichen Zielen verbunden sein. Ein paar Zielperspektiven, die das Buch selbst befördert, möchte ich Ihnen vorstellen und ans Herz legen.

Zielperspektive I: Eine Heldenreise mit Undercover-Engel

Zum einen kann ich Tob als Abenteuerreise lesen. Hier erleben wir eine fast typische Heldenreise (*Quest*) mit Spannungspotenzial: Ein Held, Tobias, wird mit einem Abenteuerauftrag ausgesandt. Er soll ein deponiertes Vermögen holen. In der fernen Fremde wartet ein Schatz auf ihn. In Gestalt seines Reisegefährten steht ihm himmlisch-göttlicher Beistand zur Seite – unerkannt, quasi als *Undercover-Engel*.

Unterwegs sind Herausforderungen zu meistern: ein gefährlicher Fisch ist zu fangen, ein tödlicher Dämon zu besiegen. Nach bestandenen Abenteuern kehrt der Held nach Hause zurück: nicht nur mit dem zu holenden Vermögen, sondern auch noch mit seiner frisch angetrauten Braut, die sich sehen lassen kann – Sara ist „klug, mutig und sehr schön" (Tob 6,12) –, sowie einem Heilmittel für des Vaters Blindheit. Erfolg auf ganzer Linie.

In dieser Perspektive verwickelt uns Tob in eine Grunddynamik, die im Leben angesichts mannigfacher Herausforderungen und *Alltagsabenteuern* immer wieder heilsam und erhellend sein kann. So überrascht es nicht, dass das Motiv der Heldenreise gerne auch im Kontext von Beratung und Therapie eingesetzt wird; das Buch Tob wiederum ist für spirituelle Lernwege oder für Berufungsfindungsprozesse beliebt. Das mag auch für Ihr Leben inspirierend sein.

Tipp: Peter Abel, Zuflucht und Stärke. Mit der Bibel neue Kraftquellen entdecken, Stuttgart 2019.

Zielperspektive II: Er ging als Kind und kehrte zurück als Mann

Zum anderen erzählt Tob vom Erwachsenwerden. Tobias macht sich auf, verlässt Vater-/Mutterhaus und beginnt, zunehmend auf eigenen Beinen zu stehen und zu gehen. Schlussendlich kehrt er zwar wieder nach Hause zurück und beerbt ganz am Ende auch seine Eltern – aber bei seiner Rückkehr ist er ein anderer als bei seinem Aufbruch. In der Zwischenzeit tut sich viel.

Wir erleben diesen Reifungsweg hautnah mit. Wir sind dabei, wenn Tobias die Traditionen seiner Eltern, die vielen vermächtnishaften Worte und Ratschläge seines Vaters mitnimmt, beherzigt und zugleich doch auch seine eigenen Erfahrungen macht. Unterm Strich geht es um Initiation; Tobias ist auf so etwas wie einem *Selbstfindungstrip* unterwegs. Diese *Reiseperspektive* ist, so scheint mir, nicht nur für Heranwachsende wichtig und lehrreich.

Zielperspektive III: Eine Bildungsreise nach dem Motto „Gottesfurcht lohnt“

Zum Dritten können wir Tob als weisheitliche Lehrerzählung *bereisen*. Und dabei werden wir auch persönlich unweigerlich mit der *Gretchen-Frage* konfrontiert: „Wie hältst Du's mit der Religion?“

Die Erzählung spielt nämlich, wie bereits kurz bemerkt, in der Diaspora – also fern des jüdischen Heimatlandes. Und hier in der fernen Fremde ist es gar nicht so einfach, nach den jüdischen Bräuchen zu leben und die eigene jüdische Religion zu praktizieren – wenn einem überhaupt danach der Sinn stehen sollte. Zugleich begegnet uns in Tobit ein *Hyper-Frommer*, ein *frommer Streber*, ein *1A-Gottesfürchtiger*. Er hält sich peinlich genau an die religiösen Vorschriften, ist gottesfürchtig, barmherzig, wohltätig, gerecht und und und. Note 1+, wenn es in religiöser Praxis Noten gäbe.

Doch gereicht ihm dies – zumindest anfangs – nicht zum Vorteil, ganz im Gegenteil: Nicht nur Hohn und Spott, sondern auch handfeste Benachteiligung und Bedrohung bringt es ihm ein. Zudem hängt seine Erblindung ursächlich damit zusammen. „Mh“, möchte man denken, „bringt wohl doch nichts, im Leben auf Gott zu setzen“. Genau diesbezüglich belehrt uns Tob eines Besseren; und wer die *sprechenden Namen* zu lesen und zu übersetzen weiß, der ist von Anfang an im Bilde – auch hier gilt wie so oft in der Bibel: *Nomen est omen.*

Kleiner Sprachführer:
Tobit/Tobias = Tobi-ja = „Der HERR ist gut/gütig“
Asar-ja (*Tarnname* des Engels) = „Der HERR hilft“
Rafa-ël = „Gott heilt“

Schlussendlich plädiert Tob leidenschaftlich dafür, gottesfürchtig, gerecht und gut das eigene Leben zu gestalten – auch wenn manchmal ein längerer Atem nötig ist, bis die *Früchte* geerntet werden können. Das heil- und segensvolle Wirken

Gottes ist nicht immer sofort und gleich zu erkennen, doch auf Gott ist Verlass – so Tob. Bzw.: Wer sich auf Gott verlässt, ist nicht verlassen – das dürfen Tobit und Tobias sowie Sara hautnah erfahren. Manchmal entpuppt sich jemand als Engel an meiner Seite – dieser Blick auf mein Leben und meine Welt ist auch heutzutage anregend, finde ich.

Rastplatz I: Reisevorbereitungen

Das Buch Tob ist fix *durchreist*, wenn ich keine längeren *Pausen* einlege. Allen, die lieber ein wenig verweilen wollen, seien zwei – subjektiv ausgewählte – Stellen dazu empfohlen.

Ich persönlich bleibe meistens in Tob 4–5 zum ersten Mal hängen. Hier wird der Reiseplan entwickelt, Reisevorbereitungen stehen an für Tobias. Dabei gibt ihm sein Vater Tobit jede Menge gute Ratschläge mit auf den Weg (Tob 4). Manches davon finde ich auch für mich heute beachtens- oder zumindest bedenkenswert, anderes lässt sich gut in mein Leben übersetzen, übertragen.

> Logbucheintrag: „Wende dein Angesicht von keinem Armen ab, dann wird sich Gottes Angesicht nicht von dir abwenden!“ (Tob 4,7)

> Logbucheintrag: „Suche bei jedem Verständigen Rat und verachte keinen nützlichen Rat!“ (Tob 4,18)

Anschließend geht es um eine*n Reisebegleiter*in, Reisegefährt*in (Tob 5). Hier steckt so viel Fundamentales für mein Leben drin, ja es wird eine Ursehnsucht angesprochen von dem, was Tobit seinem Sohn aufträgt (Tob 5,3).

> Logbucheintrag: „Such dir also einen zuverlässigen Menschen, der dich begleiten kann, Kind!“ (Tob 5,3)

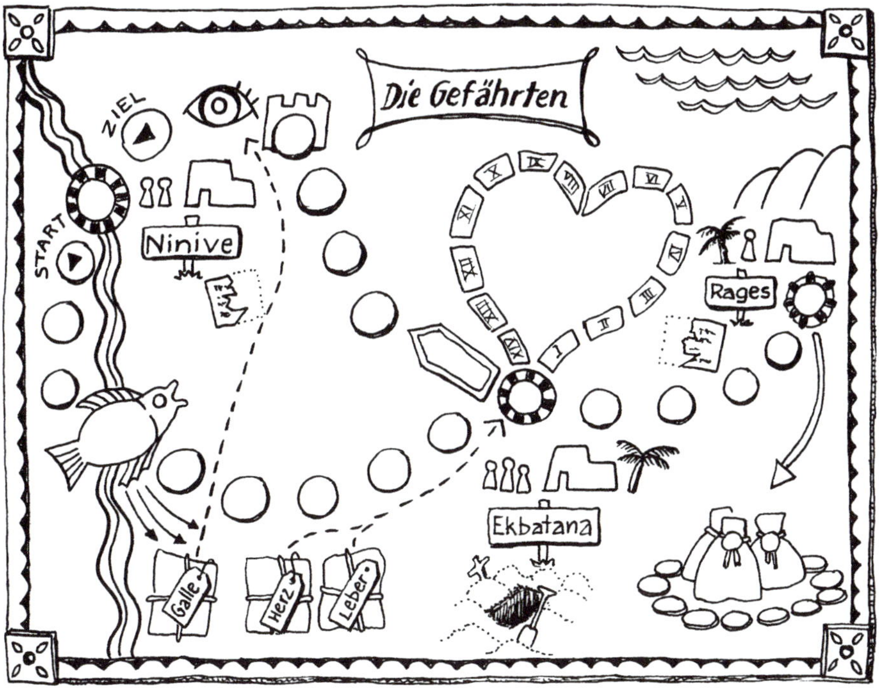

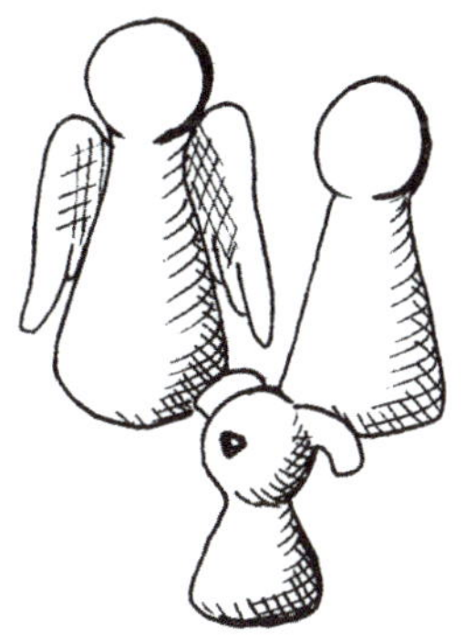

Die Kriterien für einen guten Weggefährten/eine gute Weggefährtin werden individuell sicherlich unterschiedlich ausfallen [für Tobit ist ganz entscheidend, dass der Reisebegleiter seines Sohnes aus *gutem Hause*, aus einem „guten und edlen Geschlecht“, aus einer „edlen Wurzel“ (Tob 5,14) stammt]. Aber verlässlich-treue Wegbegleitung – das wünschen sich vermutlich die meisten Menschen. Und wäre es nicht genial, wenn sich Tobits Segenswunsch (Tob 5,17) als erfüllt erweisen würde?!

Logbucheintrag: „Gott im Himmel möge euch sicher führen und euch mir sicher und gesund zurückgeben! Und sein Engel begleite euch zu eurem Schutz, Kind!“ (Tob 5,17)

Rastplatz II: eine Nacht am Fluss

Mein zweiter *Lieblingsrastplatz* in Tob folgt unmittelbar danach: Tob 6,1–9. Die Nacht am Fluss, der gefräßige Fisch, der besiegt werden muss, der Ausblick auf den Dämon, der noch in der Zukunft lauert – all dies regt mich vielfältig dazu an, über mein eigenes Leben nachzudenken und mich auch in die ein oder andere *(nächtliche) Bedrohungssituation* hineinzuwagen. Mit einem Engel an der Seite und gutem Rat kann dies gelingen! Und aus mancher Auseinandersetzung gehe ich gestärkt und gerüstet für zukünftige Herausforderungen heraus – ähnlich wie Tobias.

Doch vielleicht – oder wahrscheinlich – sind es bei Ihnen ganz andere Passagen des Buches Tob, die Sie fesseln. Gerade in Tob ist ein Verweilen problemlos möglich, denn der Erzählfaden ist schnell wiedergefunden. Und es ist auch ohne große Anstrengung möglich, an die ein oder andere Stelle zurückzukehren, wenn einem danach ist – das liebe ich an Tob.

Noch ein treuer Gefährte

Zum Ausklang noch eine kleine Detailbeobachtung, die mich immer schmunzeln lässt – zugleich macht sie mich nachdenklich. In Sachen Tierwelt ist der gefährliche Raubfisch sehr dominant und prominent (Tob 6,1–9) und dabei übersieht/-liest man schnell, dass in Tob noch ein zweites Tier vorkommt: ein Hund. Eher unaufdringlich und zurückhaltend, aber dauerhaft und verlässlich mit dabei. Ein tierischer Weggefährte zusätzlich zum Engel (Tob 6,1; 11,4).

> **Logbucheintrag:** „Da ging der Knabe hinaus und der Engel mit ihm, auch der Hund kam mit ihm hinaus und zog mit ihnen zusammen los." (Tob 6,1) – „Auch der Hund lief mit hinter Rafaël und Tobias." (Tob 11,4)

Irgendwie nebensächlich für die Haupthandlung, irgendwie ein wenig kurios, irgendwie aber auch inspirierend und anstoßend. Bei mir löst dies die Frage aus: Wer oder was läuft bei mir im Leben, bei meinen Abenteuern etc. eigentlich noch so mit? Manchmal fast unbemerkt, im Hintergrund, aber nicht unwichtig?

Souvenirs:

- Eine gute Wegbegleitung ist unbezahlbar, gerade auch für die eigene Lebensreise. Wie schön wäre es, (einen) Engel an meiner Seite zu haben.
- Wenn ich mich den Herausforderungen auf meinem Weg mutig stelle und sie beherzt anpacke, dann macht mich das stark für die Zukunft und lässt mich gut gerüstet weitergehen.
- Bei Tob muss ich stets an den kleinen Hund denken. Der hat mein Herz erobert. Eine völlig unscheinbare Nebenfigur, unbemerkt im Hintergrund, aber treu dabei von Anfang bis Ende.

Schutzgeister und Gottvertrauen: Ein topographisches Streiflicht aus dem British Museum in London

Andrea Pichlmeier

Von weitem sehen sie furchterregend aus, doch wer sich ihnen nähert, wird von einem freundlich blickenden menschlichen Antlitz begrüßt. Einst bewachten diese monumentalen Steinfiguren die Eingänge der assyrischen Königspaläste von Ninive und Dur-Scharrukin. Heute stehen sie im Londoner *British Museum*: geflügelte Wesen auf fünf Beinen, deren muskulöse Stierkörper über und über mit Keilschrifttexten bedeckt sind.

Auf Akkadisch wurden sie *lamassu* genannt. Sie galten als Schutzgeister, und ihre Aufgabe war es, Gefahren fernzuhalten vom König und seinem Haus. Der biblische Tobit hätte sie sehen können, wäre er je in Ninive gewesen. War er das nicht? In der alttestamentlichen Schrift, die seinen Namen trägt, erzählt Tobit, wie er unter dem assyrischen König Salmanassar V. mit vielen anderen aus seinem Volk „in das Land der Assyrer nach Ninive in Gefangenschaft" gehen muss (Tob 1,4). Dort lebt er als frommer Israelit und bestattet die „Söhne Israels", die der gottlose König in seinem Zorn töten lässt. Was in Israels Tradition als Werk der Barmherzigkeit gilt, trägt ihm in der Fremde Verfolgung ein, Tobit muss fliehen.

Das Buch Tobit ist vermutlich erst im zweiten vorchristlichen Jahrhundert entstanden, in hellenistischer Zeit, als ein Großteil der Juden in der Diaspora lebte, fern von Jerusalem, im ägyptischen Alexandria vielleicht, oder in einer der großen Städte des Seleukidenreichs im Osten, die weltläufiger waren als das fromme Jerusalem. Die hellenistischen Städte waren mondän, multikulturell, multireligiös, und jüdischen Gläubigen erging es nicht anders als Christen des 21. Jahrhunderts: Sie waren für ihre religiöse Identität selbst verantwortlich. Einige werfen ihre Religion über Bord und essen „von den Speisen der Heiden" (Tob 1,10), andere tun sich schwer mit dem säkularen oder zumindest pluralen

Gegenwind und werden zu Sonderlingen in den Augen der modernen Welt. Das ist Tobits Schicksal.

Warum aber verlegt der Erzähler seine Geschichte ausgerechnet nach Ninive und in eine längst vergangene Zeit? Sanherib war jener assyrische König, der im Jahr 701 um ein Haar Jerusalem eingenommen hätte, nachdem seine Armee bereits das nahe Lachisch belagert, besiegt und dem Erdboden gleichgemacht hatte.

Die Niederlage von Lachisch ist nicht nur im Alten Testament dokumentiert (2 Kön 18,13–16), sie wurde auch im Königspalast von Ninive inszeniert. Das Alabasterrelief, das Sanherib anfertigen ließ, um seinen Sieg zu feiern, ist ebenfalls im British Museum zu sehen. Es führt den Betrachter mitten hinein in das dramatische Geschehen. Oben sieht man die ahnungslose Stadt, unter der sich bereits das Unheil zusammenbraut. Das assyrische Heer rückt in Wellen an. Fackeln fliegen den Angreifern entgegen, doch die Stadtmauer ist rasch überwunden. Männer, Frauen, Kinder flüchten aus der Stadt, viele werden gefangengenommen oder getötet. Die assyrischen Soldaten schaffen die Kriegsbeute weg, Kultgeräte und anderes, was in den Schatzkammern von Lachisch zu holen ist. Sanherib indes sitzt auf seinem Thron und nimmt mit der Beute die Huldigung seines Heeres entgegen, während die besiegten Judäer auf Knien um ihr Leben flehen.

Tobit hat das alles nicht gesehen. Für den Verfasser der Erzählung aber muss diese historische Erinnerung ein Schlüssel auch zu seiner Gegenwart gewesen sein, denn das assyrische Herrschaftsmodell behauptete sich auch dann noch, als die Assyrer die Weltbühne längst verlassen hatten. Tobit, oder wer immer sich hinter diesem Namen verbirgt, ist überzeugt, dass es einen Vordergrund gibt und einen Hintergrund, eine unheile Welt und einen heilenden Gott. Rafaël ist ein Engel inkognito, und Tobits Name ist Bekenntnis und Lebensmotto zugleich: *Tobi-ja*, „JHWH ist gut". Es gibt nicht nur Bogenschützen, sondern auch Schutzgeister.

Beim Verlassen des Museums gehe ich noch einmal an den *lamassu* vorbei. Ihr habt den Falschen beschützt, flüstere ich ihnen zu. Stumm lächeln sie zurück. Gott ist gut.

Einmal nach Betulia und zurück – Das Buch Judit

Andreas Leinhäupl

Wenn wir das Buch Judit aufschlagen, steigen wir unmittelbar in eine romanhafte Erzählung ein. Es ist ein wunderbares Beispiel für narrative Theologie. Um es kurz vorweg auf den Punkt zu bringen: Das Buch Judit inszeniert einen Kampf um die Macht auf der Bühne der Weltgeschichte. Durch die Hand einer Frau und ihr Gottvertrauen wird die Welt vor dem Machtanspruch eines Gewaltherrschers gerettet.

Logbucheintrag: „Es war im zwölften Jahr der Königsherrschaft Nebukadnezzars, der in der großen Stadt Ninive als König der Assyrer regierte. Zur gleichen Zeit regierte damals in Ekbatana Arphaxad als König der Meder." (Judit 1,1)

Basisdaten für eine gelingende Reise

Das Buch Judit ist die griechische Neufassung einer (verschollenen) hebräischen oder aramäischen Vorlage und gehört zu den jüngeren Büchern des Alten Testaments (Ende 2. Jh. v.Chr.). Auf den ersten Blick wirkt es wie Geschichtsschreibung mit vielen historischen Namen und Ortsangaben. Doch bei genauerem Hinsehen sieht man schnell, dass der Verfasser keine reale, sondern eine ausgedachte Geschichte beschreibt und historische Namen wegen ihrer symbolischen Bedeutung gewählt hat: Die Figur des Holofernes ist ebenso fiktiv wie die Stadt Betulia, die ja an einem Pass nahe der Jesreel-Ebene liegen soll. Auch die eingespielte historische Datenlage ist nicht korrekt: auf der einen Seite wird erwähnt, dass Israel gerade aus dem Exil zurückgekehrt sei und den Tempel wieder aufgebaut habe (das würde ja in die Zeit um 520 v.Chr. führen), andererseits wird der König Nebukadnezzar (605–562) genannt, der nicht, wie behautet, in Ninive residierte und auch kein Assyrer war, sondern der Herrscher der Neubabylonier. Es ließen sich weitere Einzelheiten anführen. Das Faktische dieses Buches liegt nicht im historisch Korrekten, sondern im Bereich der erzählten Welt, in die die Leser*innen „mit Haut und Haaren" einsteigen und sich und ihre Welt wiederfinden sollen.

Der Autor des Buches nimmt in seiner Erzählung Bezug auf Ereignisse, die sich nach dem Babylonischem Exil abgespielt haben und schreibt die Geschichte vermutlich in einer zeitlichen Situation, die sich am ehesten mit der politischen Lage gegen Ende des 2. Jahrhunderts v.Chr. in Einklang bringen lässt: die Erfahrungen Israels mit dem hellenistischen Unrechtsregime unter Antiochus Epiphanes (175–165 v.Chr.), der den Jerusalemer Tempel entweihte, freie Religionsausübung untersagte und Krieg und Gewalt über Israel brachte.

Das Buch Judit fand übrigens keine Aufnahme in den Kanon der hebräischen Bibel und in den protestantischen Bibelausgaben steht es sie bis heute unter den sogenannten Apokryphen – meist im Anhang der jeweiligen Ausgabe.

Ein Reiseplan mit vielen Sehenswürdigkeiten: Im Buch Judith unterwegs

Ein erster grober Blick auf das Buch Judit zeigt einen dreigliedrigen Aufbau:

Teil 1	Kap. 1–3	Nebukadnezzars Macht und seine Herrschaft
Teil 2	Kap. 4–7	Macht als Gottesbeweis: Wer ist Gott? Nebukadnezzar oder der Herr?
Teil 3	Kap. 8–16	Der Herr allein ist Gott. Er zerschlägt die Kriege. Er rettet Israel durch die Hand einer gottesfürchtigen Frau.

Im Folgenden tauchen wir in die einzelnen Teile des Buches etwas intensiver ein, um den Reiseplan des Judit-Buches lesend zu erschließen (Gliederung nach Helmut Engel).

Teil 1: Nebukadnezzars Macht und seine Herrschaft

1,1–16	Nebukadnezzars Sieg über Medien: Gefolgschaftsverweigerung im Westen
2,1–13	Nebukadnezzars Vergeltungsplan gegen alle, die ihn nicht anerkennen
2,14–3,10	Einberufung, Musterung und Zug des Holofernes-Heeres

Das Buch Judit ist zwar nach einer Frau benannt und diese steht auch im Zentrum der Erzählung, aber in erster Linie berichtet die Geschichte von der Größe Jahwes. So steht die Frage im Mittelpunkt: wer ist „Herr der ganzen Welt"? Nebukadnezzar hat sich in der Geschichte selbst anmaßend diesen Titel gegeben und gottähnliche Züge angenommen (Jdt 6,2.4). Er will die Welt durch Krieg ordnen. Er ruft die Völker des Westens auf, mit ihm in den Krieg gegen die Meder zu ziehen. Doch die Menschen weigern sich:

> **Logbucheintrag:** „Alle Bewohner der ganzen Erde missachteten den Befehl des Assyrerkönigs Nebukadnezzar und leisteten ihm keine Heeresfolge, denn sie hatten keine Angst vor ihm; er war in ihren Augen nicht mehr als ein gewöhnlicher Mensch." (Jdt 1,11)

Nebukadnezzar plant einen brutalen Unterwerfungsfeldzug und schickt seinen Feldherrn Holofernes aus, der schreckliche Verwüstungen anrichtet, der die Götter der Erde vernichten und alles dafür tun soll, dass Nebukadnezzar als einzige Macht und „Gott" anerkannt wird.

> **Logbucheintrag:** „Alle Völker sollten nur Nebukadnezzar verehren und alle Stämme und Nationen ihn als Gott anrufen." (Jdt 3,8)

Teil 2: Macht als Gottesbeweis? Wer ist Gott? Nebukadnezzar oder der Herr?

4,1–15	Furcht, Verteidigungsmaßnehmen und Hilfeschrei der Israeliten
5,16–6,21	Die Achior-Rede und die Reaktionen darauf
7,1–32	Die Belagerung Betulias: wachsende Not und Verzweiflung in der Stadt

Im zweiten Teil des Buches wird das eigentliche Problem entfaltet, es geht nämlich um die Frage, ob auch Isareliten genauso wie die anderen unterworfenen Völker in größter Not den Anspruch des Nebukadnezzars anerkennen, oder ob sie trotz aller Repressalien ihrem Gott treu bleiben und sich auf dessen rettende Kraft verlassen. Die Israeliten in dem kleinen Ort Betulia leisten Widerstand. Es wird in Rede und Gegenrede darüber gestritten, welche Bedeutung und welche Kraft die Rettungstaten der Gott der Israeliten hat und wie man ihn „bezwingen" kann. Der Feldherr Holofernes lässt den Ort belagern, nach 34 Tagen ist die Bevölkerung erheblich geschwächt.

Kleiner Sprachführer:
Betulia = „Gotthausen"

Teil 3: Der Herr allein ist Gott. Er zerschlägt die Kriege. Er rettet Israel durch die Hand einer gottesfürchtigen Frau.

8,1–9,14	Einführung Judits: Herkunft, leben, Gottesfurcht
10,1–13,10	Judit und Holofernes
13,11–16,25	Die Wirkungen des Machterweises Gottes durch Judit

Der dritte Teil des Buches ist wiederum in drei große Abschnitte unterteilt. Nun betritt (endlich) die Hauptfigur Judit die Bühne. Sie wird vorgestellt als junge und vermögende Witwe, die ein gottesfürchtiges und toragemäßes Leben führt. Sie tadelt zunächst in einer prophetischen Lehrrede die Verantwortlichen und ruft sie zu Umkehr auf (Jdt 8,11–27). Sie verweist dann in ihrem großen Gebet (Jdt 9,1–14) darauf, dass sie sich in jeder Hinsicht auf die in den Überlieferungen Israels begründeten Hoffnung verlässt und ihr ganzes Vertrauen in den rettenden Gott setzt, der durch ihre eigene Hand Rettung bringen wird.

Kleiner Sprachführer:
Judit = Jüdin

Logbucheintrag: „Schenke mir, der Witwe, die Kraft zu der Tat, die ich plane. Schlag den Knecht wie den Herrn und den Herrn wie den Diener durch meine listigen Worte; brich ihren Trotz durch die Hand einer Frau.“ (Jdt 9,9f.)

Judit verlässt Betulia und geht in das Lager des Holofernes. Dort verführt sie ihn durch ihre Schönheit und kluge Rede, macht ihn anlässlich eines Festes betrunken und schlägt ihn buchstäblich mit seinen eigenen Waffen, indem sie ihn mit seinem eigenen Schwert enthauptet. Der Weltherrschaftsanspruch eines Wahnsinnigen ist durch die Hand der Judit gebannt.

Der Schlussteil des Buches schildert Freude und Dank über die Rettung bei den Israliten, Chaos und Flucht bei den Assyrern. Der Abschnitt findet seinen Höhepunkt im Wechselgesang Judits und des gesamten Volkes Israel während der Dankprozession nach Jerusalem.

Logbucheintrag: „Stimmt ein Lied an für meinen Gott unter Paukenschall, singt für den Herrn unter Zimbelklang! Preist ihn und singt sein Lob, rühmt seinen Namen und ruft ihn an! Denn der Herr ist ein Gott, der den Kriegen ein Ende setzt; er führt mich heim in sein Lager inmitten des Volkes und rettete mich aus der Gewalt der Feinde." (Jdt 16,1–2)

Zwei besondere Reisebegegnungen

In dieser Geschichte fällt natürlich das Gegensatzpaar Judit und Holofernes auf, die beide in plakativer Weise gezeichnet sind:

Mit der Figur der Judit greift der Autor auf biblische Erzählungen und damit auf andere biblische Figuren, v.a. auch auf mutige Frauen zurück, mit denen wichtige Rettungsaktionen verbunden sind: ähnlich wie Mirjam und Mose, die nach der Rettung der Israeliten aus Ägypten den Herrn tanzend und Pauke spielend preisen und ihm ein Loblied singen (Ex 15), stimmt auch Judit ein Loblied „unter Paukenschall und Zimbelklang" an (Jdt 16). Darüber hinaus erinnert die Judit-Geschichte an die Erzählung über Debora, die den Kampf gegen die Kanaanäer anführt und an Jaael, die den feindlichen Sisera durch einen gezielten Stoß mit einem Pflog tötet (Ri 4); auch hier folgt ein entsprechendes Loblied, das die rettenden Taten des Herrn preist.

Holofernes hingegen erscheint als idealisierter Soldat, der in jeder Hinsicht die Befehle seines Herrschers ausführt und zunächst vor allem durch seine Männlichkeit charakterisisert wird. Allerdings ändert sich dieses Bild im dritten Teil des Buches. Barbara Schmitz hat darauf hingewiesen, dass der starke Krieger nun seinen Aufenthaltsort im Zelt nicht mehr verlässt und sich unter ein

Mückennetz aus Pupur, Gold und Smaragden zurückzieht. Das Mückennetz dient Judit später dazu, den abgeschlagenen Kopf des Holofernes zu transportieren. Dieses Detail des Mückennetzes – so Schmitz weiter – ist in der biblischen Literatur einzigartig, wird aber in lateinischen Satireschriften dazu verwendet, Frauen als verweichlicht, dekadent und politisch gefährlich zu diffamieren. In diesem Sinne wird nun im Judit-Buch der zunächst so stark wirkende Holofernes als verweichlicht und „verweiblicht“ gezeichnet.

Lesetipp: Barbara Schmitz: Gedeutete Geschichte. Die Funktion der Reden und Gebete im Buch Judit, Freiburg 2004.

„Politische Denk-Zettel“ für die Pinnwand: Souvenirs aus Betulia

Ein Gott der Unterdrückten

Das Judit-Buch entwickelt in romanhafter Ausschmückung ein Konzept, das Kriege eindeutig ablehnt. Gerade und vor allem hierin erweist sich wahres Gott-Sein, das die Ablehnung jeden Krieges mit dem Eintreten Gottes für die Unterdrückten und Schwachen zusammendenkt:

> **Logbucheintrag:** „Denn deine Macht stützt sich nicht auf die große Zahl, deine Herrschaft braucht keine starken Männer, sondern du bist der Gott der Schwachen und der Helfer der Geringen; du bist der Beistand der Armen, der Beschützer der Verachteten und der Retter der Hoffnungslose.“ (Jdt 9,11)

Gott nicht in Versuchung führen

Das Gottesbild und die damit zum Ausdruck gebrachte ethische Grundhaltung sind prägend: Gott hat alle Macht, auch im Krieg. Er braucht kein großes Heer, sondern er wählt den Mut und den Einsatz einer gottesfürchtigen Frau, um sich gegen seine Feinde durchzusetzen und Israel zu retten.

Logbucheintrag: „Doch der Herr, der Allmächtige, gab sie preis, er gab sie der Vernichtung preis durch die Hand einer Frau." (Jdt 16,5)

Das Juditbuch richtet damit an die Leser*innen – auch an heutige Leser*innen – den dringenden Appell, Krieg und Gewalt mit allen verfügbaren Mitteln erfinderisch entgegenzutreten.

Vernetzung mit dem Exodus

Ein einziges Mal tritt Gott im Buch Judit als Subjekt der Erzählung auf: „Und der Herr hörte ihr Rufen und sah auf ihre Nöte" (4,13). Gott hört und sieht die Not der Israeliten. Eine ganz ähnlich Erzählstrategie liegt in Ex 2,23–25 vor:

Logbucheintrag: „Die Israeliten stöhnten noch unter der Sklavenarbeit; sie klagten und ihr Hilferuf stieg aus ihrem Sklavendasein zu Gott empor. Gott hörte ihr Stöhnen und Gott gedachte seines Bundes mit Abraham, Isaak und Jakob. Gott blickte auf die Israeliten. Gott hatte es wahrgenommen." (Ex 2,23–25)

Diese Stichwortverbindung ist für die kundigen Erstleser*innen des Judit-Buches ein deutliches Signal: So wie im Exodus auf die Wahrnehmung des Leids die Rettung durch Gott erfolgt ist, wird auch hier ein rettendes Eingreifen erfolgen.

Darüber hinaus werden weitere Motive aus der Exodus-Tradition aufgegriffen: Die rettende „Hand" Judits (Jdt 9,10; 13,15; 16,5–9), die den Holofernes zu Tode bringt, ist eine Wiederaufnahme der „schlagenden Hand Gottes" gegen den Pharao (Ex 3,20 „Erst wenn ich meine Hand ausstrecke und Ägypten niederschlage mit allen meinen Wundern, die ich in seiner Mitte vollbringe, wird er euch ziehen lassen.") sowie der „Hand des Mose" beim Auszug aus Ägypten.

Die Verbindung der Dankeslieder der Judit in Jdt 9 und des Mose und der Miriam in Ex 15 wurde weiter oben schon erwähnt. Insgesamt zeigt die Anknüpfung an den Exodus, dass Judit durch ihr Gottvertrauen und ihr mutiges Eingreifen zur echten Führungspersonen und Krisenmanagerin, zu einer Leitfigur für einen neuen Auszug aus Ägypten stilisiert wird.

Eine männermordende femme fatale? Nein!

Es geht in diesem Buch nicht um den Geschlechterkampf und es wäre auch problematisch, die Tat Judits auf den Geschlechterkampf zu reduzieren. Judit tötet Holfernes nicht, weil er ein Mann und sie eine Frau ist, sondern weil er ein brutaler und menschenverachtender Tyrann ist. Und noch etwas: Das Buch Judit besetzt zwar die Hauptrolle mit einer Frau, letztlich bleibt es aber in einer männlich geprägten Erzählweise verhaftet. Die Schönheit der Judit wird allein unter der Perspektive betrachtet, ob sie den Männern gefällt. Ihre Handlungen widersprechen nicht gängigen Frauenbildern. Und am Ende des Juditbuches treten die Frauen wieder in ihre herkömmlichen Rollen zurück. Hier zeigt sich, dass biblische Bücher häufig aus männlicher Perspektive verfasst wurden.

Lesetipp: „Judit": Bibel heute 159 (3/2004).

Schön sein: Das topographische Streiflicht aus der Krypta der Dormitio Abteikirche in Jerusalem

Andrea Pichlmeier

Judit ist eine junge Witwe, schön und wohlhabend. Ihr ganzes Leben hat sie der Tora gewidmet. Nebukadnezzar ist König eines mächtigen Reiches und will seine Herrschaft über die ganze Welt ausdehnen. Er rechnet nicht damit, dass eine fromme jüdische Frau seine Pläne durchkreuzen könnte. Judit setzt ihre Schönheit ein, ihren weiblichen Körper, sie riskiert sich selbst, um Nebukadnezzars General zu besiegen. Unbewaffnet geht sie in das feindliche Lager. Was dann geschah, hat sich nie ereignet. Judit hat es nie gegeben. Dennoch kann man ihr begegnen.

Ich bin Judit an einem Ort begegnet, wo man sie nicht unbedingt erwartet: in einer Marienkirche. Die Abteikirche der deutschen Benediktiner auf dem Jerusalemer Zionsberg ist der *Dormitio*, der „Entschlafung“ Mariens gewidmet. Hier hatte sich schon früh eine christliche Tradition angesiedelt. An diesem Ort soll sich das sogenannte „Obergemach“ befunden haben, in dem die Apostelgeschichte das Pfingstereignis lokalisiert, und wo nach Markus und Lukas das Letzte Abendmahl stattgefunden haben soll. Maria kam erst im 7. Jahrhundert auf den Zion, als verschiedene Legenden um ihren Tod im Umlauf waren, die als *Dormitio* oder *Transitus* („Hinübergang“) *Mariae* in der apokryphen christlichen Literatur zu finden sind und ihrerseits auf dem christlichen Sion verortet wurden.

Und da liegt sie nun in der Krypta der Dormitio: eine schlanke Holzfigur auf dem Totenbett, in ein langes dunkles Kleid gehüllt, das elfenbeinerne Gesicht entspannt, die Hände über der Brust gefaltet. Über ihr wölbt sich eine mosaikgeschmückte Kuppel, aus der sieben Augenpaare auf die Entschlafene gerichtet sind. Im Zentrum breitet Jesus die Arme aus, um seine Mutter im Himmel zu empfangen. Er ist umgeben von sechs Frauen aus dem Alten Testament: Eva, Mirjam, Rut, Ester, Jaël und Judit.

Die anmutige Rut und die umsichtige Ester wären eine angemessene Gesellschaft für die jungfräuliche Mutter Jesu. Aber Eva, die der Versuchung nicht widerstehen kann, und Mirjam, die ihrem Bruder Mose ins Angesicht widerspricht – was soll Maria von ihnen denken? Oder von Jaël, die dem Feldherrn Sisera einen Zeltpflock in die Schläfe rammt und mit dieser Tat eine feindliche Armee entmachtet. Und nun Judit, die befremdet auf das Haupt des Holofernes blickt, das sie wie eine Trophäe am Schopf hält. Sie kommt offenbar gerade aus dem Heerlager der Assyrer, wo sie dem General in seinem eigenen Zelt und mit seinem eigenen Schwert den Kopf abgeschlagen hat. Ist sie nicht eine Gewalttäterin, die man der allzeit reinen Jungfrau nicht zumuten sollte? In der jüdischen Tradition macht Judit das rettende Eingreifen Gottes sichtbar: Gott stürzt die Mächtigen vom Thron. Vielleicht hat Maria ja an diese jüdische Schwester gedacht, als sie ihr Magnifikat sang.

Attraktiv und unabhängig tritt Judit in der *Septuaginta*, der griechischen Version der jüdischen Bibel, auf. Aufmerksamen Leserinnen ist aufgefallen, dass sie in der *Vulgata*, einer lateinischen Bibelübersetzung aus frühchristlicher Zeit, „gezähmt" wird. Hieronymus, der den Text um 400 übersetzt hat, bezeichnet Judit als ein Vorbild in Keuschheit. Schönheit galt als gefährlich, als Versuchung zu einem gottlosen Leben. In der christlichen Tradition kam es auf Judits Keuschheit an. Im hebräischen Text der jüdischen Bibel war sie noch vor dem Spiegel gestanden und hatte sich geschmückt und geschminkt. Sie wusste, was sie wollte. Kein Mensch sollte ihr etwas befehlen, denn sie tut nur, was Gott will. Das macht sie schön.

Ob Maria schön war? In der Bibel sind Menschen, die in der Nähe Gottes leben, grundsätzlich schön. So gesehen war Maria bestimmt schön. Würde sie auf ihrer Liegestatt in der Dormitio die Augen öffnen, dann würde sie in sechs Spiegel blicken und sich vielleicht fragen, ob es wirklich einen Unterschied gibt zwischen einer christlichen und einer jüdischen Schönheit.

Eine *Reiseapotheke* für den Lebensweg – Einführung in die Bücher der Weisheit

Christian Schramm

Ratgeberliteratur erfreut sich meist großer Beliebtheit. Ob es um Zeitmanagement, Kindererziehung oder gar Glücklichsein an sich geht ... – für nahezu alles und jedes gibt es mehr oder weniger schlaue und hilfreiche Begleiter in Buchform.

Ratgeberliteratur kann zweifelsohne viele positive Impulse mit auf den persönlichen Weg geben, wenn es denn die für Sie persönlich richtigen und stimmigen Ratgeber*innen sind, die da zu Wort kommen. Noch ein Problem heutiger Ratgeberliteratur: Vieles ist schon veraltet, wenn es gedruckt wird und auf den Markt kommt.

Weisheits-Schatzsucher*-innen aufgepasst: Hier sind Sie richtig!

Grundsätzlich und in einem weiten Sinne kann auch das vor uns liegende biblische *Reisegebiet* zur *Ratgeberliteratur* gezählt werden. Doch hebt es sich wohltuend von der modernen Konkurrenz ab. Die Rede ist vom dritten großen Teil im Alten Testament (s. Teil 1), der Weisheitsliteratur bzw. den Büchern der (Lehr-) Weisheit. Hier finden wir jahrtausendealte Lebensweisheiten, die über Generationen gewachsen und gereift sind und weitergegeben wurden. Bis zu uns heute. Schon dies belegt die zeitlose Relevanz und das zeitlose Inspirationspotenzial dieser Texte und Sprüche. Weisheit ist immer aktuell!

Und während ich bei modernen Ratgebern einem Autor/einer Autorin oder maximal einem Team quasi *ausgeliefert* bin, besticht die biblische Weisheitsliteratur gerade dadurch, dass hier unzählige Hände und Köpfe mit ihm Spiel gewesen sind – auch wenn oft der überdurchschnittlich weise König Salomo als vermeintlicher Autor angeführt wird (s. Kohelet). In der Folge ist ein vielfältiger *Weisheitsschatz* gewachsen, der für *Schatzsucher*innen* zu allen Zeiten reichlich Fundstücke bereithält.

Etwas für einen Lebens-Orientierungs-Lauf

Wenn Sie *reisen*, um Orientierung fürs Leben zu gewinnen, Sinn zu suchen und Glück aufzuspüren, dann ist ein baldiger *Ausflug* in die biblischen Bücher der Weisheit auf jeden Fall anzuraten. Ja, ich wage sogar die Behauptung: *Entdeckungstouren* in diesem Kanonteil versprechen am meisten, dass ich davon direkt etwas für mein Leben *habe*, nämlich Inspirierendes für ein gutes und gelingendes Leben!

> **Logbucheintrag:** „Kommt, ihr Kinder, hört mir zu! Die Furcht des HERRN will ich euch lehren! Wer ist der Mensch, der das Leben liebt, der Tage ersehnt, um Gutes zu sehen?" (Ps 34,12–13)

7 steht biblisch für Fülle

Zunächst ein grober Überblick: Die Bücher der (Lehr-)Weisheit finden sich zwischen den Geschichtsbüchern und den Büchern der Prophetie. In katholischen Bibeln sind hier sieben Bücher versammelt, von denen zwei deuterokanonisch (s. Teil 1) sind: Ijob, Psalmen, Sprichwörter, Kohelet, Hohelied, Weisheit (deuterokanonisch), Jesus Sirach (deuterokanonisch).

Alle, die hier *Streifzüge* unternehmen, werden schnell feststellen, dass diese Bücher einen je eigenen Charakter haben. Zugleich gibt es zahlreiche verbindende Aspekte – und genau darauf möchte ich im Folgenden eingehen. Damit Sie für Ihre *Ausflüge* in die Weisheitsliteratur gut eingestimmt sind.

Etwas für Lebenskünstler*innen

Was erwartet Sie in erster Linie? Geballte Lebenskunst, zeitlose, erfahrungsgesättigte Lebensweisheit. Hauptsächliches Ziel: Das Leben in der Gegenwart praktisch und gut bewältigen zu können. Enzyklopädisches Wissen à la Wikipedia suche ich hier vergeblich. Hier finde ich Lebenspraktisches, Lebenstaugliches, Nützliches fürs Leben.

Es geht mehr um Können, Schaffen und Fertigkeit als um bloßes Wissen. Es kommen immer Anwendung und Umsetzung dazu. Kein Glasperlenspiel im universitären Elfenbeinturm, sondern handfestes Lernen auf der manchmal *staubigen Straße des Lebens.* Dazu laden uns die Weisheitsbücher ein.

Mini-Sprachführer I: Stilmäßig eine gute Figur machen

Gerade für eine *Reise* in die Weisheitsbücher ist ein Mini-Sprachführer nicht unsinnvoll. Womit wir bereits mittendrin wären in der Materie: „nicht unsinnvoll“ ist eine doppelte Verneinung, in Fachsprache „Litotes“ genannt, und diese Stilfigur wirkt oftmals stark bejahend, manchmal auch ironisch. Mit derartigen sprachlich-poetischen Stilfiguren müssen wir in den Weisheitsbüchern verstärkt rechnen.

Und noch mehr als bei biblischen Texten grundsätzlich gilt hier, dass vieles nicht einfach platt wortwörtlich verstanden werden darf. Bildhaftigkeit ist eine große Leidenschaft weisheitlicher Texte. Gleichnisse, Metaphern, Vergleiche finden sich hier zuhauf – wer diese Erkenntnis griffbereit im *Reisegepäck* dabei hat, ist hier klar im (Verständnis-)Vorteil.

Mini-Sprachführer II: Parallelismen satt

Eine Stilfigur, die für die biblische Weisheitsliteratur außerordentlich prägend ist, ist der *Parallelismus membrorum.* Ein Standard bei den Spruchformen. Kurz und knackig (es gibt durchaus auch längere Lehrreden, Lehrgedichte und Lehrerzählungen – aber mir persönlich haben es vor allem die Lehrsprüche angetan). Zahllos ist er in den entsprechenden Büchern vertreten. Dabei gehören zwei Textzeilen eng zusammen und formulieren miteinander einen Aussageclou.

Drei Hauptvarianten lassen sich aufspüren: Bei *synonymen* Varianten sagen die beiden Zeilen unterm Strich das Gleiche aus, was eine Verstärkung bewirkt. *Synthetisch* ist ein *Parallelismus membrorum*, wenn die zweite Zeile die erste fortführt, erweitert, ergänzt. Und wenn beide Zeilen Gegensätzliches enthalten, dann haben wir es mit einer *antithetischen* Version zu tun. Im Beispiel wird dies noch mal eingängiger klar als in der trockenen Beschreibung.

Logbucheintrag: „Süß ist gestohlenes Wasser, heimlich entwendetes Brot schmeckt lecker." (Spr 9,17, synonym – aber Vorsicht: Die Sprecherin ist ganz und gar nicht vertrauenswürdig! s.u.)

Logbucheintrag: „Der Mensch entwirft die Pläne im Herzen, doch vom HERRN kommt die Antwort auf der Zunge." (Spr 16,1, antithetisch)

Logbucheintrag: „Der HERR ist mein Licht und mein Heil: Vor wem sollte ich mich fürchten? Der HERR ist die Zuflucht meines Lebens: Vor wem sollte mir bangen?" (Ps 27,1, synthetisch)

Inhaltliche Einstimmung: Vom Tun und vom Ergehen

In inhaltlicher Hinsicht dürfen Sie eine tragende Grundüberzeugung erwarten, die aber auch innerhalb der Weisheit ab und an (selbst-)kritisch angefragt oder sogar in Frage gestellt wird: Die gesamte Schöpfung funktioniert nach einem guten Bauplan Gottes; Welt und Kosmos fußen auf einer göttlichen Ordnung – und diese ist zutiefst lebensförderlich.

Aufgabe Nr. 1 für den Menschen: diese Ordnung, diesen Plan erkennen. Aufgabe Nr. 2: sich daran ausrichten, dies im eigenen Leben berücksichtigen. Wenn ich danach lebe, so die Grundüberzeugung, dann wird es mir wohlergehen. Den Gottesfürchtigen winken Heil, Segen, Schalom.

Oder anders gewendet: Wenn ich Gutes tue, wird es mir gut gehen; wenn ich Schlechtes tue, wird es mir schlecht gehen. *Tun-Ergehen-Zusammenhang* kann man das nennen; man kann auch von „schicksalwirkender Tatsphäre" sprechen.

Oder im Volksmund gesagt: „Wer anderen eine Grube gräbt ..." (Ps 7,16; 9,16; 35,7–8; 57,7; Spr 26,27; 28,10; Koh 10,8; Sir 27,26). Darauf basiert weisheitliches Denken grundsätzlich – es wird aber durchaus auch problematisiert, dass dieser Zusammenhang nicht immer ganz reibungslos aufgeht (besonders von Ijob; s. Ijob).

Logbucheintrag: „Die Furcht des HERRN ist Anfang der Erkenntnis, nur Toren verachten Weisheit und Erziehung." (Spr 1,7, antithetisch)

Wohin soll die Lebens-Reise gehen? – Die Zwei-Wege-Lehre

Eng mit dem Tun-Ergehen-Zusammenhang verbunden und bei einer *Reise* durch die biblische Weisheit immer wieder anzutreffen, ist die Zwei-Wege-Lehre. Ich habe die Wahl – manchmal auch die Qual der Wahl. Wobei einerseits: Weisheitlich gedacht sollte es doch keine Frage sein, dass ich mich für den Weg der Tugend und nicht des Lasters entscheide, oder? Wobei andererseits gerade das Laster verlockend sein kann, vgl. Spr 9,17 oben! Schon bei Mose werden die zwei Wege klar benannt, ohne dass die Geschichte des Volkes Israel deswegen *glatter* würde (Dtn 30,15–20).

Logbucheintrag: „Leben und Tod lege ich dir vor, Segen und Fluch. Wähle also das Leben, damit du lebst, du und deine Nachkommen." (Dtn 30,19)

Plakative Reise-Werbung: Weisheit ist sexy – kommt und seht selbst!

Alle, die *unterwegs* in den biblischen Weisheitsbüchern einen alten Mann mit weißem Bart anzutreffen erwarten, werden enttäuscht werden – oder vielleicht auch anregend überrascht. Wenn wir einer Personifizierung der Weisheit begegnen, dann ist dies immer eine Frau. Und *Frau Weisheit* – etwas pointiert gesagt – ist durchaus einen Blick wert: jung, attraktiv, betörend. Der Verlockungs-Appeal ist gewollt: Wir sollen uns auf sie einlassen, es mit ihr versuchen [dass uns *Frau Weisheit* begegnet, mag damit zu erklären sein, dass sich die weisheitliche Lehrunterweisung zumeist in erster Linie an (junge) Männer richtet].

Doch Vorsicht: Nicht jede attraktive Frau, die sich anpreist, hat redlich-lautere Absichten. Dummerweise buhlt auch *Frau Torheit* um Gefolgschaft und lauert nur darauf, alle vom rechten Weg abzubringen, die auf sie hereinfallen – die Unerfahrenen und Unwissenden sind hier besonders gefährdet. Mustergültig präsentiert wird uns das ungleiche Paar in Spr 9!

Doch bleibt alles Reden oder Schreiben über die biblische Weisheit immer ein wenig trocken und nüchtern – gerade im Vergleich mit dem beschriebenen *Original*: Die biblischen Weisheitstexte selbst sind um Welten *saftiger*. Das werden Sie sofort merken, wenn Sie sich dorthinein *aufmachen* und hoffentlich ein wenig von dem spüren und kosten, was die Weisheit grundsätzlich verspricht: ein gelingendes, glückliches, gutes, heil- und segensvolles Leben!

Souvenirs:

- Die biblische Weisheitsliteratur ist für mich so etwas wie ein „Arzneikästchen für die Seele“. Hier werde ich stets fündig – nicht nur bei *Blessuren*, sondern auch, wenn ich *Vitamine* fürs Leben brauche.
- Lebenspraktisch ausgerichtet mit nüchternem Blick – diese Grundperspektive schätze ich sehr.
- Und die Zielperspektive finde ich attraktiv: Schalom – ein gelingendes Leben voller Heil, Segen, Glück und Sinn.

Eine Reise in das Innere – Das Buch Ijob

Andreas Leinhäupl

Zum Einstieg: Hintergrund-informationen aus dem Reiseführer

Das Buch Ijob gilt als eines der anspruchvollsten Bücher des Ersten Testaments. Das hängt zum einen an der besonderen Sprache (das Buch weist eine große Anzahl sogenannter *Hapax Legomena* auf, das sind Wörter, die im Gesamtzusammenhang der Bibel nur an dieser einen Stelle vorkommen), zum anderen aber vor allem auch an der bearbeiteten Thematik: im Mittelpunkt steht die *Theodizeefrage*, also die schwierige Frage danach, warum Gott all das Leid und die Katastrophen in der Welt zulassen kann. Das Buch Ijob warnt diesbezüglich vor vorschnellen klugen Antworten und ermutigt dazu, im Klagen und Schreien an Gott festzuhalten.

Das Buch entstand wohl zwischen dem 5.–3. Jahrhundert v.Chr., gilt also als frühnachexilisch. Dafür spricht erstens, dass mit dem Held der Geschichte ein Nicht-Israelit eingesetzt wird (siehe unten) und damit die theologische Diskussion auf einer eher universalen Ebene stattfindet (ähnlich wie in den spät datierten Büchern Rut und Daniel). Zweitens ist sehr auffällig, dass das Buch den weisheitlichen Tun-Ergehen-Zusammenhang in Frage stellt und damit eher aus der Spätzeit der weisheitlichen Reflexion stammen dürfte. Darüber hinaus ist noch anzumerken, dass dieses umfängliche Buch einen durchaus längeren und intensiven Entstehungsprozess aufweist. In Bezug auf die Auseinandersetzung mit dem Leid sind auch in der Umwelt Israels – z.B. in Mesopotamien – Ansätze und entsprechende Texte zu finden; daraus läßt sich schließen, dass der Autor des Buches für diese Thematik ein eigenes Modell auf der Grundlage bereits vorhandener Entwürfe geschaffen hat.

Auf Besichtigungstour: Ein architektonisches Highlight

Grundsätzlich besteht das Ijob-Buch aus einer Rahmenerzählung, die als eine Art Novelle und damit in Prosaform gestaltet ist, sowie einem Dialogteil, der aus verschiedenen poetischen Reden besteht. Bei genauerem Hinsehen bietet das Ijob-Buch für eine Besichtigungstour folgenden detaillierten Begehungsplan:

Rahmenerzählung (Prosa)	
1,1–5	Exposition: Vorstellung des frommen Ijob
1,6–2,10	Erfolgreiche Bitte des Satans, Ijob prüfen zu dürfen
2,11–13	Das Eintreffen der drei Freunde
Dialogteil (Poesie)	
3,1–14,22	Erster Redegang
15,1–21,34	Zweiter Redegang
22,1–28,28	Dritter Redegang
29,1–31,40	Ijobs Monolog: Herausforderung Gottes
32,1–36,24	Elihus Reden
38,1–42,6	Reden Gottes und Antworten Ijobs
Rahmenerzählung (Prosa)	
42,7–9	JHWHs Urteil über die drei Freunde
42,10–17	Ijobs neues Glück

Lesetipp: Ludger Schwienhorst-Schönberger: Eine Weg durch das leid. Das Buch Ijob, Freiburg u.a. ⁴2015.

Sehenswürdigkeiten im Buch Ijob – Lektürestichproben

Die Geschichte spielt in einem sehr rätselhaften Land namens Zu. Gleich zu Beginn wird die Hauptfigur Ijob eingeführt. Er ist kein Israelit, wird aber als frommer, gerechter und sehr reicher Mann vorgestellt. Sein Name ist Programm: Ijob bedeutet übersetzt „Wo ist der Vater?". Wenn man diesen Ausdruck auf Gott bezieht, ist bereits das entscheidende Thema des ganzen Buches in der Namensgebung angedeutet.

Logbucheintrag: „Im Lande Uz lebte ein Mann mit Namen Ijob. Dieser Mann war untadelig und rechtschaffen; er fürchtete Gott und mied das Böse. Sieben Söhne und drei Töchter wurden ihm geboren. Er besaß siebentausend Stück Kleinvieh, dreitausend Kamele, fünfhundert Joch Rinder und fünfhundert Eselinnen, dazu zahlreiches Gesinde. An Ansehen übertraf dieser Mann alle Bewohner des Ostens." (Ijob 1,1–3)

In der einführenden Rahmenerzählung wird beschrieben, wie Ijobs Lebenswelt zusammenbricht. In schweren Schicksalsschlägen werden ihm Haus, Besitz und Kinder genommen, schließlich wird er sogar noch schwerkrank. Doch Ijob beugt nur fromm sein Haupt und sagt: „Der Herr hat gegeben; der Herr hat genommen; gelobt sei der Name des Herrn!" (Ijob 1,21). Es sei am Rande darauf hingewiesen, dass dieser Anfang eine Assoziation zum Einstieg in das Psalmenbuch herstellt. Dort beginnt Psalm 1 mit den Worten „Selig der Mann, der nicht nach dem Rat der Frevler geht"; in beiden Büchern gibt es also eine Ausgangslage, bei der ein Gerechter mit seinem Verhalten den Frevlern gegenübersteht ... und in beiden Büchern wird nach dem rettenden Wissen gefahndet, wie und wann der Weg der Gerechten im Sinne eines gottgewollten Lebens gelingen kann.

Im Himmel treffen sich die Gottesöhne, darunter auch Satan, der Zweifel an der Frömmigkeit des Ijob hat. Er erhält deshalb von Gott die Erlaubnis, die Frömmigkeit des Ijob zu testen ... und das Unheil nimmt seinen Lauf. Selbst die Frau des Ijob wendet sich von ihm ab. Aber Ijob bleibt standhaft.

Logbucheintrag: „Er aber sprach zu ihr: Wie eine Törin redet, so redest du. Nehmen wir das Gute an von Gott, sollen wir dann nicht auch das Böse annehmen? Bei alldem sündigte Ijob nicht mit seinen Lippen." (Ijob 21,10)

Ijob wird dann von drei Freunden aufgesucht, die versuchen, ihm mit Weisheit und Ratschlägen zu helfen. Es sind Eliphas aus Teman, Bildad aus Schuach und Zophar aus Naama (ebenfalls alle drei keine Israeliten). Und damit beginnt der umfängliche Redenteil, der kunstvoll in poetischer Sprache gestaltet ist und der zahlreiche klassische Gattungselemente aus der Weisheitsliteratur aufweiset (Hauptgestaltungselement ist der Palleismus membrorum, vgl. die Einleitung zu den Weisheitsbüchern). Diese stilistische Eigenartig versteht sich dialogisch, denn es folgt jeweils auf eine anklagende Rede eines der Freunde eine Gegenrede des Ijob.

Im Redeteil treffen wir auf einen ganz anderen Ijob. Er klagt und schreit, bringt seinen Ärger und seinen Schmerz Gott entgegen. Die sogenannten Freunde wollen ihm mit schlauen theologischen Argumenten seine Situation begreiflich machen und ihn überzeugen: ihm gehe es schlecht, weil er gesündigt habe; Leid gehöre zur Schöpfung eben dazu, es sei eine Prüfung des Frommen und eine Form göttlicher Erziehung. Die Freunde vertreten mit ihren Standpunkten die klassische weisheitliche Theologie und setzen voll auf den Tun-Ergehen-Zusammenhang: Alles in der Welt läuft nach dem strengen Grundsatz der Gerechtigkeit ab. Wenn du also ein weiser, guter Mensch bist und Gott ehrst, werden dir gute Dinge passieren. Wenn du dich böse verhältst und sündigst, wird dir Unglück widerfahren. Ijob seinerseits fordert Gott auf, mit ihm zu reden und ihm zu erläutern und verständlich zu machen, warum er leiden muss.

> **Logbucheintrag:** „Gäbe es doch einen, der mich hört! Hier ist mein Zeichen! Der Allmächtige antworte mir! Hier ist das Schriftstück, das mein Gegner geschrieben. 36 Auf meine Schulter wollte ich es heben, als Kranz es um den Kopf mir winden." (Ijob 31,35f.)

Im Anschluss an die ersten drei Redegänge tritt Elihu, der Busiter, auf (Ijob 32–36): Er argumentiert, dass Gott gerecht ist und das Universum immer in Gerechtigkeit regiert. Er zieht eine viel durchdachtere Schlussfolgerung darüber, warum gute Menschen leiden. Es ist vielleicht gar keine Strafe für eine Sünde aus der Vergangenheit. Gott könnte Leid auch als Warnung zulassen, um Sünde in der Zukunft zu verhindern. Oder er gebraucht den Schmerz und das Leid, um den Charakter einer Person zu formen oder ihr eine wichtige Lehre zu erteilen. Ijob antwortet Elihu nicht mehr. Die Reden Elihus sind als vorbereitendes Plädoyer für die sich anschließenden Gottesreden zu lesen ... daraus resultiert übrigens auch die Tatsache, dass Elihu am Ende des Buches nicht von Gott getadelt wird, so wie die anderen drei Freunde (vgl. Ijob 42,7f.).

Logbucheintrag: „Hör dir dies an, Ijob! Steh still, um die Wunder Gottes zu betrachten.“ (Ijob 37,14)

„Den Allmächtigen ergründen wir nicht, er ist erhaben an Macht und Recht, er ist reich an Gerechtigkeit; Recht beugt er nicht. Darum sollen die Menschen ihn fürchten. Keinen sieht er an, wie weise sie auch sind.“ (Ijob 37,24)

Schließlich tritt Gott selbst im Wettersturm auf und äußert sich in drei Redeblöcken, die jeweils durch sehr kurze Antworten Ijobs unterbrochen sind (Ijob 38–42). Gott geht in keiner Weise auf die Argumentationen der Freunde ein und lässt sie durch seine Missachtung spüren, was er von ihren Antworten hält. Schließlich verwirft er ihre Spekulationen ausdrücklich: „Ihr habt nicht die Wahrheit über mich gesagt“ (Ijob 42,7). Aber auch auf die wütende Anklage Ijobs antwortet er nicht direkt. Stattdessen beschreibt er detailreich Phänomene aus der Natur, die dem menschlichen Können entzogen sind. Gott wendet Ijobs Blick auf eine Schöpfung, die zwar Chaotisches enthält, aber deren weise Grundordnung letztlich von Gott getragen ist.

Der zweite Teil der Rahmenerzählung schließt das Buch ab (Ijob 42,7–17). Seine Rettung und sein neues Glück erfährt Ijob schließlich nicht durch ein direktes Eingreifen Gottes, sondern vielmehr durch seine Klage und darin durch seine Begegnung mit Gott. Er „hat Gott nun geschaut“ (Ijob 42,5) und findet zu einem inneren Frieden mit ihm zurück, dem auch das äußere Glück wieder folgt. Er wird rehabilitiert, findet erneut eine Familie und erhält sein Vermögen zurück.

Logbucheintrag: „Der HERR wendete das Geschick Ijobs, als er für seinen Freund Fürbitte einlegte, und der HERR mehrte den Besitz Ijobs auf das Doppelte. Da kamen zu ihm alle seine Brüder, alle seine Schwestern und alle seine früheren Bekannten und speisten mit ihm in seinem Haus (...) Der HERR aber segnete die spätere Lebenszeit Ijobs mehr als seine frühere. Er besaß vierzehntausend Schafe, sechstausend Kamele, tausend Joch Rinder und tausend Eselinnen. Auch bekam er sieben Söhne und drei Töchter. (Ijob 42,11f.)

Festzuhalten bleibt, dass die Erzählung keine konkrete Antwort auf die Frage nach dem Leiden, also auf die sogenannte Theodizeefrage, liefert.

Souvenir-Pakete von einer außergewöhnlichen Reise

Im Mittelpunkt steht die Frage nach dem Umgang des Menschen mit dem Leid und es wird jeder theologische Ansatz in Frage gestellt, der Schmerz und Leid sowie die offene Auseinandersetzung mit Gott nicht mehr zulässt. Während Ijob in der Rahmenerzählung als frommer Dulder vorgestellt wird, der sich durch die gottergebene Annahme des Leidens auszeichnet, entwickelt sich im Dialogteil Schritt für Schritt die Erkenntnis, dass die Klage im Leid eine menschlich legitime Haltung sein kann/muss.

Das Buch ist ein Plädoyer für den leidenden Menschen und stellt einen Gott vor, der schlussendlich auf der Seite der leidenden Menschen steht. Was aber kann der Zweck des Leidens sein? Schaut man auf die Rahmenerzählung, wird deutlich: Gott lässt das Leid zu, allerdings ist er nicht für das Leid verantwortlich. Er verfolgt damit das Ziel, die Anschuldigung gegen Ijob zu widerlegen, das dessen Frömmigkeit nicht uneigennützig sei. Das bedeutet, dass das Leid im Grunde um der Würde des Menschen (hier Ijob) willen zugelassen wird … und Gott zweifelt in keiner Weise an der Frömmigkeit des Ijob. Schauen wir auf die Reden der Freunde, resultiert das Leid aus klassisch weisheitlichen Erwägungen

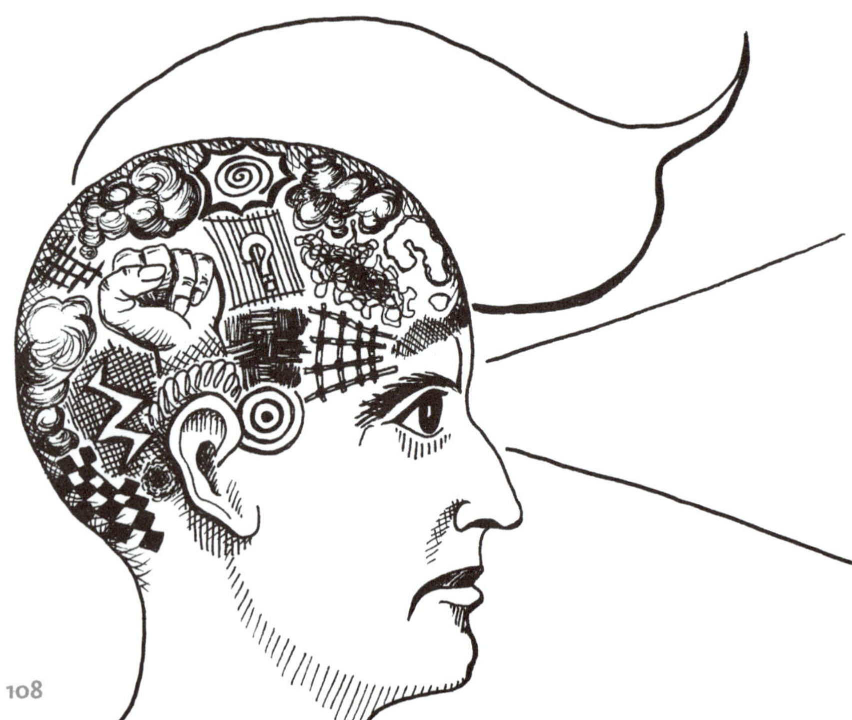

heraus: es ist Folge menschlicher Schuld, es gehört zur Natur des Menschen, es ist eine Form der göttlichen Zurechtweisung und es gilt als Prüfung und Herausforderung für die Frommen und Gerechten. Alles Argumente dafür, ganz direkt die Haltung Ijobs in Frage zu stellen und ihn zu einer Veränderung zu drängen. Wenn wir schließlich auf die Gottesreden schauen, geht es gar nicht um das Leiden des Ijob. Vielmehr geht es darum, Ijob selbst erkennen zu lassen, was der Mensch tun kann, wenn nichts mehr geht, was er tun kann, wenn er weder auf Gott noch auf die Welt Zugriff hat. Die Gottesreden appellieren an das Bewusstsein Ijobs, dass das Leid ihn nicht mehr im Kern seiner Existenz betrifft.

Logbucheintrag: „Da antwortete Ijob dem HERRN und sprach: Ich habe erkannt, dass du alles vermagst. Kein Vorhaben ist dir verwehrt. Wer ist es, der ohne Einsicht den Rat verdunkelt? – Fürwahr, ich habe geredet, ohne zu verstehen, über Dinge, die zu wunderbar für mich und unbegreiflich sind. Hör doch, ich will nun reden, ich will dich fragen, du belehre mich! Vom Hörensagen nur hatte ich von dir gehört, jetzt aber hat mein Auge dich geschaut. Darum widerrufe ich. Ich bereue in Staub und Asche." (Ijob 42,1–6)

Die Figuren des Hiobsbuches, also Ijob und v.a. auch die Freunde, sind „typisiert", d.h. sie werden als Vertreter typischer weisheitlicher Haltungen und Argumentationsmuster eingesetzt. Die Theologie der Freunde greift zwar zurück auf das gesamte weisheitliche Denkgebäude, scheitert aber am Ende, weil sie nur Rede über Gott bleibt und nicht zur Rede an Gott wird. Das zeigt, dass Gott gerade in der direkten Ansprache, im Dialog mehr erfahrbar ist, als in einer wissenschaftlichen Abhandlung.

Das Ijob-Buch plädiert für ein Grundvertrauen in die Schöpfung, die als wichtiger Lebensmotor sogar angesichts leidvoller Erfahrung eingespielt wird. Darauf weist die ausführliche erste Gottesrede hin, die die Grundordnung der Schöpfung vorstellt, dann aber auch sehr konkrete auf einzelne Schöpfungsdetails eingeht.

Und zum Schluss: Das Buch Ijob gehört zu den großen Werken der Weltliteratur, d.h. es hat einerseits für sich genommen eine ungeheure Ausstrahlungskraft, andererseits hat es aber auch unzählige Schriftsteller, Dichter, Künstler und Musiker dazu bewegt, die Ijob-Geschichte zu aktualisieren und ihre eigene Interpretation vorzulegen.

Lesetipp (literarische Verarbeitung): Joseph Roth: Hiob. Roman eines einfachen Mannes, Berlin 1930.

Ursprung: Das topographische Streiflicht aus einem östlichen Land

Andrea Pichlmeier

Sie war fromm, gebildet und international vernetzt. Und sie wollte die Welt hinter den Texten kennenlernen. Darum mache sie sich auf den Weg, was für eine Frau der Antike nicht unbedingt selbstverständlich war. Die Rede ist von der Nonne Egeria, die um das Jahr 400 zu einer Pilgerreise in die Länder der Bibel aufgebrochen war. Natürlich war sie nicht, wie manche Abenteurerin heutiger Tage, allein unterwegs, sondern mit Entourage, einschließlich militärischem Geleitschutz. Sie konferierte mit Bischöfen und verfügte über Beziehungen in alle höheren Stände hinein. Davon wüssten wir jedoch nichts, hätte sie sich nicht, kaum nach Hause zurückgekehrt (man nimmt an, dass sie aus Südgallien oder Galizien stammte) hingesetzt und ihren Reisebericht niedergeschrieben, die *Peregrinatio Egeriae*. Egeria war also so etwas wie eine antike Reisebloggerin.

Auf der vierten Etappe ihrer vierjährigen Reise war sie von Jerusalem aufgebrochen und ins syrische *Carneas* gereist, das heutige *Scheich Saad* auf halbem Weg zwischen Damaskus und Amman, wo es zu Egerias Zeit eine lebendige Ijobtradition gab.

Ijob lebte im Lande Uz (Ijob 1,1). Das Land Uz ist auf keiner Landkarte verzeichnet. Im Ijobbuch selbst gibt es nur einen flüchtigen Hinweis: Ijob übertraf an Ansehen alle Söhne „des Ostens“ (1,3). Das Land Uz musste also „im Osten“ zu finden sein, außerhalb Israels, im Ostjordanland, dem heutigen Jordanien, vielleicht auch im südlichen Teil Syriens. Die griechische Übersetzung der Hebräischen Bibel, *Septuaginta* genannt, lokalisiert das Land Uz, das mit *Ausitis* wiedergegeben wird, im viel weiter südlich gelegenen Edom. Egeria wusste das zwar, folgte aber der lokalen Pilgertradition, die in Carneas Wurzeln geschlagen hatte. Bis heute ist hier das Grab Ijobs zu sehen, der auf Arabisch *Ajjub* genannt wird.

Hätte Egeria im Mittelalter gelebt, dann hätte sie gar nicht so weit reiten müssen. (Man war in der Regel auf Eseln unterwegs, kleinere Strecken legte man auch zu Fuß zurück.) Am Westufer des Sees Gennesaret befindet sich am Hang jenes Hügels, auf dem heute die Kirche der Seligpreisungen steht, die sogenannte Hiobshöhle. Egeria kannte diese Höhle auch, brachte sie aber nicht mit Ijob in Verbindung. Das geschah erst zur Zeit der Kreuzfahrer.

Da Matthäus im Anschluss an die Bergpredigt (Kapitel 5–7) von der Heilung eines Aussätzigen erzählt, lokalisierten sie die Heilung von Mt 8,1–4 in dieser Höhle. Hier konnte man sich die Quarantäne eines Aussätzigen gut vorstellen. Irgendwann bekam der Aussätzige dann auch einen prominenten Namen: Ijob. Denn wurde nicht Ijob vom Satan „mit bösartigem Geschwür von der Fußsohle bis zum Scheitel" (Ijob 2,7) geschlagen? Die Höhle wurde im arabischen Volksmund zur „Höhle des Hiob" und ist es bis heute geblieben.

Sehr weit im Osten, jenseits aller biblischen Länder bin ich Ijob unerwartet begegnet, als ich auf der Seidenstraße unterwegs war. Im usbekischen Buchara gibt es ein kleines Mausoleum mit dem Namen *Chasma Ajjub*, „Hiobsquelle". Hier soll Ijob auf Gottes Geheiß seinen Stab in den Boden gerammt haben, und eine Quelle entsprang. Als er von dem Wasser trank, sei er nicht nur von seinem Aussatz geheilt, sondern auch von allen anderen Prüfungen befreit worden sein, die über ihn verhängt worden waren.

Die Quelle gibt es immer noch, ihr Wasser gilt den Einheimischen als heilkräftig. Ich beobachte eine Frau, die andächtig aus der bereitgestellten Blechschale trinkt. Sie weiß vielleicht nichts von den Prüfungen des biblischen Ijob. Ihre eigenen Prüfungen kennt sie sehr wohl, und sie glaubt an das Wasser, das Ajjub ihr schenkt.

Wie auch immer Ijob in das Reich der Samaniden und ihrer Nachfolger gelangt sein mag, auch hier ist „das Land Uz". „Uz" ist eine wohl menschliche Urerfahrung, denn das hebräische Wort *qedem* kann nicht nur „Osten", sondern auch „Ursprung" bedeuten. Der kann in Buchara ebenso liegen wie an jedem anderen Ort der Welt.

Eine klangvolle Reise: Das Buch der Psalmen

Andreas Leinhäupl

Sich auf den Weg in den Psalter machen – Reisevorbereitungen

Das Buch der Psalmen ist eine Sammlung von 150 poetischen Texten. Es handelt sich um Gebete, Lieder, Meditationstexte des Volkes Israels – und der Kirche. Ihre Sprache ist bild- und symbolreich, so dass Menschen bis heute ihre Erfahrungen in ihnen wiederfinden. In ihrer Stimmung wechseln sie von der Klage zum Jubel. Sie bieten Sätze und Worte an, die Mut machen und trösten und die den innersten Erfahrungen von Menschen ihre Sprache leihen.

Kleiner Sprachführer: Das Wort „Psalm“ stammt aus dem Griechischen (psalmos) und bedeutet „Saitenspiel“ oder „Lied, das von einer Leier oder einer Harfe begleitet wird“.

Mit den Begriffen „Die Psalmen“, „Buch der Psalmen“ oder „Psalter“ wird das Pslamenbuch als Ganzes bezeichnet (vgl. Apg 1,20). Der hebräische Begriff für diese Lieder und Gebete ist t^{e}hillim, was am besten mit dem Wort „Lobpreisungen“ wiedergegeben ist. Leider wissen wir heute nichts mehr darüber, wie die Psalmen ursprünglich gesungen bzw. vertont wurden.

Die Psalmen sind in verschiedenen Epochen der Geschichte Israels entstanden. Einige wenige Einzelpsalmen stammen wohl aus der Zeit vor dem Exil, also vor 586 v.Chr., die ältesten Sammlungen werden in die Exilszeit datiert. Zum Abschluss kam das Psalmenbuch um 200 v.Chr. Wie bei den anderen biblischen Büchern auch, sind die Überschriften und Titel der Psalmen später hinzugefügt worden und nennen oftmals David als Verfasser oder verbinden einen Psalm mit einer Situation aus dem Leben Davids. Die Entstehungssituation und die konkreten Anlässe vieler Psalmen lassen sich nicht eindeutig bestimmen, die weiter unten vorgestellten Psalmgattungen weisen allerdings auf verschiedene Verwendungszwecke hin und zeigen, dass die Psalmen sowohl von größeren Gruppen in unterschiedlichen Situationen (z.B. Wallfahrt oder Tempelweihfest) als auch von Einzelnen gebetet bzw. gesungen wurden.

Die Landkarte der Psalmen im Überblick

Das Buch der Psalmen stellt sich nicht als einfache und zufällige Sammlung einzelner Gebete dar, sondern ist als sehr überlegte, geordnete und theologisch ausgefeilte Komposition zu lesen. Wenn wir uns auf den Weg in den Psalter machen, finden wir folgende Struktur:

Bucheingang		Psalmen 1 und 2
1. Buch	Psalmen 3 – 41	Erster Davidpsalter (3–41)
2. Buch	Psalmen 42 – 72	Korachpsalmen (42–49)
		Zweiter Davidpsalter (51–71)
3. Buch	Psalmen 73 – 89	Asafpsalmen (73–83)
		Korachpsalmen (84–89)
4. Buch	Psalmen 90 – 106	Jahwe-Königspsalmen (93–100)
		Dritter Davidpsalter (101–106)
5. Buch	Psalmen 107 – 145	Vierter Davidpsalter (108–110)
		Hallel-Psalmen (111–117)
		Wallfahrtspsalter (120–134)
		Fünfter Davidpsalter (138–145)
Buchausgang		Psalmen 146 – 150

Auffällig ist zunächst der Rahmen des Psalters: Ps 1 u. 2 dienen als „Pforte" in das Psalemenbuch, Ps 146–150 als großer abschließender Lobpreis der Gottesherrschaft. Innerhalb dieser Rahmung lassen sich fünf Teilsammlungen ausmachen (evtl. in Anspielung an die fünf Bücher der Tora). Diese Einteilung ist im hebräischen Text nicht durch Überschriften sichtbar, sondern durch Lobpreisungen am Ende jeder Teilsammlung. Die Fünfteilung des Psalter wird anzeigt durch vier „doxologische" Schlussformeln (vgl. Ps 41,14; 72,18f; 89,53; 106,48; 145,21), bei denen jeweils das abschließende Wort „Amen" auffällt. Die fünf Teilsammlungen sind in sich wiederum sehr kunstvoll aufgebaut und erhalten ihre Bezeichnungen aufgrund der in den Überschriften genannten Personen oder Themen.

Formen und Gattungen

In den Psalmen lassen sich vier Grundoptionen Klage, Bitte, Lob und Dank unterscheiden, die allerdings im Blick auf das jeweilige Gebetsanliegen immer wieder kunstvoll variiert werden. Daraus resultieren sehr unterschiedliche Formen und Modelle, wie zum Beispiel:

- Dankpsalmen ... werden von einzelnen gebetet. Man dankt für eine Rettung, ein gutes Ereignis, eine Wohltat (z.B. Ps 136).
- Hymnen ... bringen in Form eines Liedes den Lobpreis zum Ausdruck, wie z.B. die Zionspsalmen oder die Jahwe-Königspsalmen.
- Königspsalmen ... werden an Heiligtümern gesungen und beziehen sich auf den Königskult (z.B. Ps 45).
- Klagepsalmen ... sprechen einerseits von den Leiderfahrungen und Katastrophen, denen das Volk Israel ausgesetzt war und bringen anderseits die Not Einzelner, wie Krankheit oder Verfolgung, auf den Punkt (vgl. z.B. Ps 102).
- Wallfahrtspsalmen ... beschäftigen sich mit dem Thema Wallfahrt, also mit dem Weg, dem Einlass und dem Gebet im Heiligtum (vgl. Ps 120–134).
- Weisheitspsalmen ... verstehen sich als kunstvolle Lehrgedichte, die die Tora oder den lebenslangen Wandel in der Weisung Gottes preisen (vgl. z.B. den umfänglichen Ps 119).
- Geschichtspsalmen ... bieten eine Interpretation von Ereignissen aus der Geschichte Israels und bestärken auf diese Weise das Glaubensleben (vgl. Ps 78).

Die Sprache der Psalmen

Als Gebets- und Meditationsbuch bieten die Psalmen eine wunderbar klingende und mitreißende Sprache, die die Betenden durch ihre besondere Poesie, aber auch durch die vielfältigen Bildwelten ansprechen und in ihren Bann ziehen.

Das wichtigste Stilmittel der Psalmen ist der *Parallelismus membrorum*, eine poetische Kunstform, die in der gesamten weisheitlichen Literatur immer wieder zum Einsatz kommt (vgl. Einführung Weisheit). Dabei werden entweder zwei gleichgebaute parallele Halbsätze, oder zwei gegensätzliche Halbsätze aneinandergereiht (A+B), so dass unterschiedliche Gedankenkonstruktionen entstehen:

- die beiden Halbsätze wiederholen den gleichen Gedanken (Ps 22,2)
  A: „Mein Gott, mein Gott, warum hast du mich verlassen,
  B: bist fern meinem Schreien, den Worten meiner Klage?"
- die beiden Halbsätze ergänzen und steigern den ersten Gedanken (Ps 22,3)
  A: „Mein Gott, ich rufe bei Tag, doch du gibst keine Antwort,
  B: ich rufe bei Nacht und finde doch keine Ruhe."
- - die beiden Halbsätze bilden einen Kontrast (Ps 1,6)
  A: „Denn der Herr kennt den Weg der Gerechten,
  B: der Weg der Frevler aber führt in den Abgrund."

Darüber hinaus finden sich in den Psalmen viele weitere stilistische Besonderheiten (vgl. etwa die Alphabetspsalmen 111/112), durch die diese Lieder und Gebete besonders anschaulich und eingängig sind.

Reisetipp: Weitere Psalmen in der Bibel

Diese 150 Psalmen sind nicht die einzigen Psalmen der Bibel. Es gibt auch an anderen Stellen Psalmen, meist an herausragenden Stellen der Erzählung:

- Siegeslied am Schilfmeer: Ex 15,1–18
- Lied des Mose: Dtn 32
- Lied der Debora: Ri 5
- Lobgesang der Hanna: 1 Sam 2,1–11
- Abschiedslied des David: 2 Sam 23,1–7
- Danklied der Geretteten: Jes 12
- Psalm des Jona: Jona 2,3–10
- Lied der Judit: Jdt 16
- Psalmen in der Kindheitsgeschichte des Lukas:
- Magnifikat = Lk 1,46–56, Benedictus = Lk 1,67–79, Gloria = Lk 2,14, Nunc dimittis = Lk 2,29–32.

Wer reisen will, muss auf den Geschmack kommen: Drei Appetizer

Um einen Eindruck von der vielfältigen Welt der Psalmen zu bekommen, stellen wir hier drei kurze, sehr verschiedene Psalmen aus dem ersten Davidpsalter vor.

Psalm 1

Mit den beiden Psalmen 1 und 2 wird – wie weiter oben beschrieben – das Psalmenbuch eröffnet. In Psalm 1 scheint die weisheitliche Theologie durch, die darauf bedacht ist, Regeln festzulegen, mit denen ein gottgefälliges Leben gelingen kann. Gleichzeitig stellt Ps 1 als Pforte oder Türöffner des Psalters die Leser*innen und Beter*innen unmissverständlich vor eine Entscheidungssituation: entweder man geht hinein, oder nicht. Man steht also mit diesem Psalm vor einem Scheideweg, für den man eine guten Reisebegleitung oder zumindest einen hilfreichen Wegweiser benötigt.

Logbucheintrag:
1 Selig der Mann,
der nicht nach dem Rat der Frevler geht,
nicht auf dem Weg der Sünder steht,
nicht im Kreis der Spötter sitzt,
2 sondern sein Gefallen hat an der Weisung des HERRN,
bei Tag und bei Nacht über seine Weisung nachsinnt.

3 Er ist wie ein Baum, gepflanzt an Bächen voll Wasser,
der zur rechten Zeit seine Frucht bringt
und dessen Blätter nicht welken.
Alles, was er tut, es wird ihm gelingen.
4 Nicht so die Frevler:
Sie sind wie Spreu, die der Wind verweht.

5 Darum werden die Frevler im Gericht nicht bestehen
noch die Sünder in der Gemeinde der Gerechten.

6 Denn der HERR kennt den Weg der Gerechten,
der Weg der Frevler aber verliert sich.

Der Psalm preist diejenigen selig (und hier wurde immer wieder darauf hingewiesen, dass die Verwendung des Begriffs „Mann" statt „Mensch" der patriarchalen Situation der Entstehung zu verdanken ist), die sich durch einen gottgewollten Lebensweg von Frevlern, Sündern und Spöttern, also von der gottlosen Welt, absetzen und die sich mit voller Begeisterung immerwährend mit den Weisungen des Herr auseinanderzusetzen – d.h., die die Tora zum Mittelpunkt ihrer Lebensgestaltung machen. Dies wird mit der Naturmetaphorik des ständig wachsenden und Frucht bringenden Baumes noch einmal verdichtet: Der Fromme ist der für die Gemeinschaft fruchtbringende Mensch, er wird die Gemeinde voranbringen. Der Frevler und die Sünder hingegen werden im Gericht nicht bestehen. Der abschließende V. 6 fasst die Logik des Psalms noch einmal zusammen und betont, dass das ein gelingendes und gerechtes Leben auf die Beziehung zu Gott zurückgeht, während sich das Leben der Frevler in die Gleichgültigkeit abrutscht.

Psalm 12

Dieser Text ist ein gutes Beispiel für einen spätexilischen Klagepsalm. Der Psalm ist im Zusammenhang der dreigliedrigen Klageliturgie zu lesen (vgl. dazu Habakuk 1): (1) Klage über eine Notsituation – Gott wird direkt angesprochen, (2) Antwort Gottes in ich-Form, (3) Reaktion auf das ergangene Gotteswort – Gott wird wiederum direkt angesprochen.

Logbucheintrag:

1 Für den Chormeister. Auf der Achten. Ein Psalm Davids.
2 Hilf doch, HERR, der Fromme ist am Ende,
ja, verschwunden sind die Treuen unter den Menschen.
3 Sie reden Lüge, einer zum andern,
mit glatter Lippe und doppeltem Herzen reden sie.
4 Der HERR tilge alle glatten Lippen,
die Zunge, die Vermessenes redet,
5 die da sagten: Mit unserer Zunge sind wir mächtig,
unsere Lippen sind mit uns. - Wer ist Herr über uns?

6 Wegen der Unterdrückung der Schwachen,
wegen des Stöhnens der Armen
stehe ich jetzt auf, spricht der HERR,
ich bringe Rettung dem, gegen den man wütet.

7 Die Worte des HERRN sind lautere Worte,
Silber, geschmolzen im Ofen, von Schlacken gereinigt siebenfach.
8 Du, HERR, wirst sie behüten,
wirst ihn bewahren vor diesem Geschlecht auf immer,
9 auch wenn ringsum Frevler umhergehn
und die Gemeinheit groß wird unter den Menschen.

Aus dieser dreigliedrigen Klageliturgie heraus entfaltet der Psalm fast politische Sprengkraft: Vorgetragen wird eine massive Gesellschaftskritik, die den zerstörerischen Missbrauch des menschlichen Wortes aufdeckt, für den ganz explizit einzelne Menschengruppen verantwortlich gemacht werden („keine Treuen unter den Menschen“, „Lüge“, „glatte Lippe und doppeltes Herz“). Der Psalm setzt sich wortgewaltig gegen jede Möglichkeit ein, menschenzerstörerische Gewalt zu legitimieren: Wo die Schwachen und Armen unterdrückt werden, wo also Menschenrechte verletzt werden, steht Gottes Wahrheit auf dem Spiel ... und der greift rettend ein (V. 6). Nicht die Lippen der Gottlosen oder die Gemeinheit unter den Menschen werden sich in der Geschichte durchsetzen, vielmehr stehen die lauteren Worte Gottes als Sicherheit und Solidarität für die Unterdrückten.

Psalm 23

Dieser Psalm steht für Trost und Hoffnung, er kann als persönliches Gebet die individuelle Balance zwischen Sehnsucht und Wirklichkeit ausloten und gleichzeitig eine besondere Kraft für viele allgemeinene Situationen und Angelegenheiten ausstrahlen.

Logbucheintrag:

1 Ein Psalm Davids. Der HERR ist mein Hirt, nichts wird mir fehlen.
2 Er lässt mich lagern auf grünen Auen
und führt mich zum Ruheplatz am Wasser.
3 Meine Lebenskraft bringt er zurück.
Er führt mich auf Pfaden der Gerechtigkeit,
getreu seinem Namen.

4 Auch wenn ich gehe im finsteren Tal,
ich fürchte kein Unheil;
denn du bist bei mir,
dein Stock und dein Stab,
sie trösten mich.

5 Du deckst mir den Tisch
vor den Augen meiner Feinde.
Du hast mein Haupt mit Öl gesalbt,
übervoll ist mein Becher.

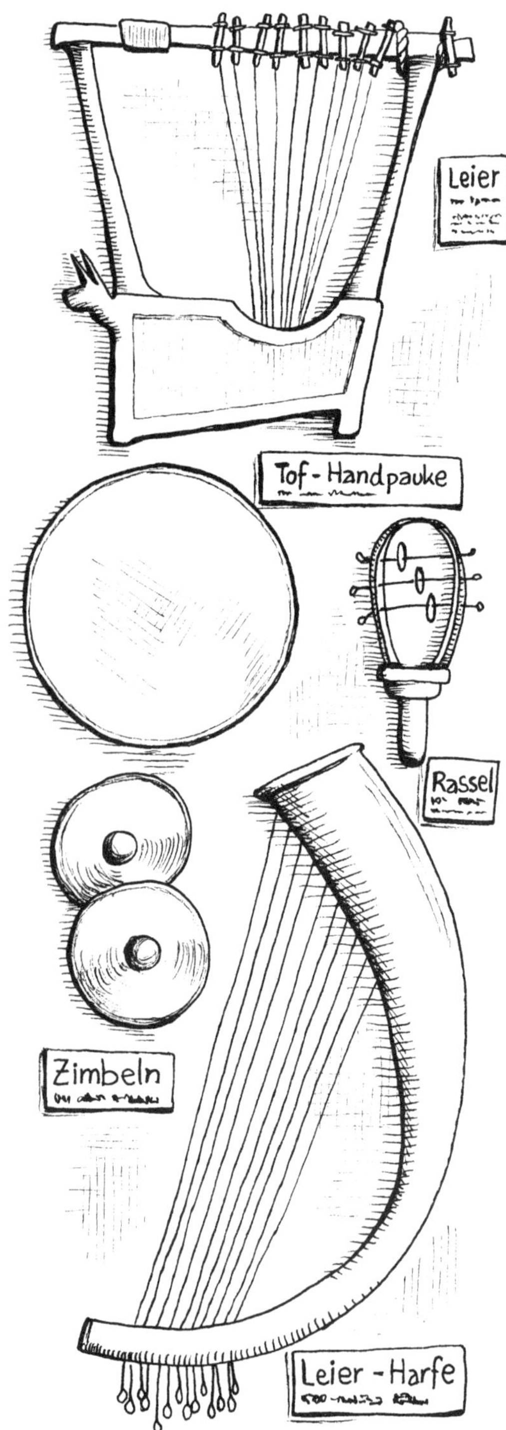

6 Ja, Güte und Huld werden
mir folgen
mein Leben lang
und heimkehren werde ich
ins Haus des HERRN
für lange Zeiten.

Zu Beginn des Psalms wird von Gott in der 3. Person gesprochen und eine sehr ansprechende und zugleich für die ursprünglichen Beter*innen zugängliche Bildwelt präsentiert: „Hirte", „grüne Auen", „Ruheplatz am Wasser", „Lebenskraft", „Pfade der Gerechtigkeit". Es ist das innerste Wesen Gottes, für den Menschen da zu sein, als Hirte versorgt er den Menschen mit allem Notwendigen, so dass nichts fehlen wird … und er tut dies um seines Namens willen. Die eingesetzten Motive stammen allesamt aus der Welt der Halbnomaden: Als umherziehendes Volk war Israel oft Gefahren, Entbehrungen, Hunger und dem Kampf um das bloße Überleben ausgesetzt, um so positiver wirkt nun die Zusage des Psalms, all dies nicht erleiden zu müssen. Und mehr noch: Die Betenden müssen auch im finsteren Tal (in der „Todschattenschlucht", Erich Zenger) nichts fürchten, sondern sind sich des Trostes Gottes (ab V. 4 direkt mit „du“ angesprochen) in jeder Hinsicht sicher. Dabei werden die Feinde nicht einfach ausgeblendet, vielmehr wird vor ihren Augen das königliche Mahl für die Betenden vorbereitet, sodass sie anschließend in der sicheren Zusage um die Güte Gottes ihren weiteren Lebensweg antreten können. Im Mittelpunkt des Psalms steht die Idee, den Betenden die Gottesherrschaft erfahren zu lassen und auf diese Weise Hoffnung für alle Lebenslagen anzubieten.

Lesetipp: Erich Zenger: Stuttgarter Psalter, Stuttgart 2005 (Kurzauslegungen aller 150 Psalmen).

Klangreise durch die gesamte Bibel: Psalmen im Ersten und im Neuen Testament

Kein Buch des Alten Testaments wird im Neuen Testament so häufig zitiert wie die Psalmen. Offensichtlich bieten gerade diese Texte für die neutestamentlichen Autoren einen besonderen Pool, ihre theologischen Anliegen in Worte zu fassen. Eines der bekanntesten Psalmzitates dürfte sich in der Passionsgeschichte finden: Der Schrei Jesu am Kreuz „Mein Gott, mein Gott, warum hast du mich verlassen?“ stammt aus Ps 22,2. Das Markusevangelium greift in der Passionsgeschichte insgesamt an drei Stellen auf Ps 22 zurück: Das Losen um die Kleider (Mk 15,24 – Ps 22,19); das Spotten der Vorübergehenden (Mk 15,29 – Ps 22,8); der Schrei Jesu am Kreuz (Mk 15,34 – Ps 22,2). Der Autor des Markusevangeliums zitiert den Psalm nicht als reines Gebet, sondern er setzt den Psalm in Erzählung um. Aus der ursprünglichen Klage des Psalmbeters werden Teile extrahiert und in die Geschichte der Hauptfigur des Evangeliums umgesetzt. Ps 22 wird somit zu einer ersttestamentlichen Verstehens- und Interpretationshilfe für die Darstellung des Todes Jesu nach Mk.

Neben der Verarbeitung und Zitation von Psalmen finden wir im Neuen Testament aber auch psalmartige Texte, wie das Magnificat (Lk 1,46–55), das Benedictus (Lk 1,68–79), den Epheser-Hymnus (Eph 1,3–14) oder den Johannesprolog (Joh 1,1–18). Diese kurzen hymnischen Textpassagen reihen sich ein in die Tradition der Lob- und Danklieder Israels und binden den jeweiligen neutestamentlichen Entwurf in der Form des Gebets ein in die ungebrochene Heilsgeschichte Gottes mit seinem Volk.

Souvenirs

„Ergebnis. Nach dem morgendlichen Gang über die Psalmbrücke ... drehe ich mich nicht mehr um die eigene Achse ... ich atme die alten Heilworte in meine Tagängste ... und bin guter Hoffnung“ (Wilhelm Bruners)

„Die Psalmen sind für mich eines der wichtigsten Lebensmitte. Ich esse sie, ich trinke sie, ich kaue auf ihnen herum, manchmal spucke ich sie aus, und manchmal wiederhole ich mir einen mitten in der Nacht“ (Dorothee Sölle)

„Aber im Mannesjahr maß er, ein Vater der Dichter, in Verzweiflung die Entfernung zu Gott aus und baute der Psalmen Nachtherbergen für die Wegwunden“ (Nelly Sachs)

„Die Psalmen helfen mir wahrzunehmen, was sich in der Tiefe der Weltbühne wirklich ereignet – jenseits der von den Medien aufgebauten Weltfassade mit ihren Szenarien menschlichen Versagens“ (Wilhem Bruners)

Lesetipp: Erich Zenger: Psalmen. Auslegungen, Freiburg u.a. 2015.

Du deckst mir den Tisch: Ein topographisches Streiflicht zu Psalm 23

Andrea Pichlmeier

Wenn man auf dem Highway 40 durch die Negevwüste unterwegs ist, ahnt man nichts von dem malerischen Canyon, in dem, so jedenfalls habe ich es immer empfunden, Psalm 23 schlummert. Sein Name, *Ein Avdat*, setzt sich zusammen aus dem hebräischen bzw. arabischen Wort *Ein* oder *Ain* für „Quelle", und dem Namen eines Nabatäerkönigs namens *Obodas*, aus dem später „Avdat" wurde. Obodas Name hat seinerseits eine hebräische Wurzel. Er ist abgeleitet von dem Wort *'ebed*, „Knecht", und verwandt mit dem Prophetennamen *Obadja*, was übersetzt „Knecht JHWHs" bedeutet. Diesen Namen tragen auch arabische Männer, die *Abdallah* gerufen werden.

Wer Psalmen betet, muss ein Knecht oder eine Magd JHWHs sein, ein Mensch, der sein Leben in Gottes Hand legt und es aus Gottes Hand empfängt, sei er nun Jude, Christ oder Muslim. Der Psalter hebt im ersten Vers des ersten Liedes an mit dem Wort *aschrei*, „selig". Dieses „Selig" gilt dem Menschen, „der sein Gefallen hat an der Weisung des HERRN" (Ps 1,2). Ein solcher Mensch sei „wie ein Baum, gepflanzt an Bächen voll Wasser" (1,3).

Der Fluss, der den Canyon über Jahrtausende in den weichen Kalkstein geschnitten hat, trägt den Namen der Wüste *Zin*, in der wir den Israeliten auf ihrer Wanderung zwischen Ägypten und dem Gelobten Land begegnen. Hier stirbt Moses Schwester Miriam (Num 20,1), hier begehrt das Volk gegen Mose auf, weil sie kein Wasser mehr haben (20,2), hier schlägt Mose auf Geheiß des Herrn mit seinem Stab an einen Felsen, und es „kam viel Wasser heraus, sodass die Gemeinde trinken konnte und ihr Vieh" (20,11). Ich stelle mir immer vor, dass Ein Avdat genau in jenem Moment entstanden ist, als Mose mit seinem Stab an den Felsen schlug...

Ehe wir aufgebrochen sind, habe ich im Kibbuz-Supermarkt Fladenbrot und eine Flasche Wein gekauft. Es ist Sonntag, wir wollen im Wadi die Messe feiern. Reicht denn eine Flasche, will unser „Silent Guide" wissen. Es ist ein rituelles

Mahl, antworte ich, wir trinken alle aus einem Becher. Unser Begleiter ist Jude, er versteht kein Deutsch, verfolgt unser Tun aber mit Neugier und vielen Fragen.

Schweigend folgen wir dem Flusslauf. An einer Furt haben sich Steinböcke niedergelassen, um die Kühle zu spüren und zu trinken. „Er lässt mich lagern auf grünen Auen und führt mich zum Ruheplatz am Wasser." Wir lassen uns nieder und lesen Psalm 23.

Nach zwei Stunden haben wir den Talschluss erreicht. Hier bereiten wir den Platz für unseren Gottesdienst. Ein großer Stein wird zum Altar ernannt, und wir nehmen im Schatten der Pappeln und Terebinthen Platz. Unser Guide beschäftigt sich, scheinbar unbeteiligt, mit seinem Mobiltelefon, während wir die Schrift lesen und die Gebete der Messe sprechen. Als wir uns zum Kommunionempfang im Kreis aufstellen und darauf warten, die Hostie zu empfangen, spüre ich eine leise Spannung in der Gruppe und blicke auf. Da steht der Guide wie selbstverständlich im Kreis und hält, wie alle anderen, dem Priester die Hände als Schale entgegen. Der Zelebrant zögert, schaut mich an. Der nicht vorgesehene Gast bleibt unbeirrbar stehen. Dann soll es so sein, denke ich. „Er führt mich auf Pfaden der Gerechtigkeit, getreu seinem Namen." (23,3) Ist dies nicht ein Gebet in seiner Bibel, ehe es das unsere wurde? Unser jüdischer Begleiter empfängt die Kommunion, Brot und Wein. „Du deckst mir den Tisch" (23,5). Feindliche Augen sind nirgendwo auszumachen.

Auf dem Rückweg geht unser junger „Silent Guide" schweigend neben mir her. Weißt du, sagt er nach einer Weile, das machen wir jeden Freitagabend. Natürlich, *Eucharistie*, „Danksagung", geht auf die jüdische *Beracha* zurück, den Segen über Brot und Wein, den das Neue Testament von Jesus bezeugt (Mk 14,22–24), und der im Judentum beim häuslichen Sabbatritus heute noch gesprochen wird. Unser jüdischer Begleiter hat sich von seinem jüdischen Bruder Jesus das Brot brechen lassen. Was das bedeutet, wird uns der Messias, oder der Christus, am Ende sagen, wenn wir „heimkehren ins Haus des HERRN" (23,6).

Mit einem Weisheitslehrer auf Glücks- & Sinnsuche – Das Buch Kohelet

Christian Schramm

Ausflüge in die biblische Weisheitsliteratur haben meist per se vorrangig den Charakter einer *Bildungsreise* – wird doch in diesen Schriften zu einem Gutteil über Sinn und Unsinn des Lebens nachgedacht, zumindest implizit. Mich erinnert dies oft an *Studienreisen* mit richtig viel Vortragsinput. Zugleich bleibt es nicht beim Theoretisieren, sondern das gesamte Unterfangen zielt auf praktische Lebensbewältigung ab: Nichts weniger als das Gelingen und Glücken des eigenen Lebens ist angestrebt (s. Einführung Weisheit). Das klingt grundsätzlich sehr verheißungsvoll.

Die Qual der Reisebegleiterwahl

Natürlich ist die Frage der *Reisebegleitung* hier noch einmal von besonderer Relevanz, soll mein *Unterwegssein* für mich persönlich fruchtbar werden. Der beste Vortrag muss erst einmal bei mir ankommen, mich ansprechen, mich erreichen. Sonst müht sich da jemand vergeblich. Da gilt es, gut hinzugucken, auszuprobieren, eine überlegte Wahl zu treffen. Allen, die eine exquisite weisheitliche *Studienreise* mit einem wahren Altmeister seines Faches an ihrer Seite unternehmen möchten, kann ich ein biblisches Buch besonders ans Herz legen: das Buch Kohelet (Koh).

Von mir persönlich bekommt Kohelet auf jeden Fall eine 5-Sterne-Bewertung für die gebotene weisheitliche *Entdeckungstour*. Warum? Das möchte ich im Folgenden ein wenig deutlich werden lassen – besonders das Buch selbst soll hierbei zur Sprache kommen. Doch zunächst ein paar vorbereitende Hintergrundinfos, damit wir gut eingestimmt starten können.

Königliche Weggemeinschaft?!

„Kohelet“ heißt das entsprechende weisheitliche Buch – zumindest in katholischen Bibelausgaben. Und den Namen „Kohelet“ trägt auch das sprechende/ literarische Ich des Buches, quasi unser *Reisebegleiter*. Offensichtlich sind wir hier auf einer exklusiven *Promi-Tour* gelandet, zumindest wenn wir der Selbstvorstellung Kohelets Glauben schenken wollen: „Worte Kohelets, des Davidssohnes, der König in Jerusalem war.“ (Koh 1,1) „Ich, Kohelet, war in Jerusalem König über Israel.“ (Koh 1,12) Wir befinden uns somit in *royaler Obhut*. – Demgegenüber klingt der *Nachruf* am Ende fast ein wenig schwach: „Kohelet war ein Gelehrter.“ (Koh 12,9)

Eine Frage bleibt jedoch: Ein Sohn Davids mit Namen „Kohelet“ ist ansonsten in der biblischen Überlieferung nicht bekannt. Dafür kennen wir einen Davidssohn gut, der als außergewöhnlich weise gepriesen wird: Salomo. Die biblischen Texte werden nicht müde, die Weisheit Salomos überschwänglich zu betonen und zu loben (1 Kön 3 und 5 und 10) – in Sachen weisheitlicher Schriftstellerei ist er außerordentlich produktiv: „Er verfasste dreitausend Sprichwörter und die Zahl seiner Lieder betrug tausendundfünf.“ (1 Kön 5,12) Am Anfang seiner Karriere als *Vorzeige-Weiser* (sowie als gerechter Richter) steht für Salomo biblisch ein Traum mit einer Gottesbegegnung, der wirkmächtig sein Leben verändert (1 Kön 3,1–15): Sein Wunsch wird ihm gewährt – und noch mehr.

> **Logbucheintrag:** [Salomo] „Verleih daher deinem Knecht ein hörendes Herz, damit er dein Volk zu regieren und das Gute vom Bösen zu unterscheiden versteht!“ (1 Kön 3,9) – [Gott] „Sieh, ich gebe dir ein so weises und verständiges Herz, dass keiner vor dir war und keiner nach dir kommen wird, der dir gleicht.“ (1 Kön 3,12)

Vor diesem Hintergrund werden weisheitliche Schriften grundsätzlich gerne Salomo zugeschrieben, in der Bibel gleich vier: 1) Buch der Sprichwörter, manchmal „Sprüche Salomos“ genannt (Spr 1,1); 2) das Hohelied (Hld 1,1); 3) das Buch der Weisheit („Weisheit Salomos“); 4) und eben Kohelet. In der Lutherbibel wird dieses Buch entsprechend meist als „Buch des Predigers (Salomo)“ tituliert.

Reiseführerqualifikation Nr. 1: (Ver-)Sammeln können!

Aber was hat es dann mit dem Namen „Kohelet" auf sich? Woher kommt er und was bedeutet er? In „Kohelet" verbirgt sich ein hebräisches Verb (*qhl*).

Kleiner Sprachführer:
קהל = *qhl/qahal* = „(ver-)sammeln".

Ein „Kohelet" ist also jemand, der (ver-)sammelt – jemanden oder etwas. Manche denken daran, dass im gleichnamigen Buch viele Sprüche und Sprichwörter zu finden sind – dann wäre Kohelet also ein „(Ver-)Sammler von Weisheitsworten". Andere meinen, dass dieser Name darauf verweist, dass hier ein Weisheitslehrer einen Kreis von Hörer*innen um sich schart – dann wäre Kohelet ein „(Ver-)Sammler von Wissbegierigen".

Wie dem auch sei: Im Laufe der Zeit ist aus dieser *Funktionsbezeichnung* ein *Eigenname* geworden – und deswegen können wir uns heute mit Kohelet auf die *Reise* machen. Seine Qualifikation spricht auf jeden Fall für ihn und weist ihn als attraktiven *Reisebegleiter* aus (Koh 12,9–10).

Logbucheintrag: „Kohelet war ein Gelehrter. Außerdem hat er einfachen Leuten Kenntnisse beigebracht. Er hörte zu und prüfte, er hat viele Sprichwörter selbst in Form gebracht. Kohelet hat sich bemüht, gut formulierte Worte zu entdecken, und hier sind diese wahren Worte aufgeschrieben." (Koh 12,9–10)

Erste Orientierungsversuche im Gelände

Vor einer kleineren Schwierigkeit stehen wir allerdings: Wer ein weisheitliches Buch *bereist*, muss damit leben, dass sich die Orientierung im *Gelände* nicht so einfach gestaltet. Eine Ansammlung weisheitlicher Sprüche ist nicht so leicht zu gliedern – ob eine bewusste Komposition überhaupt vorliegt, und falls ja welche, ist oft umstritten. Das gilt auch für das Buch Koh. Ab und an wird von einer mehr oder weniger zufällig-assoziativen Zusammenstellung von Einzelelementen ausgegangen. Das würde eine längere planvolle *Reise* vor einige Herausforderungen stellen und eher für *Stippvisiten* sprechen.

In der gegenwärtigen Forschungslandschaft scheinen sich allerdings die Stimmen durchzusetzen, die in Koh einen geplanten Aufbau umgesetzt sehen. Wobei hier die Meinungen hinsichtlich der Details auseinandergehen. Ein Vorschlag identifiziert sieben Teile (gesamt: zwölf Kapitel), die spiegelbildlich um ein Zentrum herum angeordnet sind. Das soll/muss uns als grobe *Landkarte* für Koh genügen.

Koh 1,1 Überschrift
  Koh 1,2–3 Rahmen
    Koh 1,4–11 Kosmologie (Gedichtform)
      Koh 1,12–3,15 Anthropologie
        Koh 3,16–4,16 Gesellschaftskritik I
          Koh 4,17–5,6 Religionskritik (Gedichtform)
        Koh 5,7–6,10 Gesellschaftskritik II
      Koh 6,11–9,6 Ideologiekritik
    Koh 9,7–12,7 Ethik (am Ende: Gedichtform)
  Koh 12,8 Rahmen
Koh 12,9–14 zwei Nachworte

Wo kommt es her? Wo führt es uns hin?

Entstanden ist das Buch Koh vermutlich Ende des 3./Anfang des 2. Jh. v. Chr., womit es zu den jüngeren Büchern im Alten Testament zählt. Als Entstehungsort kommt Alexandrien ebenso in Frage wie Jerusalem – aktuell tendiert die Forschung mehrheitlich zu letzterem.

In diesem Buch begleiten wir einen *Glücksritter* bei seiner mühevollen Suche – Scheitern eingeschlossen. Das mag hin und wieder frustrierend und ernüchternd sein, das kann auch befreiend und anregend wirken. Das für mich Sympathische an Kohelet: Er beobachtet die Welt und sein Leben scharfsichtig und erprobt unermüdlich unterschiedliche Wege zum Glücklichsein. Trotz Rückschlägen lässt er sich nicht entmutigen – zumindest nicht dauerhaft. Und die ein oder andere Lehre, die er für sich notiert, hat auch für mein Leben Bedeutung. Dazu später konkreter.

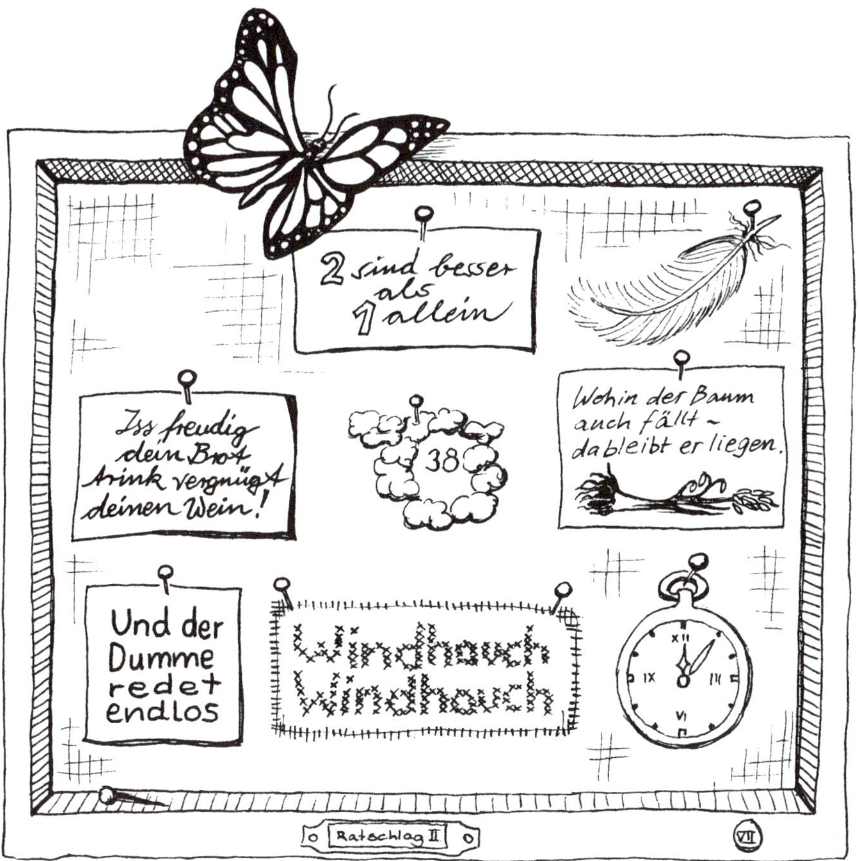

Eine Reisewarnung vorab: Windstärke ≥ 7

Wenn wir in das Buch hineinstarten, stolpern wir nach der kurzen Überschrift (Koh 1,1) direkt über ein Wort, das motto-artig das gesamte Buch prägt: „Windhauch" (Koh 1,2).

Kleiner Sprachführer:
הֶבֶל = *häbäl/häväl* = „Windhauch", „(verwehter) Hauch", „Nichts", „Täuschung", „Wahn", „eitel und nichtig".

Soll heißen: Wer in Koh hineinliest, dem bläst gleich kräftiger (Gegen-)Wind entgegen. Gleich fünfmal findet sich „Windhauch" in Koh 1,2. Und der „Windhauch" begegnet penetrant immer wieder; wie ein Leitwort zieht er sich durch das gesamte Buch hindurch. Sage und schreibe 38-mal findet sich diese Vokabel in den gerade einmal zwölf Kapiteln. Ab und an im Gefolge mit dabei: „Luftgespinst“ (9-mal).

Was *Surfer*innen* und *Segler*innen* erfreuen kann – wobei Gegenwind mitunter auch lästig und störend sein kann –, das ist für den nach (Lebens-)Sinn und v. a. (Lebens-)Glück suchenden Weisheitslehrer ein verstörender Stolperstein auf seinem Weg. Egal, was Kohelet probiert, womit er sein Glück auch versucht, stets muss er schlussendlich eingestehen: Auch das ist „Windhauch“, ist nichtig und vergänglich und für dauerhaftes Glück nicht tauglich. Seine Bemühungen erweisen sich am Ende stets als *vom Winde verweht*.

Logbucheintrag: „Ich dachte mir: Auf, versuch es mit der Freude, genieß das Glück! Das Ergebnis: Auch das ist Windhauch.“ (Koh 2,1)

Logbucheintrag: „Ich besorgte mir Sänger und Sängerinnen und die Lust der Männer: Brüste und nochmals Brüste. ... Das Ergebnis: Das ist alles Windhauch und Luftgespinst.“ (Koh 2,8.11)

Logbucheintrag: „Da dachte ich mir: Was den Ungebildeten trifft, trifft also auch mich. Warum bin ich dann über die Maßen gebildet? Und ich überlegte mir, dass auch das Windhauch ist.“ (Koh 2,15)

Ein Ausweg-Angebot aus der Sackgasse

Das kann depressiv machen. Diese Einsicht und Erkenntnis können runterziehen, das ganze Leben sinnlos erscheinen lassen und jede Lebensfreude im Keim ersticken. Sie müssen dies aber nicht – und dafür ist Kohelet ein spannendes Beispiel. Seine *Erkundungsreise*, auf die er uns mitnimmt, verläuft tastend, fragend, suchend, mit viel Auf und Ab – aber aufgeben kommt für ihn nicht in Frage. Im Endeffekt gelangt er zu einer mehr als pragmatischen Grundmaxime, die zeitlos inspirierend ist (Koh 9,7–10 – aus männlicher Perspektive formuliert, aber natürlich anpassbar).

Logbucheintrag: „Also: Iss freudig dein Brot und trink vergnügt deinen Wein; denn das, was du tust, hat Gott längst so festgelegt, wie es ihm gefiel. Trag jederzeit frische Kleider und nie fehle duftendes Öl auf deinem Haupt! Mit einer Frau, die du liebst, genieß das Leben alle Tage deines Lebens voll Windhauch, die er dir unter der Sonne geschenkt hat, alle deine Tage voll Windhauch! Denn das ist dein Anteil am Leben und an dem Besitz, für den du dich unter der Sonne anstrengst. Alles, was deine Hand, solange du Kraft hast, zu tun vorfindet, das tu! Denn es gibt weder Tun noch Rechnen noch Können noch Wissen in der Unterwelt, zu der du unterwegs bist." (Koh 9,7–10)

Was Kohelet lernt – und wovon wir uns anstecken lassen können: Unterm Strich bringt es nichts, zu viel zu grübeln, sich über die Ungerechtigkeit der Welt oder die zahlreichen Unglücke zu grämen, mit dem eigenen Schicksal permanent zu hadern. Das führt nur noch tiefer in eine Unglücks- und *Griesgrämigkeitsspirale* hinein. Der Ausweg, den Kohelet uns anbietet: Uns dankbar über das freuen, was Gott uns schenkt, und das Leben in vollen Zügen genießen – solange wir können. Und: Ein *Patentrezept* für ein glücklich-gelingendes Leben gibt es nicht.

Logbucheintrag: „Ich hatte erkannt: Es gibt kein in allem Tun gründendes Glück, es sei denn, ein jeder freut sich und so verschafft er sich Glück, während er noch lebt, wobei zugleich immer, wenn ein Mensch isst und trinkt und durch seinen ganzen Besitz das Glück kennenlernt, das ein Geschenk Gottes ist." (Koh 3,12–13)

Dabei driftet Kohelet aber nicht in einen hedonistischen *Orgienwahn* ab. Seine Einstellung zu Gesetz und Ordnung finde ich genial; sein pragmatischer Mittelweg ist wunderbar formuliert (Koh 7,15–18).

Logbucheintrag: „ Halte dich nicht zu streng an das Gesetz und sei nicht maßlos im Erwerb von Wissen! Warum solltest du dich selbst ruinieren? Entfern dich nicht zu weit vom Gesetz und verharre nicht im Unwissen: Warum solltest du vor der Zeit sterben? Es ist am besten, wenn du an dem einen festhältst, aber auch das andere nicht loslässt. Wer Gott fürchtet, wird sich in jedem Fall richtig verhalten." (Koh 7,16–18)

Das Reise-Motto schlechthin: Nutze den Augenblick, den Kairos!

Noch ein *Stopp* darf auf keiner *Reise* durch das Buch Koh fehlen: Koh 3. Wer (zum ersten Mal) Paris besucht, muss den Eifelturm gesehen haben; wer (zum ersten Mal) Koh liest, muss auf jeden Fall in Koh 3 vorbeischauen. Was Kolosseum und Petersdom für Rom, das ist Koh 3 für dieses weisheitliche Buch. Wobei erfahrene, routinierte *Weisheitsreisende* bei Koh 3,1–8 vielleicht genauso die Augen verdrehen und etwas peinlich berührt die Nase rümpfen wie Paris- oder Romkenner*innen angesichts der Touristenmassen an den baulichen Wahrzeichen dieser Städte. Doch berührend ist ein Besuch dort trotzdem – und unter Umständen auch inspirierender als gedacht.

> **Logbucheintrag:** „Alles hat seine Stunde. Für jedes Geschehen unter dem Himmel gibt es eine bestimmte Zeit: eine Zeit zum ...“ (Koh 3,1).

In Koh 3 wird eine Art weisheitliche *Kairologie* entwickelt. Es gilt, für alles im Leben den jeweils rechten, richtigen Moment zu erkennen, den *Kairos* abzupassen. Sich in diese Kunst einzuüben, ist eine Lebensaufgabe – und zwar eine lohnende. Denn: Das Timing ist oft entscheidend. Und: Wer zu spät kommt ...

Tipp: Hören Sie sich doch mal das Lied „Alles hat seine Zeit“ von den Puhdys an.

Reisesouvenirs en masse – Viel Futter fürs Poesiealbum

Ansonsten wimmelt es in Koh nur so von weisheitlichen *Bonmots*. So können wir als *Reisende* jede Menge schlaue Sprüche als *Souvenirs* mitbringen, die – geschickt eingestreut in eine Unterhaltung – dem Gespräch einen unvermuteten weisheitlichen Touch geben können. Auch der eigenen postalischen Korrespondenz vermögen sie ein wenig weisheitlichen Glanz zu verleihen – doch Vorsicht: Gerade hier ist die weisheitliche Grundtugend des Maßhaltens anzuraten.

Eine Einführung in Koh wird am besten mit Koh selbst beendet – und zwar mit einer Weisheit (Koh 4,9–12) und einer Warnung (Koh 12,12–13), die beide zeitlose Gültigkeit beanspruchen können. Und die Sie gerade für *Reisen* in die Weisheitsliteratur tunlichst berücksichtigen sollten: Teamwork, sprich: *Reisegemeinschaften* bilden, lohnt sich sehr. Und es gilt, rechtzeitig auch mal an- und innezuhalten, bevor Ermüdungserscheinungen das *Reisen* allzu mühsam machen. In diesem Sinne: Gute *Reise*!

Logbucheintrag: „Zwei sind besser als einer allein, falls sie nur reichen Ertrag aus ihrem Besitz ziehen. Denn wenn sie hinfallen, richtet einer den anderen auf. Doch wehe dem, der allein ist, wenn er hinfällt, ohne dass einer bei ihm ist, der ihn aufrichtet. Außerdem: Wenn zwei zusammen schlafen, wärmt einer den andern; einer allein – wie soll er warm werden? Und wenn jemand einen Einzelnen auch überwältigt, zwei sind ihm gewachsen und eine dreifache Schnur reißt nicht so schnell." (Koh 4,9–12)

Logbucheintrag: „Im Übrigen, mein Sohn [zu ergänzen: meine Tochter], lass dich warnen! Es nimmt kein Ende mit dem vielen Bücherschreiben und viel Studieren ermüdet den Leib. Hast du alles gehört, so lautet der Schluss: Fürchte Gott und achte auf seine Gebote! Das allein hat jeder Mensch nötig." (Koh 12,12–13)

Souvenirs:

- Bei aller (berechtigten) Grundskepsis gegen *Patentrezepte* für Glück sagt Kohelet schlussendlich immer überzeugt „Ja!" zu Leben und Genuss. „Mach das Beste aus deinem Leben!", „Lass es dir gut gehen!" – wohl wissend, dass Glück flüchtig ist und alles schnell vorbei sein kann. Das finde ich bemerkens- und nachahmenswert.
- Eine Grundmaxime von Kohelet lässt sich in lateinisch-griechischer Mixtur wie folgt auf den Punkt bringen: *Carpe kairon!* – „Pflücke den Kairos!", „Nutze den Augenblick/die Gunst der Stunde!" Dieses Motto inspiriert (mich).
- Eine der häufigsten Vokabeln in Koh ist „Windhauch". Ich mag Wind! Windhauch repräsentiert für mich nicht nur Vergänglichkeit und Endlichkeit (so stark in Koh verstanden), sondern auch Erfrischung und Antrieb. Mir tut es gut, mir mal so richtig den Kopf durch- und freipusten zu lassen. Das vermag Kohelet!

Turn, turn, turn: Ein politisches Streiflicht zum Steine- und Blumenwerfen

Andrea Pichlmeier

To everything – turn, turn, turn – There is a season – turn, turn, turn…
Erwartungsvoll sitzen sie vor mir, an die zwanzig Frauen, die meisten von ihnen über sechzig Jahre alt. Ich soll ihnen das Buch Kohelet erschließen. Ich drücke auf „Start":

A time to be born, a time to die / A time to plant, a time to reap / A time to kill, a time to heal / A time to laugh, a time to weep…

Sie beginnen mit den Füßen zu wippen, einige summen mit. Das Lied ist so alt wie sie selbst. Es wurde von dem amerikanischen Musiker und politischen Aktivisten Pete Seeger geschrieben und stammt aus dem Jahr 1950. Zu den bekanntesten Interpreten gehört die Rockband „The Byrds", die in den 1960er und 1970er Jahren Musikgeschichte geschrieben hat. Damals waren diese Frauen jung. Sie wuchsen auf mit Beatles und Byrds, und sie waren vielleicht die erste Generation, die das Glück nicht mehr in den Werten ihrer Eltern suchte, nicht in jener Sicherheit und Ordnung, die sie als „Luftgespinst" (Koh 1,14) entlarvten. Sie wollten das Leben ausschreiten, erkunden, erobern. Wie Kohelet.

A time to build up, a time to break down / A time to dance, a time to mourn / A time to cast away stones / A time to gather stones together…

Szenenwechsel. Wir stehen am Qalandia-Checkpoint zwischen Jerusalem und Ramallah. Vor uns erhebt sich, stacheldrahtbewehrt, die israelische Sperranlage, eine aus mächtigen Betonblöcken zusammengesetzte Mauer, acht Meter hoch. Auf palästinensischer Seite ist der hellgraue Beton über und über mit bunten Grafitti und Symbolen des Widerstands bedeckt.

Es ist der August des Jahres 2014, und es herrscht Krieg in Gaza. Am Manara Square hat sich ein Protestzug formiert, Männer mit palästinensischen Flaggen, Kinder mit grünen Stirnbändern. Wir sollten zurückkehren, ehe sie den Checkpoint erreichen, sagt Hassan, es könnten Steine fliegen.

A time for love, a time for hate / A time of war, a time of peace / A time you may embrace / A time to refrain from embracing…

Die erste Intifada, ein Aufstand der Palästinener gegen die israelische Besatzung in den Jahren 1987 bis 1993, wurde als „Krieg der Steine“ bekannt. In den Händen einer vorwiegend jungen Bevölkerung wurden Steine zu Waffen. Manchmal waren es sogar Kinder, die Steine auf israelische Militärfahrzeuge warfen. Der Verfasser des Buches Kohelet hatte vermutlich keine Intifada im Sinn, wenn er vom Steinewerfen sprach (Koh 3,5). Ihm stand vielleicht die Kultivierung eines Ackers vor Augen, den man von Steinen zu befreien hatte, oder das Sammeln von Steinen zum Bau einer Mauer. Vielleicht sind auch Spielsteine gemeint oder die Rechensteine eines Händlers.

Mir fällt beim „Steinewerfen“ ausgerechnet jener „Blumenwerfer“ des britischen Streetart-Künstlers Banksy ein, dessen Schablonengrafitti auf vielen politischen Mauern der Welt zu sehen sind, auch auf jener, die Israelis und Palästinenser voneinander trennt. Das Motiv des Blumenwerfers ist inzwischen auf Postkarten ebenso zu finden wie auf T-Shirts und diversen Souvenirgegenständen aus dem „Heiligen Land“: Ein Mann hält in der rechten Hand einen Blumenstrauß, während seine Augen der linken Hand folgen, die fest auf ein unsichtbares Ziel gerichtet ist. Unschwer lässt sich die Pose eines Handgranatenwerfers erkennen. Auch Steine dürften auf diese Weise ihr Ziel nicht verfehlen. *A time of war, a time of peace…*

„Alles hat seine Stunde. Für jedes Geschehen unter dem Himmel gibt es eine bestimmte Zeit“ (Koh 3,1). Wir konnten die Grenzkontrollen rechtzeitig passieren und sind nach Jerusalem zurückgekehrt. Auf der anderen Seite hoffen sie immer noch auf eine Wende ihres Geschicks. *Turn, turn, turn…* Kohelet würde vielleicht mit Blumen werfen. Aber Kohelet hat nie gelebt. Er ist eine Gestalt aus Worten. Und ein Lied.

Theo-Logie als Provokation: Die Botschaft der Propheten

Andreas Leinhäupl

Gestatten: Ihre Reisebegleiter*innen für stürmische Zeiten

Wer sich mit den Prophet*innen auf den Weg macht, begibt sich auf spannende und außergewöhnliche Fährten, muss sich aber bisweilen auf sehr deutliche Worte gefasst machen … oftmals sogar mit harten Bandagen rechnen. Um es vorweg auf den Punkt zu bringen: Prophet*innen betreiben im wahrsten Sinne des Wortes Theo-Logie. Sie reden über Gott und die Welt, sprechen politisch-gesellschaftliche Gegebenheiten an und zeichnen sich durch ihre sensiblen Wirklichkeitswahrnehmung aus. Sie kritisieren Unrecht und bieten als Alterbnative eine heilvolle Botschaft. Kurz: sie provozieren.

Was macht einen Propheten oder eine Prophetin aus?

Wenn wir in unserer heutigen Welt von „Propheten“ sprechen, denken wir an außergewöhnliche Menschen, die über ein besonderes Wissen verfügen und vielleicht sogar zukünftige Ereignisse voraussagen können. Die Prophet*innen, von denen in der Bibel die Rede ist, haben ein durchaus weitreichenderes Profil: Sie haben die Aufgabe, die Botschaft Gottes ohne Rücksicht auf andere und auch ohne Rücksicht auf sich selbst kundzutun. Sie verfügen über die Gabe, ihre Gegenwart in jeder Hinsicht schonungslos zu analysieren. Sie besitzen das notendige Charisma, um ihren meistens nicht ganz einfachen Auftrag auszuführen. Sie stellen sich bewusst in die Öffentlichkeit und haben keine Scheu, sich mit der Oberschicht und auch dem ganzen Volk auseinanderzusetzen. Sie sind gleichermaßen Kritiker und Visionär und wirken in jedem Fall als Gegeninstanz zu scheinbar unantastbaren Strukturen, sie sind eben „Rufer gegen den Strom".

Kleiner Sprachführer:
Im Ersten Testament werden verschiedene hebräische Begriffe für Prophet*innen verwendet, am häufigsten ist allerdings das Wort „nabi", das von dem Verb „rufen" abgeleitet wird. Die Prophet*innen sind damit zunächst einmal als „Gerufene" oder „Berufene" qualifiziert. Der heute gängige Begriff „Prophet*in" kommt aus dem Griechischen (und ist im Ersten Testament auch erst seit der griechischen Übersetzung relevant); er bezieht sich eher auf das Reden, das öffentliche Bekanntmachen, das Verkünden und qualifiziert die Prophet*innen damit insgesamt als „Berufene Rufer".

Reisebegleiter wollen gut vorbereitet sein: Wie man Prophetin oder Prophet wird

Als Prophet*in wird man berufen – ob man will oder nicht. Die Prophet*innen handeln nicht aus eigenem Antrieb heraus, sondern sie wissen sich durch Gott berufen und treten in seinem Namen auf.

Ein solcher Berufungsvorgang hat literarisch eigentlich eine festgelegte Struktur (von der natürlich auch immer mal wieder abgewichen wird): (1) Prophet*in wird durch Gott berufen, (2) Der/die Berufene spricht Bedenken aus, (3) Gott beseitig diese Bedenken, (4) Gott untermauert die Berufung durch ein Zeichen. Eine sehr eindrucksvolle Prophetenberufung findet sich in Ex 3,4–20: die Berufung des Mose (vgl. aber auch Ri 6,11–21; Jes 6; Jer 1,4–10).

Die Prophet*innen erhalten ihren Auftrag von Gott in einem Hör- oder Sehvorgang, der so manches Mal durchaus ungelegen kommt und auf Zweifel oder Abstoßung trifft, ja sogar wie im Fall des kleinen Propheten Jona zur Qual wird und zunächst ignoriert wird (vgl. Jona 1,1–3: „... Das Wort des Herr ergeht an Jona, sich auf den Weg nach Ninive zu machen – Jona macht sich auf den Weg ... aber in die entgegengesetzte Richtung, weit weg vom Herrn ...").

Für jede Gelegenheit gerüstet: Wie Prophet*innen auftreten

Die Prophet*innen beziehen den Inhalt ihrer Verkündigung durch Auditionen, Träume und Visionen (vgl. z.B. Joel 3,1), oder gar durch Ekstase (vgl. 1 Kön 18,28). Im Hintergrund des Prophetenauftrags steht die Vorstellung, dass Prophet*innen in der himmlischen Ratsversammlung sitzen, in der Gott sich mit seinen Mitarbeiter*innen über die anstehenden Dinge berät (vgl. Am 3,7: „Nichts tut Gott, der Herr, ohne dass er zuvor seinen Knechten, den Propheten, seinen Ratsschluss offenbart hat", Jes 6,8). So liegt es auch auf der Hand, dass die Prophet*innen z.B. gebräuchliche Botenformeln (z.B. „So spricht der Herr") benutzen, um den Angesprochenen klarzumachen, dass Gott der eigentliche Absender der Botschaft ist. Darüber hinaus werden kunstvolle Gedicht- und Liedformeln, Gerichtsreden, Unheilsandrohungen genutzt, die teilweise durchaus auf provokante und schockierende Bilder setzen oder spektakuläre Szenen einspielen. Die Grundform prophetischer Rede besteht aus drei Teilen: (1) kritische Zeitdiagnose: Sprecher ist der Prophet, (2) Botenspruchformel: So hat Jahwe gesprochen. (3) Zukunftsprognose: Sprecher ist Jahwe. Man kann das etwa am Beispiel von Am 6,3–7 nachvollziehen.

Teilweise wirken die Propheten übrigens auch durch ein provokantes Leben jenseits der Norm: Hosea heiratet eine unzüchtige Frau (Hos 1). Jesaja hat eine Prophetin zur Frau und beide geben ihren Söhnen sprechende Namen: „Ein-Rest-kehrt-um" (Jes 7,3) und „Eilebeute-Raubebald" (Jes 8,1). Jeremia lebt zölibatär (Jer 16) als Zeichen gegen die schlimme Lage Israels, in der das Zeugen von Kindern unverantwortlich wäre. Ezechiel singt bissige Lieder (Ez 21; 24).

Was uns die Reisebegleitung zu sagen hat: Inhalte der prophetischen Kritik

Die Botschaft der Prophet*innen bewegt sich insgesamt zwischen zwei Polen: Anklage und Trost. Einerseits klagen die Propheten ungerechte Zustände in ihrer Gesellschaft an. Sie treten in Krisensituationen auf und nehmen kein Blatt vor den Mund. Sie sehen Zusammenbrüche des gesellschaftlichen Systems kommen und rufen vor diesem Hintergrund zur Umkehr auf. In ihrer Schärfe sind sie erschreckend, aber sie sprechen für einen leidenschaftlichen und liebenden Gott, der Recht und Gerechtigkeit durchsetzen will. Gleichzeitig finden Prophet*innen

Worte des Trostes und der Ermutigung. Sie richten das am Boden liegende Volk auf und beleben es durch neue Visionen und durch die Erinnerung an den guten Schöpfergott. Sie rufen in Erinnerung, dass das Heil allein von Gott ausgeht.

Die prophetische Kritik weist grob gesagt folgende Dimensionen auf: (1) Das Volk Israel hat sich immer wieder anderen Göttern zugewandt. Die Prophet*innen rufen zur Abkehr von fremden Göttern auf und ermahnen das Volk Israel, zu Gott umzukehren und wieder neu Gemeinschaft mit ihm aufzunehmen (Jer 2). (2) Die Prophet*innen rufen immer wieder zu Recht und Gerechtigkeit auf. Es geht um die Realisierung Gottes guter Schöpfung und dabei v.a. um die Hilfe für die Unterdrückten, die sozial Schwachen, für diejenigen, die am Rande der Gesellschaft stehen (vgl. Jes 1,10–27; 5,8; Jer 7,5–6). (3) Prophet*innen raten zum Vertrauen Gottes bei politischen Entscheidungen und melden sich in entsprechenden Fällen auch bei den politisch Verantwortlichen (vgl. Jes 30,1–5; Jer 31,13).

Dabei ist in allen Fällen unbedingt zu berücksichtigen: Die Prophet*innen greifen in ihrer unvergleichlichen Verkündigung auf einen leidenschaftlichen und kämpfenden, manchmal zürnenden und klagenden Gott zurück, der nichts anderes möchte, als letzten Endes seine Barmherzigkeit und seine Liebe zu den Menschen zum Ausdruck zu bringen.

Reisebekanntschaften: Mit wem wir es zu tun haben

Die Bücher der Propheten bilden den vierten großen Block und damit den letzten Teil des christlichen Ersten Testaments. Die Prophetenbücher sind wie alle anderen biblischen Bücher über mehrere Jahrhunderte entstanden und haben im Laufe der Zeit(en) verschiedene Entwicklungsschritte durchgemacht. Prophetensprüche wurden meist von Schüler*innen gesammelt, nach und nach zusammengestellt, verbunden oder im Sinne der jeweils aktuellen historischen und situativen Bedingungen weiterentwickelt. Die Botschaft der Prophet*innen ist somit sehr dynamisch und ausgezeichnet geeignet, immer wieder neu gelesen und vorgetragen zu werden ... und nie war sie so wertvoll wie heute!

Im Gegensatz zum christlichen Ersten Testament ist der jüdische Kanon der Bibel insgesamt etwas anders aufgeteilt, nämlich in drei Teile (Tora, Nebiim=Propheten, Ketubim=Schriften). Im zweiten Teil „Nevi'im“ ist zu unterscheiden in „vordere und hintere Propheten“.

Auffällig dabei ist die Tatsache, dass die Geschichtsbücher Josua, Richter, 1/2 Samuel sowie 1/2 Könige zu den Propheten gerechnet werden. Der Grund wird bei genauerem Hinsehen schnell ersichtlich: hier übernehmen Prophetinnen und Propheten wichtige Funktionen wie beispielsweise Debora (Ri 4,4), Natan (1 Kön 1), Ahija aus Schilo (1 Kön 11), Micha ben Jimla (1 Kön 22), Elia und Elischa (1 Kön 17–19), Hulda (2 Kön 22) oder die Prophetin von En-Dor (1 Sam 28). Auch Josua und Samuel gelten als Propheten und werden in Sir 46 so bezeichnet.

Und noch etwas ist hier sehr interessant: Im Ersten Testament sind es nicht nur Männer, die als Propheten berufen werden und unterwegs sind. Vielmehr gab es in Israel weit verbreitet das Phänomen, dass Männer und eben auch Frauen als Prophet*innen auftraten, um zwischen der Botschaft Gottes und dem Volk zu vermitteln: Mirjam (Ex 15,20), Debora (Ri 4,4), Hulda (2 Kön 22,14), Noadja (Neh 6,14), die Frau des Propheten Jesaja (Jes 8,3). Im Neuen Testament wird die Prophetin Hanna erwähnt (Lk 2,36). Sie sind politische Ratgeberinnen, Kritikerinnen und Vermittlerinnen zwischen Gott und den Menschen.

Ein Blick auf die Gesamt-Landkarte: Prophetie auch im Neuen Testament

Auch im Neuen Testament treten Prophet*innen auf: in der Kindheitsgeschichte des Lukasevangeliums spielt die Prophetin Hanna eine wichtige Rolle (Lk 2,36), die 84-jährig im Jerusalemer Tempel Gott diente. In der Pfingstpredigt des Petrus (Apg 2) wird auf die große Vision des Propheten Joël Bezug genommen (Joel 3,1–5), und der jungen Gemeinde wird verheißen: Über euch wird der Geist Gottes ausgegossen werden und dann werden Junge wie Alte, Männer wie Frauen zu Propheten und zu Menschen mit Visionen. Prophetie ist also demokratisch. Alle, die sich vom Geist Gottes erfüllen und beleben lassen sind prophetisch begabt und haben etwas zu sagen, damit Gottes Wille aktuell und lebendig wird.

Kurzurlaub mit Jesaja(s) – Sieben Tagebucheinträge

Andreas Leinhäupl

Tag 1: Begegnung mit dem Propheten Jesaja

Der Prophet Jesaja tritt entsprechend der Buchüberschrift Jes 1,1 in der zweiten Hälfte des 8. Jh.s v.Chr. als Prophet in Jerusalem auf. Wahrscheinlich stammt er aus der Oberschicht, wie sein unproblematischer Zutritt zum Königshof und seine Kenntnis über die besseren Kreise vermuten lassen. Von seinem Vater Amoz ist nichts Näheres bekannt. Seine beiden Söhne Schear Jaschub („ein Rest kehrt um") und Maher-Schalal-Hasch-Bas („schnelle Beute") tragen symbolische Namen. Die Frau des Jesaja wird als Prophetin vorgestellt, bleibt allerdings ohne Namensnennung (Jes 8,3). Jesaja selbst bezeichnet sich als „Seher" und weist darauf hin, dass er seine Prophetie auf Visionen gründet (Jes 1,1). Er trat wahrscheinlich zwischen 739 und 701 v.Chr. in Jerusalem auf (vgl. Jes 6,1: „im Todesjahr des Königs Usija"), seine Wirkungszeit fällt damit in die Regierungszeiten der judäischen Könige Jotam, Ahas und Hiskija. Es ist die Zeit, in der die Assyrer nach Juda drängen und die Bauern auf dem Land von Ausbeutung und Verarmung bedroht sind ... ein echtes „Arbeitsfeld" für einen handfesten Propheten. Insgesamt ist das Jesajabuch aber weniger an der Person des Propheten selbst interessiert als vielmehr an seiner Botschaft.

Logbucheintrag: „Vision Jesajas, des Sohnes des Amoz, die er über Juda und Jerusalem geschaut hat, in den Tagen des Usija, des Jotam, des Ahas, des Hiskija, der Könige von Juda." (Jes 1,1)

Logbucheintrag: „Wehe denen, die unheilvolle Gesetze erlassen und unerträgliche Vorschriften machen, um die Schwachen vom Gericht fernzuhalten und den Armen meines Volkes das Recht zu rauben, damit die Witwen ihre Beute werden und sie die Waisen ausplündern!" (Jes 10,1f.)

Sprachführer:
Jesaja = „Gott hat Rettung/Heil gebracht"

Tag 2: Mit den „Jesajas" unterwegs

Die 66 Kapitel des Jesaja-Buches stammen nicht allesamt vom Propheten. Das Jesaja-Buch ist eine Sammlung unterschiedlicher Prophetenworte, die zwischen dem 8. und dem 3. Jh. v. Chr. entstanden sind. Einzelne Teile, die von ihrer Ausrichtung her zusammen passten, wurden nach und nach in einem gemeinsamen Buch festgehalten. Der sehr große Umfang des Buches sowie die sehr unterschiedlichen Themen und formalen Gegebenheiten haben in der Forschung dazu geführt, das uns heute vorliegende Jesaja-Buch in drei Teile zu gliedern:

- Jes 1–39 (Protojesaja, griech. proteros = der frühere, der erste)
- Jes 40–55 (Deuterojesaja, griech. deuteros = der zweite)
- Jes 56–66 (Tritojesaja, griech. tritos = der dritte)

Die Entstehungsgeschichte des Buches und auch die Dreiteilung wird in der Forschung immer wieder kritisch überprüft. Man ging eine Zeit lang davon aus, dass die drei „Jesajas" für sich entstanden sind und in mehr oder weniger fertigem Zustand zusammengefügt wurden. Diese These ist aber inzwischen v.a. im Blick auf Tritojesaja nicht mehr gängig, da man davon ausgeht, dass dieser Teil des Buches eher als Weiterentwicklung des zweiten Teils zu lesen ist. Es handelt sich also bei den drei Teilen nicht einfach um drei verschiedene Autoren, sondern um ganze Redaktionsgruppen, die das Buch nach und nach in allen Teilen fortgeschrieben haben.

Tag 3: Auf den Spuren des „ersten" Jesaja – Gerichts- und Heilsworte

Die ursprüngliche Verkündigung des Propheten findet sich v.a. in den Kapiteln 1–23 und 28–32, die übrigen Teile des Protojesaja sind später hinzugekommen. Dieser Teil des Jesajabuches ist in sich wiederum in fünf Abschnitte unterteilt:

- Jes 1–12 Gerichts- und Heilsworte über Jerusalem
- Jes 13–23 Drohworte gegenüber einzelnen Völkern
- Jes 24–27 Die sogenannte Jesaja-Apokalypse
- Jes 28–35 Gerichts- und Heilsworte über Israel und Juda
- Jes 36–39 Erzählungen über die Rettung des Zion und die Heilung Hiskias

Der Prophet geht in diesem Teil gegen die Verarmung und Ausbeutung der Mittel- und Unterschicht vor (siehe oben) und wendet sich gleichzeitig mit massiven Worten gegen den nördlichen Nachbarn Assur, der in seiner Ideologie und Praxis extrem gefährlich ist und für ihn keinesfalls als Bündnispartner für Israel in Frage kommt.

> **Logbucheintrag:** „Und die Herrlichkeit seines Waldes und seines Baumgartens vernichtet er, von der Seele bis zum Fleisch; es wird sein, wie wenn ein Kranker dahinsiecht. 19 Dann wird der Rest von den Bäumen seines Waldes zu zählen sein; ein Junge kann sie aufschreiben." (Jes 10,18f.)

Neben vielen weiteren Gerichtsandrohungen – z.B. gegen Ägypten, Babel, Edom und Arabien – deutet der Prophet aber auch immer wieder das Heil für Israel an und weist auf die Hoffnung hin, dass in Juda die Grundlagen für eine neue und gerechte Gesellschaft schlummern.

> **Logbucheintrag:** „Doch aus dem Baumstumpf Isais wächst ein Reis hervor, ein junger Trieb aus seinen Wurzeln bringt Frucht. Der Geist des HERRN ruht auf ihm: der Geist der Weisheit und der Einsicht, der Geist des Rates und der Stärke, der Geist der Erkenntnis und der Furcht des HERRN." (Jes 12,1f.)

Es sei besonders auf die „Jesaja-Apokalypse (Jes 24–27) hingewiesen, in der nicht das Gericht über Israel im Mittelpunkt steht, sondern zunächst vielmehr ein grundsätzliches Gericht über die ganze Welt mit sehr umfassenden und pauschalen Ankündigungen gegen die gesamte Weltbevölkerung angekündigt wird (Jes 24,1–20). Danach folgt ein Danklied dafür, dass die Feinde des HERRN vernichtet werden, ein universales und endzeitliches Festmahl, das die beginnende Gottesherrschaft eröffnet (24,21–25,12), das Siegesleid der Geretteten (Jes 26), das Weinberglied (Jes 27,6) sowie schließlich das Gericht über alle Erdenbewohner und die Sammlung der Verstreuten.

Logbucheintrag: „An jenem Tag wird der HERR Ähren ausklopfen vom Eufrat bis zum Strom Ägyptens; und ihr, ihr werdet aufgelesen werden, einer nach dem anderen, Söhne Israels! An jenem Tag wird das große Widderhorn geblasen und es werden die Verlorenen im Lande Assur und die im Lande Ägypten Verstreuten kommen; sie werden niederfallen vor dem HERRN auf dem heiligen Berg in Jerusalem." (Jes 27,12f.)

Tag 4: Eine Stimme aus dem Exil – Der „zweite“ Jesaja

Mit den Kapiteln 40–55 betreten wir Neuland. Dieser Teil des Jesaja-Buches enthält prophetische Texte aus der Exilszeit. Das lässt sich daran ablesen, dass nun Namen und Orte genannt werden, die im „ersten“ Jesaja noch unbekannt waren, wie zum Beispiel der Perserkönig Kyros (ab 558 v. Chr.) oder Babel als Hauptstadt (6. Jh. v. Chr.). Der babylonische König Nebukadnezzar hatte 586 v. Chr. Jerusalem erobert und die Oberschicht deportiert. In diesem babylonischen Exil erhebt sich die prophetische Stimme des „Deuterojesaja“. Dieser Teil ist folgendermaßen strukturiert:

Jes 40,1–11	Prolog
Jes 40,12–48,19	Der Schöpfergott ist der einzige Gott und wirkt in der Geschichte
Jes 48,20–55,7	Der neue Exodus
Jes 55,8–13	Epilog

Strukturell fällt die Rahmung dieses Teils auf: so wird z.B. das „Wort Gottes“ im Prolog eingeführt (Jes 40,8) und im Epilog wieder aufgenommen (Jes 55,11). Inhaltlich geht es um die Vergebungsbereitschaft Gottes und darum, dass Gott sein Volk trösten wird.

> **Logbucheintrag:** „Tröstet, tröstet mein Volk, spricht euer Gott. Redet Jerusalem zu Herzen und ruft ihr zu, dass sie vollendet hat ihren Frondienst, dass gesühnt ist ihre Schuld, dass sie empfangen hat aus der Hand des HERRN Doppeltes für all ihre Sünden!“ (Jes 40,1f.)

Deuterojesaja weist auf, dass sich Gott als der Herr der Geschichte zeigt. Er will, dass sein Volk zurück in sein Land zieht und ebnet ihm den Weg dafür. Die Texte Jes 40–55 gehen konstruktiv mit der Situation des Exils um, nicht Resignation und Verzweiflung, sondern eine kraftvolle und hoffnungsfrohe Sprache prägen diesen Teil des Jesajabuches. Im Mittelpunkt stehen der Trost für Zion zur Überwindung des Exils, die Heimkehr der Verbannten, die Wiederherstellung der Gottesstadt Jerusalem sowie der Herrschaftsantritt Gottes als König über Israel und über alle Völker der Erde. Ein wichtiger Bestandteil dieser Prophetie ist die immer wieder vorgetragene Götzenkritik. Die auffindbaren Götterbilder sind menschliche Machwerke und damit hilflose und unwirksame Figuren und in diesem Sinne keine Alternative zum Gott Israels.

> **Logbucheintrag:** „Versammelt euch, kommt alle herbei, tretet herzu, die ihr aus den Nationen entronnen seid! Wer hölzerne Götzen umherträgt, hat keine Erkenntnis, wer einen Gott anbetet, der niemanden rettet." (Jes 45,20)

Eine Besonderheit dieses „zweiten" Jesajas sind zweifelsohne die sogenannten Gottesknechtlieder: 42,1–9; 49,1–6; 50,4–9; 52,12–53,12 – auch wenn sie möglicherweise noch nach Deuterojesaja in das Jesajabuch eingefügt wurden. Diese vier Lieder beschreiben das Geschick eines lebenden, anonymen oder idealtypischen Gottesboten, der in verschiedenen Facetten die zur Rückkehr bereiten Exilierten repräsentiert, der verstoßen wird und die Schmerzen und die Schuld vieler trägt ... und damit natürlich einen Bogen zur neutestamentlichen Überlieferung schlägt (siehe unten).

> **Logbucheintrag:** „Er wurde bedrängt und misshandelt, aber er tat seinen Mund nicht auf. Wie ein Lamm, das man zum Schlachten führt, und wie ein Schaf vor seinen Scherern verstummt, so tat auch er seinen Mund nicht auf." (Jes 53,7)

Tag 5: Der „dritte" Jesaja

Im dritten großen Teil des Jesajabuchges (56–66) sind Texte aus (früh)nachexilischer Zeit zusammengestellt, die bereits eine Rückkehr nach Jerusalem, einen wiedererbauten Tempel und eine Gesellschaft voraussetzen, die sich neu ordnet (nach 520 v. Chr.). Das leitende Thema ist, dass sich die Wiederherstellung Jerusalems, die doch in leuchtenden Farben ausgemalt wurde, verzögert. Auch dieser Teil ist vermutlich eine Zusammenführung von Texten mehrerer Autoren. Oft werden die Kapitel 60–62 als Kernbestand des Tritojesaja ausgewiesen, um die herum dann drei Rahmen gelegt sind:

- Jes 56,1–8 und 66,18–24: Absonderung aus der neuen Gemeinde;
- Jes 56,9–58,14 und 65,1–66,11: Anklage und Trennung von Frevlern und Frommen;
- Jes 59 und 63,1–64,11:Kollektive Klage über das ausbleibende Heil

Ein herausragendes Thema des dritten Jesajas ist die Frömmigkeit: Das Gottesvolk hat sich nun auch anderen, fremden Völkern geöffnet, die nach Gerechtigkeit suchen. Der Tempel wird sogar „Haus des Gebets für alle Völker" genannt.

> **Logbucheintrag:** „Und die Fremden, die sich dem HERRN anschließen, um ihm zu dienen und den Namen des HERRN zu lieben, um seine Knechte zu sein, alle, die den Sabbat halten und ihn nicht entweihen und die an meinem Bund festhalten, sie werde ich zu meinem heiligen Berg bringen und sie erfreuen in meinem Haus des Gebets. Ihre Brandopfer und Schlachtopfer werden Gefallen auf meinem Altar finden, denn mein Haus wird ein Haus des Gebetes für alle Völker genannt werden. Spruch GOTTES, des Herrn, der die Versprengten Israels sammelt: Noch mehr, als ich schon von ihnen gesammelt habe, will ich bei ihm sammeln." (Jes 65,6–8)

Tritojesaja formuliert die Heilsaussicht, dass alle Völker den Weg zum Zion finden, um dort den Gott Israels zu verehren. Der Zion steht also im Mittelpunkt des Interesses und wird mit ausschmückenden Worten beschrieben (z.B. Jes 60,1–22).

Daneben beschäftigt sich dieser Teil vor allem mit einzelnen religiösen Verhaltensweisen. So soll etwa die Fastenpraxis nicht einfach am Befolgen von Vorschriften gemessen werden, sondern in erster Linie mit gerechtem Handeln verbunden sein.

> **Logbucheintrag:** Ist nicht das ein Fasten, wie ich es wünsche: die Fesseln des Unrechts zu lösen, die Stricke des Jochs zu entfernen, Unterdrückte freizulassen, jedes Joch zu zerbrechen? 7 Bedeutet es nicht, dem Hungrigen dein Brot zu brechen, obdachlose Arme ins Haus aufzunehmen, wenn du einen Nackten siehst, ihn zu bekleiden und dich deiner Verwandtschaft nicht zu entziehen?" (Jes 58,f.).

Tag 6: Gespräche über Gott und die Welt

Wenn wir auf unserer Reise durch dieses sehr lange Prophetenbuch intensiv mit den Jesajas ins Gespräch kommen, ergeben sich folgende theologischen Schwerpunkte:

- Ein theologisches Leitwort heißt „heilig". Gott erweist sich als der der Welt überlegene Herr, er greift in die Geschichte ein, handelt engagiert für sein Volk, er umwirbt Israel für die Heimkehr, tritt uneingeschränkt für das Gute ein ... und ist mit all diesen Attributen der „heilige Gott".
- Zum ersten Mal wird in der Bibel sehr ausdrücklich und direkt der „Monotheismus" (monos = einzig; theos = Gott) formuliert (Jes 44,6–8). Gott ist der einzige Gott, alles was atmet und lebt, verdankt sich diesem einen Gott und niemandem sonst.
- Gott ist der universale Schöpfer (Jes 51,12–16), als Mutter (Jes 49,15), als guter Hirt (Jes 52,11–12) als Gemahl (Jes 54,5ff), als Lebenswasser (Jes 55,1) usw. Die Sprache wirkt fast zärtlich, ist menschennah und sehr stark vom Erbarmen Gottes geprägt.
- Jerusalem und der Zion gelten als Ort des göttlichen Heils. Dem verbrannten und zerstörten Jerusalem wird eine glanzvolle Zukunft vorausgesagt (Jes 54,1–17). Gott selbst wird in ihr wohnen, Gerechtigkeit wird in ihren Stadtmauern Platz nehmen und fremde Völker werden von ihrer Ausstrahlung angezogen, um die Tora kennen zu lernen.
- Neben der intensiven Auseinandersetzung mit dem Gottesbild, geht es auch um den Menschen. Die Menschen werden aufgefordert, sich von Überheblichkeit und Selbstseinwollen zurückzuhalten. Die Menschen erfahren Ruhe im Vertrauen auf Gott. Der Glaube an den heiligen Gott ermöglicht einen freien Einsatz für den Anderen und ermöglicht die Realisierung von Recht und Gerechtigkeit. Das Jesajabuch präsentiert also eine ausgefeilte Anthropologie.
- Durch die Figur des Gottesknechtes kommt das Thema des stellvertretenen Leidens ins Spiel. Dieser „Knecht" symbolisiert das Recht für die Völker und die Sündenvergebung für die Menschen. Damit ist innerbiblisch auch ein Blick in das Neue Testament eröffnet.

Tag 7: Mit Jesaja im Neuen Testament unterwegs

Wenn wir unsere Reise mit Jesaja einmal über seinen eigentlichen Standort im Buch der Propheten und damit im Ersten Testament hinaus in das Neue Testament ausweiten, erkennen wir zahlreiche Berührungspunkte. Das Jesajabuch wird im Neuen Testament häufig zitiert, oder es fallen Anspielungen auf einzelne Themen und Motive auf. Offensichtlich wurde das Jesajabuch von den ersten christlichen Gemeinden in Bezug auf Jesus von Nazaret gelesen und die Texte aus dem Jesajabuch wurden Jesus von den neutestamentlichen Autoren in den Mund gelegt (vgl. etwa die Antrittsrede Jesu in Nazaret Lk 4,16–30, oder die Reinigung des Tempels in Lk 19,45 mit dem Zitat aus Jes 56,7: „Mein Haus soll ein Haus des Gebets sein").

> **Logbucheintrag:** „Als er aufstand, um vorzulesen, reichte man ihm die Buchrolle des Propheten Jesaja. Er öffnete sie und fand die Stelle, wo geschrieben steht: Der Geist des Herrn ruht auf mir; denn er hat mich gesalbt. Er hat mich gesandt, damit ich den Armen eine frohe Botschaft bringe; damit ich den Gefangenen die Entlassung verkünde und den Blinden das Augenlicht; damit ich die Zerschlagenen in Freiheit setze und ein Gnadenjahr des Herrn ausrufe. Dann schloss er die Buchrolle, gab sie dem Synagogendiener und setzte sich." (Lk 4,16–19)

Die Verheißungen des kommenden Messias und einer neuen gerechten Gesellschaft wurden auf Jesus hin ausgelegt: er ist der „Immanuel" (Jes 7,14), mit ihm bricht das verheißene Reich des Friedens an (Jes 11) und er verwirklicht in Leben und Lehre die Tora Gottes. Vor allem die Gottesknechtlieder des „Deuterojesaja" mit dem Fokus auf das stellvertretende Leiden, die ursprünglich ja auf das leidende Volk Israel bezogen sind, werden im Neuen Testament auf den geschundenen Jesus hin gedeutet.

Jesaja hat übrigens auch Einfluss auf das christliche Brauchtum, er bringt Ochs und Esel an die christliche Weihnachtskrippe. Dahinter steckt die Idee, dass diese Tiere aufgrund ihrer inneren Stimme dem Richtigen folgen. Ochs und Esel symbolisieren im Rückgriff auf das Jesajabuch, dass auch Jesus zunächst nicht von den vermeintlich Klugen erkannt wird, sondern von den unscheinbaren Menschen am Rande, die auf ihre innere Stimme hören.

Logbucheintrag: „Hört, ihr Himmel, horch auf, Erde! Denn der HERR hat gesprochen: Ich habe Söhne großgezogen und emporgebracht, doch sie sind mir abtrünnig geworden. 3 Der Ochse kennt seinen Besitzer und der Esel die Krippe seines Herrn; Israel aber hat keine Erkenntnis, mein Volk hat keine Einsicht." (Jes 1,2f.)

Bei all dieser spannenden und notwendigen Vernetzungen zwischen dem Jesajabuch und den neutestamentlichen Schriften sei angemerkt, dass eine solche Leseweise eine für das Christentum wichtige Auslegungsgeschichte darstellt, dass sie aber keinesfalls andere Leseweisen aufhebt, die im „neuen Trieb aus dem Baumstumpf" (Jes 11,1) oder im „leidenden Gottesknecht" das Volk Israel sehen und damit die erste bzw. ursprüngliche Bedeutung dieser Texte in den Blick nehmen.

Mausoleum für ein Buch: Ein topographisches Streiflicht aus dem „Shrine of the Book"

Andrea Pichlmeier

Es lag in seinem gläsernen Schneewittchensarg unter dem Tisch der archäologischen Werkstatt. Ich weiß nicht, ob das Skelett einem Mann gehört hatte oder einer Frau, sicher ist nur, dass es aus Qumran stammt. Auf der Arbeitsplatte über seiner vorläufigen Ruhestätte setzten die Archäologen Keramikfragmente zusammen, die man bei Grabungen an dem geheimnisumwobenen Ort gefunden hatte. Du wüsstest bestimmt einiges zu erzählen, sagte ich zu ihm. Und ich wüsste gern, ob die Schriftrollen, um die so viele Verschwörungsmythen gewoben wurden, in Qumran entstanden sind, oder ob man sie angesichts des nahenden Krieges in den 60er Jahren des 1. Jahrhunderts aus Jerusalem dorthin in Sicherheit gebracht hat, ehe sie 1947 von einem Beduinen auf der Suche nach einer entlaufenen Ziege aus ihrem Dornröschenschlaf geweckt wurden. Aber auch das mag eine Legende sein ...

Fest steht, dass in der Folgezeit um die 15.000 Fragmente gefunden wurden, die zu etwa 850 Schriftrollen aus dem antiken Judentum gehörten. Zu den Handschriften zählen biblische und apokryphe Texte und sogenannte Gemeinschaftstexte, die Auskunft geben über das Leben einer jüdischen Sekte, die sich in Qumran, der „grauen Ruine" am nordwestlichen Ufer des Toten Meeres, auf das göttliche Endgericht vorbereitet haben soll. Aber auch das ist alles andere als sicher. Mein Jerusalemer Lehrer jedenfalls hält den Ort für eine ehemalige Gedenk- und Pilgerstätte, die fromme Juden zum Osterfest aufgesucht haben mochten, um dort Pessach zu feiern.

Ziemlich sicher waren es Menschen, denen der Jerusalemer Tempelbetrieb zu weltlich geworden war. Sie wollten zurück zu den Ursprüngen. Sie wollten ihr Pessach dort feiern, wo nach Jos 5,10 die Israeliten „in den Steppen von Jericho" ihr erstes Pessach auf dem Boden des Gelobten Landes gefeiert hatten. Vielleicht hatten sie sich von den Schriften des Propheten Jesaja inspirieren lassen, vielleicht verstanden sie ihr Tun selbst als ein prophetisches Zeichen. Man weiß es nicht.

Unter den Schriften, die in der Umgebung von Qumran gefunden wurden, befand sich die große Jesaja-Rolle, die auf 7,34 Metern Länge nahezu den gesamten Text dieses Prophetenbuches wiedergibt. Ihr zu Ehren wurde in den 1950er Jahren der sogenannte *Shrine of the Book* errichtet. Dieses „Buchmausoleum“ auf dem Gelände des Israel Museums ist dem Deckel jener Tonkrüge nachempfunden, in denen man in der Antike Schriftrollen verwahrt hatte.

Man betritt das Gebäude durch einen dunklen Gang, der zu beiden Seiten von Vitrinen gesäumt ist. In ihnen werden Artefakte gezeigt, die das Leben in Qumran illustrieren sollen. Dann weitet sich der Raum, und man steht in einem mächtigen Rundbau, in dem auf mehreren Etagen einige der berühmtesten Handschriften gezeigt werden, die seit 1947 in den Höhlen rund um Qumran entdeckt worden waren: Texte aus der Gemeinderegel, der Hymnenrolle, der Kriegsrolle. Auch der berühmte Codex von Aleppo befindet sich hier und erzählt seine abenteuerliche Geschichte. Im Zentrum aber thront die Jesajarolle bzw. eine Kopie davon, denn das Original liegt sicher verwahrt im Depot. Besucher und Besucherinnen können um die ausgestellte Rolle herumgehen wie um eine beleuchtete Litfaßsäule. Ich muss an den Schneewittchensarg in der archäologischen Werkstatt denken. Auch du hättest viel zu erzählen, sage ich zu der Rolle. Auch wenn du nicht mehr weißt, wer der erste, zweite und dritte Jesaja waren, weil du viel jünger bist als der Jüngste von ihnen. Aber du erinnerst dich vielleicht, wer mit feiner Feder die hebräischen Buchstaben auf dein Pergament geschrieben hat, und du hast sicher nicht vergessen, wie du in jene Höhle gekommen bist, die von den Forschern später die Nummer 1 erhalten hat. Warum uns das interessiert, willst du wissen? Nun, weil wir nicht zu den „Söhnen des Lichts“ gehören, von denen in der „Kriegsrolle“ die Rede ist, sondern weil wir Kinder dieser Welt sind, die nun einmal alles wissen wollen.

Prophet(s) for future – Das Buch Amos

Christian Schramm

Wer mit einem Propheten wie Amos auf *Tour* gehen möchte, der muss sich *warm anziehen* – im übertragenen Sinne gemeint. In besonders kalte Gefilde entführen uns die biblischen Propheten zwar allesamt nicht; manche sind im Südreich Juda, andere im Nordreich Israel aufgetreten – Letzteres trifft auch auf Amos zu. Das ist – klimatisch betrachtet – unproblematisch. Doch verlangt einem eine *Reise* mit prophetischer *Begleitung* in anderer Hinsicht einiges ab und ist herausfordernd.

Weder Vergnügungsreise noch Sightseeing-Tour ...

Zuallererst: Eine *Vergnügungsreise* wird das mit Sicherheit nicht. Wer sich auf Amos einlässt, muss sich bewusst sein: Der *Partybus* wird zu Hause bleiben. An Bord unserer *Reise* herrscht striktes Alkoholverbot. Denn wenn wir mit einem Propheten wie Amos *unterwegs* sind, dann brauchen wir einen nüchternen Verstand. Scharfsichtig müssen wir durchs Leben gehen und klarsehen – nicht verschwommen, weichgezeichnet oder rosa-rot.

Mit einem Propheten wie Amos zu *reisen*, das ist das krasse Gegenteil zur klassischen *Gruppen-Sightseeing-Tour*: Hier werden ja im Normalfall nur die schönen Vorzeige-Ecken präsentiert. Die schmuddeligen bleiben ausgespart. Und sollte man, quasi aus Versehen oder weil es sich eben nicht vermeiden lässt, doch an einem etwas unschönen Fleck vorbeikommen, dann versteht es der*die Reiseführer*in geschickt, die Blicke in eine andere Richtung zu lenken.

... vielmehr: Politischer Problem-Alternativ-Tourismus

Nicht so Amos: Egal, wo wir hinkommen, immer weist er gerade auf das hin, was nicht passt. Er ist ein Meister darin, immer die madigen Stellen aufzuspüren und gnadenlos offenzulegen. Man könnte ihn für einen chronischen Miesmacher, einen notorischen Dauer-Nörgler halten – wenn er nicht erschreckenderweise so viel Wahrheit aussprechen würde.

Dass ein Prophet wie Amos meistens kein gern gesehener Gast ist – gerade auch bei den Mächtigen, denen, die das Sagen haben – dürfte nicht überraschen. Während *Pauschalreisetouristen* meistens als willkommene Einnahmequelle begrüßt und hofiert werden, trifft die *Propheten-Reisegruppe* eher ein Ei oder eine Tomate zur Begrüßung.

Sind Sie noch an Bord? Trauen Sie sich diese *Fahrt* zu? Die einleitenden Warnhinweise, die zugegebenermaßen nicht sonderlich werbe-effektvoll rüberkommen, kann ich Ihnen nicht ersparen – auch damit Sie sich im Nachhinein nicht beschweren, ich hätte Sie nicht gewarnt. Wenn Sie bereit sind, sich darauf einzulassen, dann kann ich Ihnen eine *Reise* versprechen, an die Sie noch lange denken werden, von der Sie lange etwas haben werden.

Eine Kurzreise, die es in sich hat

Wir *reisen* also mit dem Propheten Amos, sprich: Wir *bereisen* das Buch Amos (Am). Damit bewegen wir uns biblisch im Bereich der „Kleinen Propheten", was mit Blick auf die *Reisedauer* interessant ist: Diese wird etwas kürzer ausfallen. Mit seinen nur neun Kapiteln würde Amos mengenmäßig mehr als siebenmal in Jesaja (66 Kapitel; s. Jesaja) hineinpassen. Das sagt aber nichts über die Qualität oder die inhaltliche Dichte aus.

Die neun Kapitel lassen sich in vier Teile gliedern (Am 1,1–2 ist eine eröffnende Überschrift), womit wir eine Vorausahnung bekommen, was uns erwartet. Jeder der vier Teile wird durch eine *Schlussformel* beendet, was als Kompositionsmerkmal gut erkennbar ist.

Am 1,1–2	Überschrift
Am 1,3–2,16	Teil 1: Völkerspruchzyklus (*Schlussformel:* Am 2,16)
Am 3,1–6,14	Teil 2: Unheilsworte gegen Israel (*Schlussformel:* Am 6,14)
Am 7,1–9,6	Teil 3: Visionenzyklus (*Schlussformel:* Am 9,6)
Am 9,7–15	Teil 4: Heilsworte für Israel (*Schlussformel:* Am 9,15)

Darf ich vorstellen: Amos, unser Reiseleiter

Lassen Sie mich nun unseren *Reiseleiter* vorstellen: Amos. Bzw. lassen wir ihn sich selbst vorstellen (Am 1,1; 7,14–15) – er ist einfach ein unnachahmliches Original.

> Logbucheintrag: „Die Worte, die Amos, ein Schafhirte aus Tekoa, über Israel geschaut hat, in den Tagen des Usija, des Königs von Juda, und in den Tagen des Jerobeam, des Sohnes des Joasch, des Königs von Israel, zwei Jahre vor dem Erdbeben." (Am 1,1)

> Logbucheintrag: „Amos antwortete Amazja: Ich bin kein Prophet und kein Prophetenschüler, sondern ich bin ein Viehhirte und veredle Maulbeerfeigen. Aber der HERR hat mich hinter meiner Herde weggenommen und zu mir gesagt: Geh und prophezeie meinem Volk Israel!" (Am 7,14–15)

Damit wäre schon das Wesentliche gesagt, was über Amos biographisch gesagt werden kann. Amos stammt aus Tekoa im Südreich Juda, auf Karten von Israel/ Juda zur Zeit des Alten Testaments ein wenig südlich von Betlehem und ca. 17 km südlich von Jerusalem zu finden.

Hier ist er im Agrar- und Viehzuchtsektor tätig – vermutlich als durchaus wohlhabender Bauer mit eigener Rinder- und Maulbeerfeigenzucht. Das würde auch seine Unabhängigkeit und sein Selbstbewusstsein erklären. Die in Am 1,1 erwähnten Könige verweisen ins 8. Jh. v. Chr. (Auftreten von Amos um 760 v. Chr.), womit wir in Amos den frühesten Vertreter der Schriftprophetie vor uns hätten.

Amos stammt aus dem Südreich Juda – als Prophet aufgetreten ist er aber im Nordreich Israel. Das dürfte durchaus nicht zufällig sein, denn in der eigenen Heimat hat es ein Prophet noch schwerer als sowieso schon – wie auch wesentlich später Jesus von Nazaret feststellen muss (Mk 6,4).

> Logbucheintrag: „Da sagte Jesus zu ihnen: Nirgends ist ein Prophet ohne Ansehen außer in seiner Heimat, bei seinen Verwandten und in seiner Familie." (Mk 6,4)

Wer die Zeit kennt, versteht den Propheten besser

Das Israel des 8. Jh. v. Chr. mit seiner Hauptstadt Samaria und seinem Staatsheiligtum in Bet-El ist – etwas pointiert gesagt – durch wirtschaftlichen Aufschwung geprägt. Der Staat wird massiv ausgebaut, Administration und Bürokratie wachsen, die Lebensbedürfnisse der oberen Schichten passen sich internationalen Standards an. Wachsender Wohlstand der einen bedeutet – damals wie heute – steigende Armut und prekäre Lebensverhältnisse bei anderen. Dies ist zwar kein naturgesetzlicher Zusammenhang, doch unser menschliches Wirtschaften funktioniert oft nach diesem Prinzip: Am Wachstum partizipieren nicht alle gleichermaßen; es gibt Schattenseiten und zahlreiche Verlierer*innen.

In Israel zur Zeit des Amos wachsen die (Groß-)Städte und Verwaltungszentren auf Kosten der ländlichen Regionen; die wirtschaftliche (Abgabe-)Last tragen Kleinbauern, Pächter, Tagelöhner. Das heißt: Die soziale Kluft zwischen Oben und Unten wird immer größer. Während die einen in Saus und Braus in Luxus schwelgen, darben die anderen am Existenzminimum dahin – oder gehen ganz zugrunde.

Diese pointierte Kurzcharakteristik der Zeit erklärt, warum Amos nicht zum Feiern zumute ist. Und auch uns wird die Lust auf luxuriöse Festmähler vermutlich bald vergehen.

Mögliche Kurzstopps auf unserer Reise

Wenn wir uns mit Amos auf den *Weg* machen, dann müssen wir darauf gefasst sein, dass Amos seinem Ruf als *Spielverderber* stets brillant gerecht wird. Dabei bedient er sich einer schonungslosen, harten, anklagenden Sprache – mit diplomatischer Höflich- oder Nettigkeit brauchen wir bei Amos nicht zu rechnen. Folgende *Kurzstopps* liegen auf unserer *Route*:

Samaria

In der Hauptstadt des Nordreichs Israel gäbe es großartige Paläste zu besichtigen und verschwenderische Festgelage zu bestaunen. Vielleicht würde es sogar mit einer Audienz am Königshof klappen. Doch wenn man die Gastgeberinnen als „Baschankühe“ beschimpft und es sich mit den Mächtigen so gründlich verdirbt wie Amos, dann sucht man besser schnell das Weite. Sozial- und gesellschaftskritische Stimmen sind in Fest- und Thronsälen nie gern gehört.

Logbucheintrag: „Hört dieses Wort, ihr Baschankühe auf dem Berg von Samaria, die ihr die Schwachen ausbeutet und die Armen zermalmt und zu euren Männern sagt: Schafft herbei, wir wollen saufen! Bei seiner Heiligkeit hat GOTT, der Herr, geschworen: Seht, Tage kommen über euch, da holt man euch mit Fleischerhaken weg, und was dann noch von euch übrig ist, mit Angelhaken." (Am 4,1–2)

Logbucheintrag: „Ihr liegt auf Betten aus Elfenbein und faulenzt auf euren Polstern. Zum Essen holt ihr euch Lämmer aus der Herde und Mastkälber aus dem Stall. Ihr grölt zum Klang der Harfe, ihr wollt Musikinstrumente erfinden wie David. Ihr trinkt den Wein aus Opferschalen, ihr salbt euch mit feinsten Ölen, aber über den Untergang Josefs sorgt ihr euch nicht. Darum müssen sie jetzt in die Verbannung, allen Verbannten voran. Das Fest der Faulenzer ist vorbei." (Am 6,4–7)

Bet-El

Das Staatsheiligtum ist ein imposanter Tempel mit regem Opferbetrieb. Viele – fromme – Menschen vertrauen hier ihre Gebete und Anliegen Gott an und kommen ihren religiös-rituellen Pflichten nach. Kein Wunder, dass ein kultkritischer Mahner wie Amos hier negativ auffällt und quasi *Hausverbot* bekommt. Er stört zutiefst und zieht sich dadurch den Zorn der Herrschenden zu (diese negative Gewaltdynamik muss auch Jesus am eigenen Leib erfahren: sein „Tempelprotest" bringt ihm keine Sympathiewerte bei der Tempelaristokratie ein, vgl. Mk 11,15–19). Amazja, der Priester von Bet-El, ist uns ja bereits *en passant* in einem Bibelzitat begegnet. Er ist ein ausgesprochener Gegner von Amos und die beiden werden sicherlich keine Freunde mehr werden (Am 7,10–17).

Logbucheintrag: „Ich hasse eure Feste, ich verabscheue sie und kann eure Feiern nicht riechen. Wenn ihr mir Brandopfer darbringt, ich habe kein Gefallen an euren Gaben und eure fetten Heilsopfer will ich nicht sehen. Weg mit dem Lärm deiner Lieder! Dein Harfenspiel will ich nicht hören, sondern das Recht ströme wie Wasser, die Gerechtigkeit wie ein nie versiegender Bach." (Am 5,21–24)

Logbucheintrag: „Zu Amos aber sagte Amazja: Seher, geh, flieh ins Land Juda! Iss dort dein Brot und prophezeie dort! In Bet-El darfst du nicht mehr prophezeien; denn das hier ist das königliche Heiligtum und der Reichstempel." (Am 7,12–13)

Tor

Die Tore altorientalischer Städte sind nicht nur meist eindrückliche Bauwerke, sondern auch sozial-gesellschaftliche Zentren (s. Genesis). Hier findet das öffentliche Leben statt, hier werden Handel getrieben und auch Recht gesprochen. Auch hier haben wir mit Amos einen unbestechlichen und äußerst unbeliebten Mahner und Kritiker als Begleitung an unserer Seite. Wobei seine Worte auch heute nichts von ihrer Aktualität eingebüßt haben.

Logbucheintrag: „Sie hassen den, der im Tor zur Gerechtigkeit mahnt, und wer Wahres redet, den verabscheuen sie. Weil ihr vom Hilflosen Pachtgeld annehmt und sein Getreide mit Steuern belegt, darum baut ihr Häuser aus behauenen Steinen – und wohnt nicht darin, legt ihr prächtige Weinberge an – und werdet den Wein nicht trinken. Denn ich kenne eure vielen Vergehen und eure zahlreichen Sünden. Ihr bringt den Unschuldigen in Not, ihr lasst euch bestechen und weist den Armen ab im Tor." (Am 5,10–12)

Eine Spur der Verwüstung – mit Appellcharakter

Insgesamt ist eine *Tour* mit Amos eher eine *Trümmerreise*: Zwar sehen wir jede Menge prachtvolle Paläste, illustre Tempel, großartige Städte – doch zeigt uns Amos andauernd nur Zerstörung, Feuer, rauchende Trümmer (diese *Gabe* hat auch Jesus, vgl. Lk 21,5–6). Kein Volk, keine Großmacht, kein Königreich, keine Hauptstadt in seiner näheren Umgebung lässt Amos aus: Damaskus, Gaza, Tyrus, Edom, Ammon, Moab, Juda, Israel (Am 1,3–2,16) – alle bekommen ihr Fett ab. Alles wird in seinen Worten dem Erdboden gleichgemacht, vom Feuer gefressen – kein noch so großer Held hat eine Chance.

Logbucheintrag: „Dann gibt es auch für den Schnellsten keine Flucht mehr, dem Starken versagt die Kraft, auch der Held kann sein Leben nicht retten. Kein Bogenschütze hält stand, dem schnellen Läufer helfen seine Beine nichts noch rettet den Reiter sein Pferd. Selbst der Tapferste unter den Kämpfern, nackt muss er fliehen an jenem Tag – Spruch des HERRN." (Am 2,14–16)

Die Quintessenz seiner vernichtungsschwangeren Botschaft: Wenn ihr so weitermacht und (soziale wie wirtschaftliche) Ungerechtigkeit, Frevel, Sünde derart grassieren lasst, dann wird es euch übel ergehen.

Damit betätigt sich Amos nicht als Hellseher, der die Zukunft voraussagen kann, wohl aber als *Wahr-Sager*, der den Finger in die zahlreichen *Wunden* legt und ansagt, was die Stunde geschlagen hat. Der darin implizierte dringend-drängende Appell: Kehrt um!

Zwanghaft – eine wesentliche Erkenntnis über unseren Reiseleiter

Jetzt könnten Sie zu der Einschätzung gelangen, dass eine *Reise* mit Amos überhaupt kein erfreuliches Unterfangen darstellt. Für weite Teile des Buches mag man das so sehen, wobei festzuhalten ist: Amos geht es nicht um Destruktion um der Destruktion willen. Er hat keine Freude an der angedrohten Vernichtung; es macht ihm keinen Spaß, die Rolle des Unheilspropheten zu spielen. Vielmehr muss er es.

Denn als von Gott berufener Rufer kann er einfach nicht die Augen vor den Missständen seiner Gegenwart verschließen, er kann nicht schweigen angesichts der zahllosen Ungerechtigkeiten. Ja, er darf nicht schweigen. Vermutlich würde er sich mit Jeremia ausgezeichnet verstehen, der wie kein anderer sein eigenes Leiden an seiner prophetischen Berufung immer wieder ins Wort bringt (Jer 20,7–18).

> **Logbucheintrag:** „Ja, sooft ich rede, muss ich schreien, Gewalt und Unterdrückung! muss ich rufen. Denn das Wort des HERRN bringt mir den ganzen Tag nur Hohn und Spott." (Jer 20,8)

Weite Passagen des Buches Am sind wirklich keine erquickliche Lektüre im engeren Sinne, aber eine äußerst wichtige und hoffentlich auch heilsame.

Ein Hauch Happy End in weiter Ferne

Doch hat das Buch, wie vermutlich alle Prophetenbücher, eine exilisch-nachexilische Überarbeitung erfahren – und diese zeichnet sich durch eine heilvolle Perspektive aus. Hier wird in aller Düsternis von Gerichtsankündigung und Vernichtungsdrohung ein Lichtschimmer an den Horizont gemalt. Die sich darin ausdrückende *Logik*: Durch die Zerstörung Jerusalems und die Verschleppung ins Babylonische Exil ist das Volk bereits komplett am Boden – in dieser Situation braucht es kein unheilsprophetisches *Nachtreten*, sondern eine heilsprophetische *Aufmunterung*.

Diese findet sich u. a. in Am 9,7–15. Wenn wir also bis zum Ende des Buches durchhalten, dann werden wir in gewissem Sinne belohnt – zwar nicht mit einem

Happy End im engeren Sinne, aber mit einem Ausblick darauf. Schön zu erkennen anhand des Weinbergs: Zur Drohung, dass der Ertrag nicht genossen werden darf (Am 5,11, s.o.), wird ein Gegenakzent gesetzt, der vorsichtig hoffnungsvoll stimmt (Am 9,14–15).

> **Logbucheintrag:** „Dann wende ich das Geschick meines Volkes Israel. Sie bauen die verwüsteten Städte wieder auf und wohnen darin; sie pflanzen Weinberge und trinken den Wein, sie legen Gärten an und essen die Früchte. Und ich pflanze sie ein in ihren Boden und nie mehr werden sie ausgerissen aus ihrem Boden, den ich ihnen gegeben habe, spricht der HERR, dein Gott." (Am 9,14–15)

Das mildert die prophetische Schärfe nicht, das schwächt die eindringliche Dramatik nicht ab – aber es lässt uns am Ende unserer *Reise* durch Am mit einem Fünkchen Hoffnung zurückkehren. Entscheidend für die Zukunft der Welt und der Menschheit ist zu allen Zeiten, was wir daraus machen!

Souvenirs:

- In mir klingt noch lange die schonungslose Offenheit von Amos nach – er deckt Missstände auf und benennt sie klar inkl. der (politisch) Verantwortlichen. Diplomatische Höflichkeit oder Zurückhaltung sind ihm fremd.
- Viele Punkte, die Amos kritisiert und anprangert, sind auch heute erschreckend aktuell. Wir brauchen auch heute Prophet*innen – und den heutigen ergeht es nicht anders als den biblischen: Vielfach werden sie diffamiert und ausgegrenzt, sie werden angefeindet. Die entscheidende Frage: Auf welche Seite stelle ich mich?
- Amos beeindruckt mich. Ich erlebe ihn als eindringlich, leidenschaftlich, kompromisslos. Davon würde ich mir gerne etwas abschneiden bzw. abgucken.

Wenn Säulen zittern: Das topographische Streiflicht aus Samaria

Andrea Pichlmeier

Herodes und Amos hatten sich nicht gekannt. Wenn Herodes heute die Ausgrabungen seiner in der Nähe von Betlehem gelegenen Festung besuchen würde, könnte er auf der Aussichtsplattform einen Pfeil entdecken, der auf das nur einen Kilometer entfernte „Tekoa" zeigt. Möglicherweise würde ihm dieser Name ebensowenig sagen wie biblisch unkundigen Touristen, sollten sie das Herodion besuchen.

„Tekoa" ist die Heimat des Propheten Amos. Das heutige Tekoa hat mit Amos freilich so viel und so wenig zu tun wie Herodes mit dem „Haus Israel", gegen das Amos Anklage erhebt. Tekoa ist eine israelische Siedlung auf palästinensischem Land in der Westbank, in der es historisch und archäologisch weiter nichts zu entdecken gibt. Doch ist der Name Tekoa natürlich der Versuch, altisraelitische Geschichte in Erinnerung zu rufen. Bei Amos sollte man sich das gut überlegen. Er macht es einem nicht leicht. Keinem macht er es leicht mit seiner scharfen Zunge und seinem zweischneidigen Wort.

Warum Amos vom judäischen Tekoa in das israelitische Nordreich gegangen ist, um dort soziale Missstände im In- und Ausland sichtbar zu machen und wortgewaltig anzuprangern, wissen wir nicht. Er habe die Worte des HERRN „geschaut", heißt es zu Beginn der Schrift, die seinen Namen trägt.

Die ehemalige Hauptstadt des Nordreiches, *Samaria*, liegt ebenfalls in der Westbank, nicht weit von Nablus entfernt, und gehört heute zu dem arabischen Städtchen *Sebastiye*. Es war König *Omri* gewesen, der Begründer der Omridendynastie, der Samaria 876 v. Chr. als Ersatz für *Tirza*, die erste, aber weniger günstig gelegene Hauptstadt des Reiches bauen ließ. Amos traf mehr als hundert Jahre später ein, an die Stelle der Omriden war die Dynastie der Nimschiden getreten, und es herrschte König Jerobeam II.

Samaria fiel 722 v. Chr. assyrischer Begehrlichkeit zum Opfer, wurde dann Zentrum einer assyrischen, später einer babylonischen und einer persischen Provinz und schließlich zerstört. Es war Herodes der Große, der die Stadt wieder aufbauen ließ und ihr den Namen *Sebaste* gab, „die Erhabene". Aus dieser Zeit stammt die mächtige Freitreppe zu einem Augustustempel, den Herodes zu Ehren des befreundeten Kaisers bauen ließ. Ob er wusste, dass hier einmal ein Prophet den Mächtigen des Landes die Leviten gelesen hatte?

Samaria/Sebaste ergeht es wie dem Herodion und Tekoa: Sie stehen in der Regel nicht auf dem Programm von Pilgerreisen ins Heilige Land. Ich bin heute aber nicht mit einer Pilgergruppe, sondern mit Bibelwissenschaftlern unterwegs – wobei sich Wissenschaft und Pilgern durchaus nicht widersprechen müssen. Es ist ein Freitag, und wir sind nicht allein auf den weitläufigen Ausgrabungen israelitischer und jüdischer Geschichte. Aus den umliegenden Dörfern sind Familien gekommen, die hier das muslimische Wochenende verbringen. Die Ruinen des antiken Samaria scheinen sich bestens als Naherholungs-, Spiel- und Bolzplatz zu eignen. Jugendliche donnern auf Quads über das römische Forum, Familien fahren mit dem Auto mitten ins Theater, und was motorisiert nicht zu erreichen ist, erobert man mit dem Pony. Die Säulen der römischen Basilika zittern vor Schreck, wie es scheint, und wir wundern uns, dass das Vibrieren der Motoren sie noch nicht zum Einsturz gebracht hat.

Ist auch das eine Sünde in den Augen des HERRN? Die ansässige arabische Bevölkerung weiß mit dem altisraelitischen und jüdischen Erbe wenig anzufangen. Sie weiß nur, dass jene, denen dieses Erbe kostbar ist, ihre Felder und Olivenhaine an sich gerissen haben. Es ist durchaus eine Herausforderung, an einem solchen Ort Amos zu lesen, zwischen jüdischen Siedlern und palästinensischen Bauern. Seine Stimme sollte in Samaria und in dem arabischen Sebastiye gleichermaßen zu hören sein.

Teil 3:

Erkundungen im Neuen Testament

Mit Jesus unterwegs – Ausflüge in die Evangelien

Andreas Leinhäupl

Reisevorbereitung (1): Bedeutungsklärung

Kleiner Sprachführer:
Evangelium = „Gute Botschaft“

Das Wort „Evangelium“ stammt aus der hellenistischen Kaiserverehrung, wo die Inthronisation des neuen Kaisers als „frohe Botschaft“ deklariert wurde. Auch im Alten Testament ist das Stichwort bereits bekannt, so etwa in Jes 52,7, wo der zurückkehrende göttliche König als derjenige gepriesen wird, der eine „frohe Botschaft verkündet und Heil verheißt“. Im neutestamtlichen Zusammenhang – so schon bei Paulus (z.B. Röm 1,1–4) – wird „Evangelium“ als Inbegriff der Heilsbotschaft von der Menschwerdung, dem Sterben und Auferstehen Jesu von Nazaret verwendet und zu dem Zeitpunkt, als zusammenhängende Erzähltexte über das Leben Jesu entstehen, wird „Evangelium“ erstmals im Markusevangelium als neue Textsorte eingeführt (Mk 1,1.15). Eine detaillierte Gattungsbeschreibung lässt sich kaum formulieren, da es in der Umwelt des Neuen Testaments keine exakt vergleichbare Literatur gibt. Die neutestamentlichen Evangelien zeigen gleichwohl gemeinsame Merkmale: es geht um Glauben, Lehre, Mission, Verkündigung, Identität, Abgrenzung, Wisse.

Reisevorbereitung (2): Von Jesus zu den Evangelien

Von Jesus selbst ist kein aufgeschriebener Text überliefert und auch von den Menschen, die mit ihm direkt zusammen gelebt haben, gibt es keine schriftlichen Zeugnisse. Dennoch enthalten die neutestamentlichen Bücher eine Vielzahl von Aussprüchen Jesu, von Gleichnissen, Reden, Mahnungen, Erzählungen und natürlich auch von detaillierten Berichten seiner Taten. Wenn wir nicht davon ausgehen, dass die Autoren des Neuen Testaments dies alles frei erfunden haben, müssen diese Worte Jesu und die Informationen über sein Wirken auf irgendeine Weise zu ihnen gelangt sein.

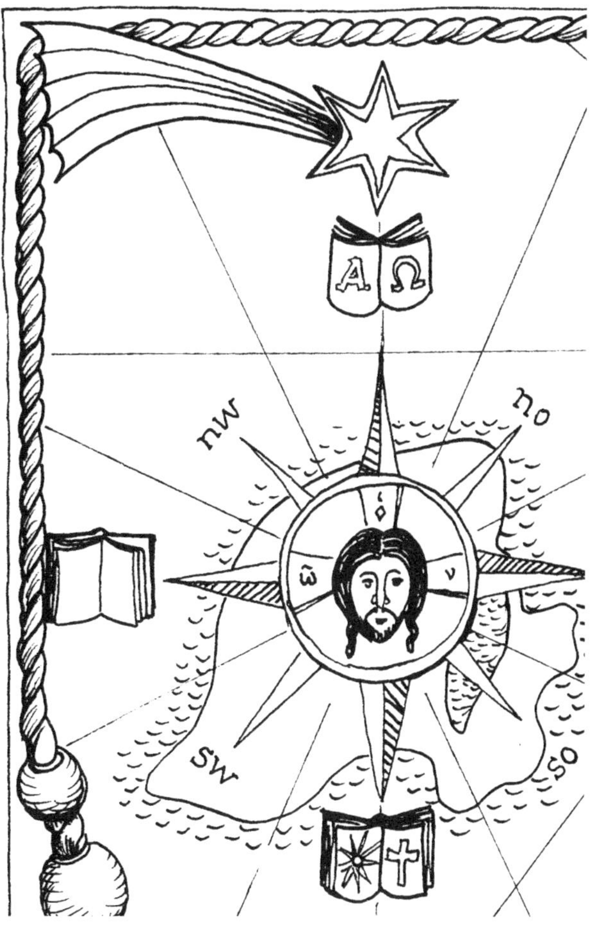

Dies geschieht in mehreren Etappen: Zur Lebenszeit Jesu hören und sehen die Menschen in seinem Umfeld seine Worte und Taten und v.a. die Jüngerinnen und Jünger werden von ihm selbst dazu aufgefordert, seine Botschaft weiter zu verkünden (vgl. z.B. Mk 3,14, 6,6b-13). Auf diesem Wege entsteht eine *mündliche Tradition*, d.h. Worte und Taten Jesu werden im Gedächtnis bewahrt und weitererzählt. Diese mündliche Tradition wird durch das Ostergeschehen besonders beeinflusst, denn nach dem Tode Jesu steht die Weitergabe des Gehörten und Gesehenen unter der Maßgabe seiner Abwesenheit. *Erinnerung* wird zum entscheidenden Stichwort. Das Gehörte und Gesehene erscheint nun aus der Perspektive seines Todes und seiner Auferstehung.

Diese Entwicklung geht einen Schritt weiter, wenn die Augen- und Ohrenzeugen ihrerseits sterben und eine direkte Verbindung zu Jesus nicht mehr vorhanden ist. In den nachösterlichen Gemeinden ist man bemüht, das Wissen um Jesus lebendig zu halten und seine Botschaft möglichst langfristig zu erinnern. In der

Phase des Aufbaus neuer Gemeinden und des Drangs zur Ausbreitung der von Jesus angestoßenen Idee ist es unumgänglich, auf seine Worte und Taten maßgeblich zurückzugreifen.

Und an dieser Stelle setzt der Übergang von *mündlicher* zu *schriftlicher* Tradition ein. Aufgeschriebene Texte bilden den Ersatz für persönliche Kommunikation, d.h. da wo man das Gehörte aufschreibt, sichert man die Erinnerung an ein bestimmtes Ereignis dauerhaft. Der erste, der das im Blick auf die Verkündigung Jesu tut, ist Paulus mit seinen Briefen und er tut dies in doppelter Hinsicht: zum einen überbrückt er die Distanz zum abwesenden Jesus, zum anderen überwindet er auch seine eigene Abwesenheit von den einzelnen Gemeinden, die er gegründet hat, indem er auf Fragen und Anliegen in schriftlicher Form reagiert. Die schriftliche Verkündigung der Worte und Taten Jesu in den Evangelien setzt später ein und weist einen besonderen Schwerpunkt auf: die Erinnerung an Jesus von Nazaret wird in *erzählerischer Form* festgehalten.

Die vier Evangelien im Überblick

Die vier Darstellungen des Wirkens Jesu sind nicht als gegensätzliche Konzeptionen zu lesen, sondern ergänzen sich gegenseitig. Die Evangelien greifen auf bereits vorhandenes mündliches oder auch schriftliches Material zurück, ergänzen dies durch ihr eigenes theologisches Denken und bereiten es für die jeweilige Situation ihrer speziellen Adressatengruppe auf.

Eine sachliche Einheit bilden dabei Mk, Mt und Lk, die sogenannten *synoptischen* Evangelien. Bei genauem Hinsehen fallen folgende Besonderheiten auf: Diese drei Bücher weisen sehr große Ähnlichkeiten sowohl in der Abfolge der einzelnen Geschichten als auch in der Darstellung bestimmter Sachverhalte auf. Mt und Lk entsprechen dabei in je eigener Variante dem Markusevangelium. Andererseits ergeben sich aber auch deutliche Abweichungen in den Darstellungen einzelner Details. Weiterhin bieten Mt und Lk gemeinsame Erzählabschnitte an, die sich bei Mk nicht finden. Und schließlich gibt es Passagen, die nur in einem der Bücher vorkommen. Aus diesen Beobachtungen hat sich als Erklärungshypothese für die Entstehung und die Abhängigkeit der drei Evangelien die sogenannten *Zweiquellentheorie* entwickelt.

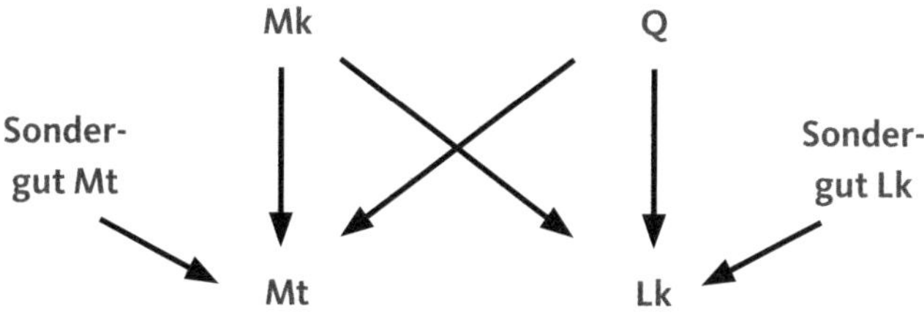

Mt und Lk sind entstanden auf der Grundlage von zwei Quellen: Die erste Quelle ist das Markusevangelium, denn beide Bücher stimmen in vielen Passagen damit überein. Überall dort, wo beide Bücher nicht mit Mk übereinstimmen, kommt eine zweite Quelle ins Spiel, die man als *Quelle* Q, oder als *Logienquelle* („*Spruchquelle*") bezeichnet. Diese Quelle, die hypothetisch rekonstruiert wurde, bezieht ihren Namen aus der Tatsache, dass es sich bei den Texten überwiegend um Redeüberlieferungen Jesu handelt. Schließlich weisen Mt und Lk auch noch Teile auf, die weder bei Mk noch in Q vorhanden sind. Diese Teile stammen aus Überlieferungen, die nur jeweils einem Autor vorlagen, das sogenannte Sondergut. Für die Frage nach der Entstehung der Bücher kann man von daher ableiten, dass das Markusevangelium als Vorlage für Mt und Lk gedient hat und damit als das älteste dieser drei Evangelien gelten darf.

Das Johannesevangelium hat mit dieser Entstehungshypothese nichts zu tun. Es greift auf eigene (nicht mehr rekonstruierbare) Quellen zurück und bietet einen ganz anderen theologischen und literarischen Ansatz als die Synoptiker. Allerdings nimmt man an, dass das Johannesevangelium durchaus in Verbindung mit den synoptischen Evangelien zu bringen ist, wofür verschiedene textliche Berührungspunkte sprechen. Wie dem auch sei: der theologisch hoch entwickelte Entwurf des Joh ist aufgrund der intendierten Situation der Gemeinde in jedem Fall zeitlich nach den synoptischen Evangelium anzusetzen.

Reise-Highlights in den Evangelien

Die Evangelien bieten eine Vielzahl unterschiedlicher Textsorten und Erzählformen. Sie bieten eigene Besonderheiten und unterstützen durch gezielten Einsatz die strategische und perspektivische Ausrichtung des jeweiligen theologischen Ansatzes.

Evangelium als Erzählung

Durch die literarische Form der Erzählung (Orte, Zeiten, Figuren, Themen) entfalten die Evangelien ihre spezielle erinnernde und identitätsstiftende Kraft. Dabei bieten die eingesetzten Erzählfiguren spezifische Identifikationsangebote, über die die Leser*innen in den Text einsteigen und ihre eigene Lebenswelt erweitern, verändern ... mit der Geschichte Jesu korrelieren können.

Gleichnisse

In den Gleichnissen wird eine Realisierungsmöglichkeit der Gottesherrschaft mithilfe von alltäglich verständlichen Bildern transportiert. Der Leser muss die entscheidende inhaltliche Spitze aus der Bildhälfte in die Sachhälfte der Verkündigung Jesu übertragen.

Lehr- und Streitspräche

Wie ein roter Faden durchziehen Gesprächssituationen die Evangelien, in der Form der Schulgespräche zwischen Jesus und seinen Jüngern oder in der Form der Streitgespräche zwischen Jesus und seinen Gegnern.

Symposien und Tischgespräche

Die Evangelien (v.a. Lukas) inszenieren gerne im Rückgriff auf griechisch-römische Traditionen Gastmähler und zugehörige Tischgespräche, bei denen Jesus mit sehr unterschiedlichen Gesprächspartnern in den Diskurs kommt. Hier werden entscheidende Themen behandelt, Positionen ausgetauscht und nicht zuletzt das Proprium der Sache Jesu in den Vordergrund gespielt.

Wundergeschichten

Im Rückgriff auf ersttestamentliche Traditionen (z.B. Elija-Elischa-Zyklus in 1 Kön 17) übertragen die Wundergeschichten (Therapie, Exorzismus, Rettung, Heilung, Naturwunder, Geschenkwunder) die Macht über die Welt und v.a. über den Tod auf Jesus von Nazaret und symbolisieren damit in Erzählform den Anbruch der Gottesherrschaft.

Reden

Die Reden Jesu bringen die theologischen Schwerpunkte der Evangelien in komprimierter und auch sehr kunstvoll gestalteter Form auf den Punkt. Besonders hervorzuheben sind dabei etwa die Bergpredigt (Mt 5–7) und die Feldrede (Lk 6), aber auch viele andere kleinere Redeeinheiten Jesu in allen vier Evangelien sowie die umfangreichen Abschiedsreden Jesu im Johannesevangelien (Joh 14–17).

Passionsgeschichten und Ostererzählungen

Als zentrales Thema beschreiben alle Evangelien das Leiden, Sterben und Auferstehen Jesu. Die dahinter stehende Typologie des leidenden Gerechten ist bekannt aus dem Alten Testament, sowie aus frühjüdischen Martyriumsdarstellungen und hellenistischen Mäyrtyrerakten. Das Neue Testament deutet die Traditionen um und beschreibt Jesus von Nazaret als den gekreuzigten und auferstandenen Messias.

Kindheitsgeschichten

Als sehr späte Tradition kommen die Kindheitsgeschichten in die Evangelien (Mt und Lk). Mit den sehr ausgeschmückten und theologisch aufgeladenen Berichten von der Verkündigung und Geburt ergab sich aus nachösterlicher Perspektive die Möglichkeit, die Proklamation als Messias und Sohn Gottes auch schon auf den irdischen Jesus von Nazaret zurückzudatieren.

Mit Jesus bergwandern, Boot fahren und mehr – Das Matthäusevangelium

Christian Schramm

Alle, die das Neue Testament *bereisen* möchten und dabei vorne starten, stoßen auf ein grandioses Eröffnungsbuch: das Matthäusevangelium (Mt). Das erste Buch des neutestamentlichen Kanons hält für die unterschiedlichsten *Reisetypen* lohnende *Ausflugsziele* bereit: ob Sie *Bootstouren* präferieren oder sich als *Gipfelstürmer*innen* betätigen wollen, ob Sie Liebhaber*innen von *Bildungsreisen* sind oder eher als *Traumwandler*innen* durchs Leben gehen – Mt bietet reichhaltiges Material für unterschiedlich akzentuierte *Lese-Reisen*.

In der Pole-Position – doch warum?

Mit dem Mt *bereisen* wir zwar das erste Evangelium im Neuen Testament, aber mit großer Wahrscheinlichkeit nicht das älteste (s. Einführung Evangelien). Vermutlich baut Mt auf dem Markusevangelium (Mk) auf, das es zum überwiegenden Teil literarisch aufnimmt und verarbeitet. Zeitlich befinden wir uns somit wohl gut zehn Jahre nach Mk; meist wird Mt in die Jahre 80–90 n. Chr. datiert. Damit ist seit der Katastrophe von 70 n. Chr. (Zerstörung Jerusalems und des Tempels durch die Römer) bereits einige Zeit vergangen.

Warum das Neue Testament trotzdem mit Mt beginnt, warum also dieses Evangelium bei der Aneinanderreihung im Buchcodex oder bei Aufzählungen der neutestamentlichen Bücher meistens an die Spitze gesetzt worden ist, lässt sich nicht zweifelsfrei ermitteln. Vielleicht hat es damit zu tun, dass Mt als das *kirchlichste* Evangelium gelten kann. Die Jünger*innen kommen hier unterm Strich durchweg deutlich besser weg als z. B. im Mk. Und die Rolle des Petrus als

Anführer und Sprecher der Jünger*innenschar sowie als *Vermächtnisträger* ist im Mt am ausgeprägtesten. Ein prägnanter Vers in diesem Kontext, der exklusiv in Mt zu finden ist, hat es inschriftlich sogar in den Vatikan geschafft – nicht ohne Grund, wird hiermit – nach Meinung der katholischen Kirche – doch die *Papstgeschichte* fundiert (Mt 16,18–19).

> **Logbucheintrag:** „Ich aber sage dir: Du bist Petrus und auf diesen Felsen werde ich meine Kirche bauen und die Pforten der Unterwelt werden sie nicht überwältigen. Ich werde dir die Schlüssel des Himmelreichs geben; was du auf Erden binden wirst, das wird im Himmel gebunden sein, und was du auf Erden lösen wirst, das wird im Himmel gelöst sein." (Mt 16,18–19)

Empfehlenswerte Reiselektüre – idealerweise vor Reiseantritt gelesen

Wenn wir uns für eine *Reise* ins Mt rüsten, dann ist eine vorbereitende Lektüresession sehr zu empfehlen – wobei es da grundsätzlich ziemlich viel zu lesen gäbe. Mt setzt wie kein anderes Evangelium einen fundierten jüdischen Background voraus. Das merkt man von allem Anfang an: Der Stammbaum Jesu in Mt 1,1–17 präsentiert jüdische (Königs-)Geschichte in kondensierter Form als Auftakt. Und gerade in Mt 1 und 2 finden sich mehrfach Formulierungen wie „damit sich erfüllte" (Mt 1,22), „denn es sollte sich erfüllen" (Mt 2,15.23), „damals erfüllte sich" (Mt 2,17), „denn so steht es geschrieben" (Mt 2,5). Diese sogenannten *Reflexionszitate* knüpfen an Erzähltraditionen aus dem Alten Testament an, vieles wird im Rahmen von Mt zitiert. Dadurch inszeniert Mt seine Jesusgeschichte geradezu als Fortschreibung der Heilsgeschichte Gottes mit seinem Volk Israel.

Von daher ist Mt durchaus anspruchsvoll und voraussetzungsreich. Ja, Mt erweist sich als *Brückenbauer*, dem seine jüdischen Traditionen wertvoll und wichtig sind und der uns im guten Sinne des Wortes *schriftgelehrt* begleitet. Von daher mag uns der Evangelist, neben seiner ausdrücklichen Berufung in Mt 9,9 (hier lesen wir vom Zöllner Matthäus; in der Parallele bei Mk 2,14 heißt der Zöllner Levi), auch in Mt 13,52 in einer Art literarischem *Selbstporträt* begegnen.

Logbucheintrag: „Deswegen gleicht jeder Schriftgelehrte, der ein Jünger des Himmelreiches geworden ist, einem Hausherrn, der aus seinem Schatz Neues und Altes hervorholt." (Mt 13,52)

Unterm Strich müssen wir im Alten Testament gut bewandert sein, um Mt mit seinen zahlreichen Implikationen und Anspielungen verstehend durchdringen zu können – besonders auch die Mosegeschichte und die Tora insgesamt sind hier von Bedeutung.

Doch keine Sorge: Auch für weniger intensiv eingelesene und vorbereitete *Reisende* lohnt sich Mt; zudem bieten die meisten Bibelausgaben hilfreiche Querverweise und Nachschlagstellen zur Orientierung an.

Noch ein wenig Reisevorbereitung: örtlich, kompositionell

In örtlicher Hinsicht ist eine Unterscheidung angebracht: Die matthäische Jesusgeschichte spielt, wie die der drei anderen Evangelien auch, in Israel/Palästina respektive hauptsächlich in Galiläa und Judäa mit gelegentlichen Ausflügen ins benachbarte heidnische Ausland.

Wenn wir dagegen nach dem Entstehungsort des Matthäusevangeliums selbst fragen, dann werden von der Einleitungswissenschaft unterschiedliche Optionen genannt: Plausibel erscheint mir das syrisch-galiläische Grenzgebiet, wobei auch eine Verortung etwas weiter nördlich im syrischen Raum, z. B. in Antiochia, einiges für sich hat.

Letzter vorbereitend-einführender Aspekt: ein Blick auf die grobe Gliederung des Gesamtwerkes. Das stärkt die Orientierungsfähigkeit *vor Ort* enorm, zumal sich die drei synoptischen Evangelien (Mt, Mk, Lk) gut nach geografischen Gesichtspunkten strukturieren lassen.

Mt 1,1–4,11	Einführung, Vorgeschichte, Jesu Herkunft („Prolog")
Mt 4,12–18,35	Jesus wirkt in **Galiläa**
Mt 19,1–20,34	Jesus auf dem **Weg** nach Jerusalem
Mt 21,1–25,46	Jesus wirkt in **Jerusalem**
Mt 26,1–28,20	Passion, Tod und Auferstehung

Rundreise oder Entdeckungstouren? – Sie haben die Wahl!

Damit steht ihr nun nichts mehr im Wege, unserer *Reise* in Mt hinein. Selbstverständlich kann dieses Evangelium wunderbar im Rahmen einer ausgedehnten *Rundreise* komplett durchquert werden. Mt erzählt (s)eine Jesusgeschichte – und die biblischen Evangelisten sind im Storytelling allesamt exzellent. Von daher ist ein durchaus auch unterhaltsames Lesevergnügen garantiert. Der gespannte Bogen reicht von Stammbaum und Geburt Jesu (Mt 1–2) bis zu leerem Grab und Aussendung der Jünger (Mt 28).

Doch mögen der eine oder die andere thematisch fokussierte *Entdeckungstouren* präferieren – und dazu möchte ich im Folgenden gerne einladen.

Höhenluft tut gut! – Eine Bergtour à la Mt

Als Erstes ein *Tourangebot*, das besonders etwas für *Gipfelstürmer*innen* ist und das uns einen wesentlichen Akzent von Mt hinsichtlich bevorzugter Örtlichkeiten erschließt: eine kleine *Bergwanderung* mit mehreren *Gipfelstationen*. Es fällt nämlich auf, dass gerade in Mt immer wieder wichtige und entscheidende Geschehnisse auf einem Berg stattfinden.

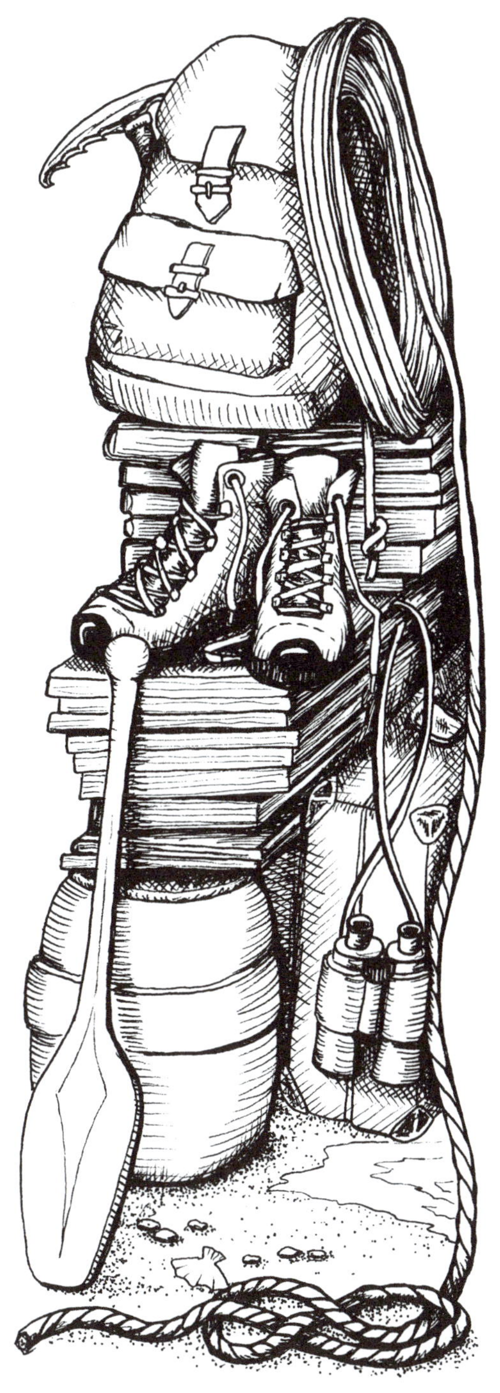

1. Gipfel Das beginnt direkt in Mt 4,8–11: Die dritte und letzte Versuchung Jesu durch den Teufel (Versuchung der Macht) erfolgt auf einem „sehr hohen Berg". Natürlich meistert Jesus die Herausforderung und erweist sich auch in bibelkundlicher Hinsicht als dem Teufel überlegen.

2. Gipfel Unmittelbar danach begleiten wir Jesus erneut auf einen Berg hinauf – diesmal steigt er selbst in Eigenregie auf einen Gipfel (Mt 5,1). Dieser Berg wird zur Bühne der ersten großen Rede Jesu, die von daher klassischerweise als „Bergpredigt" bezeichnet wird.

Oben auf dem Berg angekommen, ist uns in Mt 5–7 eine lange Verschnaufpause vergönnt, bevor es weitergeht. Mt 5–7 zählt mit zu den eindrücklichsten Passagen von Mt mit großem weisheitlichen Lehrpotenzial. Hier dürfte sich auch einiges an *Originalton* von Jesus erhalten haben. Nirgends sonst finden sich zentrale Akzente der Reich-Gottes-Botschaft Jesu in derart kondensierter Form. Dieser Berg eignet sich somit hervorragend, um geistlich-spirituell *aufzutanken.*

Logbucheintrag: „Selig, die hungern und dürsten nach der Gerechtigkeit; denn sie werden gesättigt werden." (Mt 5,6)

Logbucheintrag: „Ihr seid das Salz der Erde. ... Ihr seid das Licht der Welt." (Mt 5,13.14)

Logbucheintrag: „Alles, was ihr wollt, dass euch die Menschen tun, das tut auch ihnen!" (Mt 7,12)

3. Gipfel Doch redet Jesus nicht nur auf Bergen, er wird hier auch ganz handgreiflich tätig – z. B. heilend (Mt 15,29–31). Mit bzw. zu Jesus auf einen Berg zu steigen, bringt somit nicht nur geistig-geistlich etwas, sondern kann auch körperlich einen heilsamen Effekt haben.

4. Gipfel Der nächste Berggipfel ist wieder Schauplatz eines höchst bedeutsamen Events im Gesamtplot des Mt. In Mt 17,1–9 verwandelt sich Jesus vor den Augen seiner drei engsten Vertrauten Petrus, Jakobus und Johannes und wird mit Mose, dem großen Volksanführer und Gesetzgeber, und Elija, dem bedeutsamen Propheten der Frühzeit, präsentiert. Und wir als Leser*innen sind auf unserer *Lese-Reise* unmittelbar dabei. Wollen wir auch drei Hütten bauen wie Petrus? Bestaunen wir den Glanz? Und/oder schwingt ein wenig (Ehr-)Furcht mit, wie bei den Jüngern? Auf jeden Fall begegnet uns hier zum zweiten Mal in Mt nach der Taufe (Mt 3,13–17) eine göttliche Stimme von oben, die Jesus als Sohn Gottes ausweist.

Logbucheintrag: „Noch während er redete, siehe, eine leuchtende Wolke überschattete sie und siehe, eine Stimme erscholl aus der Wolke: Dieser ist mein geliebter Sohn, an dem ich Wohlgefallen gefunden habe; auf ihn sollt ihr hören." (Mt 17,5)

5. Gipfel Wenn wir den Ölberg in Jerusalem sowie den Kreuzesberg Golgota auslassen, führt uns unsere *Bergtour* in Mt zu einem letzten *Gipfel* – und zwar ganz ans Ende des Evangeliums (Mt 28,16–20). Mt hat eine Vorliebe für dramatische Bergszenen und dieser bleibt er bis zum Ende treu. Die Begegnung der Jünger mit dem auferstandenen Jesus platziert Mt in Galiläa – natürlich auf einem Berg. Hier sendet Jesus die Jünger in alle Welt aus und gibt ihnen mit dem allerletzten Satz des Evangeliums eine Zusage mit auf den Weg, die auch uns heute hoffnungsvoll machen und tragen kann.

Logbucheintrag: „Und siehe, ich bin mit euch alle Tage bis zum Ende der Welt." (Mt 28,20)

Am Ende unserer *Bergtour* durch Mt haben wir das Evangelium in rasanter Geschwindigkeit durchquert. Wir haben Jesus auf mehrere Berge begleitet und ihn dort bei unterschiedlichen Aktionen erlebt – und wenn wir uns alttestamentlich gut vorbereitet haben, dann lässt diese *Bergluft* an Mose denken: Denn Mose ist wie keine andere alttestamentliche Persönlichkeit mit einem Berg, nämlich dem

Gottesberg Sinai, verbunden. Dass Jesus bei Mt durchaus als *neuer Mose* inszeniert wird, blitzt immer wieder auf. Und auch die Reden Jesu in Mt sind in dieser Hinsicht bedeutsam, aber das ist schon der Fokus des nächsten *Tourangebots*.

Rede, Rede, Rede, Rede, Rede – Ein Bildungsreiseangebot

Mt ist nämlich nicht nur etwas *für Bergliebhaber*innen* und *Wanderfreund*innen*, sondern auch diejenigen kommen voll und ganz auf ihre Kosten, die lieber ein wenig mehr lagern und körperlich ruhen und dabei geistvollen Reden lauschen. Kaum ein anderes Evangelium präsentiert uns Jesus derart ausgiebig als begnadeten Redner wie Mt. Fünf große Redekomplexe können im Verlauf des Evangeliums genossen werden – Stoff zum Nachdenken, Diskutieren und Inspirierenlassen genug.

Wobei man bei der Zahl „5“ erst einmal ins Grübeln kommen kann. Warum genau fünf? Sieben ist doch die heilige Zahl und auch die 12 ist mit starker Symbolik versehen (man denke nur an die 12 Stämme Israels). Aber fünf? Die „5“ verweist uns einmal mehr auf Mose, denn Mose werden ja die ersten fünf Bücher der Bibel zugeschrieben (s. Einführung Tora). Mose hat fünf Bücher vorzuweisen; die Psalmen, die oft mit David in Verbindung gebracht werden, lassen sich auch in fünf Bücher untergliedern (s. Psalmen) – und Jesus hält bei Mt fünf Reden. Perfekt – noch Fragen?!

1. Rede Den Auftakt macht die *Bergpredigt* (Mt 5–7), die wir bereits bei der *Bergtour* gestreift haben (s.o.). Dem dort Gesagten ist nichts hinzuzufügen, außer: Ein Stopp hier ist ein Muss für jede *Reise* durch Mt! (Schlussformel: Mt 7,28–29)

2. Rede Die *Aussendungsrede* in Mt 10 entführt uns in den Kontext der urchristlichen Mission und lässt ein wenig die ersten christlichen Missionar*innen vor unserem inneren Auge lebendig werden. So manches Wort hier ist hart und gibt zu schlucken, zugleich steckt auch viel Ermutigendes hier verborgen. Ein Lerneffekt: Nachfolge Jesu ist eine herausfordernde Sache! (Schlussformel: Mt 11,1)

Logbucheintrag: „Siehe, ich sende euch wie Schafe mitten unter die Wölfe; seid daher klug wie die Schlangen und arglos wie die Tauben!" (Mt 10,16)

3. Rede Im Zentrum der Redenkomposition steht die *Gleichnisrede* in Mt 13. Hier kommen wir bei unserer *Reise* an grandiosen Reich-Gottes-Gleichnissen vorbei. Mt überliefert uns deren sieben (!) (Sämann, Unkraut unter Weizen, Senfkorn, Sauerteig, Schatz, Perle, Fischnetz), deren sprachliche Schönheit schon Generationen vor uns begeistert hat. Gerade hier lohnt es sich, ein wenig länger zu verweilen. (Schlussformel: Mt 13,53)

4. Rede Die sogenannte *Gemeinderede* in Mt 18 lässt uns erneut in die Zeit der ersten entstehenden christlichen Gemeinden hineinschnuppern und so mancher Ratschlag für ein gedeihliches Miteinander dürfte auch heute noch anregend sein – ebenso wie manche Probleme und Streitpunkte vermutlich leider noch aktuell sein dürften. (Schlussformel: Mt 19,1)

Logbucheintrag: „Denn wo zwei oder drei in meinem Namen versammelt sind, da bin ich mitten unter ihnen." (Mt 18,20)

5. Rede Und die letzte Rede dieser *Tour* ist, genaugenommen, eine Doppelrede. Erst findet sich in Mt 23 die *Antipharisäerrede*, dann folgt in Mt 24–25 die *Endzeitrede*. Hier wird schön sichtbar, dass Mt bewusst fünf Redekomplexe komponieren wollte, denn diese Doppelrede hat nur eine Schlussformel (Mt 26,1), wobei diese als Schlussformel aller Reden insgesamt gelesen werden kann.

Wer ein wenig frühchristliche Polemik gegen die religiöse Konkurrenz schnuppern möchte, wird in Mt 23 reichlich fündig.

Und für alle Freund*innen apokalyptischer Endzeitszenarios ist das Vorbeischauen in Mt 24–25 sehr empfehlenswert; hier begegnen u. a. großartige Gleichnisse, deren Lehren auch für uns heute relevant sind.

Logbucheintrag: „Amen, ich sage euch: Was ihr für einen meiner geringsten Brüder getan habt, das habt ihr mir getan.“ (Mt 25,40)

Eine Bootsfahrt mit Jesus – nichts für schwache Nerven!

Damit wären bereits körperliche Ertüchtigung (*Bergsteigen*) sowie intellektueller Genuss (Reden) vorgekommen. Ein drittes *Tourangebot* richtet sich wieder mehr an *Outdoor-Adventure-Fans: Bootstouren* bietet Mt nämlich auch reichlich. Mehrfach können wir Jesus und seine Jünger*innen dabei begleiten, wie sie auf dem See Gennesaret unterwegs sind: a) Mt 8,23–27; b) Mt 9,1; c) Mt 14,22–33; d) Mt 15,39; e) Mt 16,5–12.

Dabei müssen wir mitunter stürmischem Wetter trotzen (a, c), unsere Glaubensstärke anfragen lassen (a, c) und sind mit Petrus auch zu einer Vertrauens-/Mutprobe herausgefordert (c), bei der es heißt: „Mann über Bord!“ Eine Seefahrt mit Jesus hält oft überraschende Herausforderungen für die Mitreisenden bereit.

Logbucheintrag: „Jesus sagte: Komm! Da stieg Petrus aus dem Boot und kam über das Wasser zu Jesus.“ (Mt 14,29)

Zwei Insider-Tipps zum Schluss

Noch vieles ließe sich zu Mt als Ziel einer *Lese-Reise* sagen und werbend ins Feld führen. Doch soll das Vorgestellte genügen – es muss ja auch noch etwas zum Selberentdecken vorhanden sein.

Zwei Anmerkungen zum Schluss: *Traumwandler*innen* dürften sich von Mt gut angesprochen fühlen, da hier Botschaften via Traum eine bedeutsame Rolle spielen (Mt 1,18–25; 2,13–15.19–23; 27,19).

Und wer Spaß an leicht Skurrilem hat, sollte in Mt 17,24–27 vorbeischauen: Eine derartig wunderbar-ungewöhnliche Fischfangerzählung findet sich in der gesamten Bibel nur hier!

Souvenirs:

- Ein verschwitztes T-Shirt und die Lebenslehre: Mit Jesus auf Berge hinaufzusteigen, lohnt sich in vielfältiger Hinsicht; es ist lehrreich, heilsam und offenbarend!
- Ein vollgeschriebenes Reisenotizbuch – voll mit Querverweisen, Bibelstellen zum Nachschlagen, Aha-Erkenntnissen.
- Und das Lebensmotto: Hör auf deine Träume!

Von Gestrüpp überwuchert: Das topographische Streiflicht vom Berg der Seligpreisungen

Andrea Pichlmeier

Einen passenderen Ort hätte man nicht finden können für die Bergpredigt Jesu im Matthäusevangelium. Das Bild von der kleinen oktogonalen Kirche auf einem Hügel am Westufer des Sees Gennesaret prangt auf fast allen Prospekten für Pilgerfahrten ins Heilige Land.

Das Matthäusevangelium macht keine Angaben darüber, auf welchem Berg Jesus seine Rede gehalten haben soll, und vermutlich handelt es sich ursprünglich auch gar nicht um eine einzelne Rede, sondern um verschiedene Jesusworte, die der Verfasser des Evangeliums in der sogenannten Logienquelle vorgefunden und zu einer großen Komposition zusammengefügt hat. Es ist die erste von insgesamt fünf Reden, die Jesus im Matthäusevangelium hält. Diese Fünfzahl könnte auf die fünf Bücher Mose verweisen, denn Jesus gilt im Matthäusevangelium als eine Art „neuer Mose", der die Tora mit Vollmacht auslegt. Deshalb muss auch seine programmatische erste Rede auf „dem" Berg (vgl. Mt 5,1) stattfinden. Der kleine idyllische Hügel in Galiläa am See hat zwar überhaupt nichts mit dem schroffen, mächtigen Sinai gemeinsam, an den er erinnern soll, aber er ist meinem Jerusalemer Lehrer Jerome Murphy-O'Connor zufolge der beste Ort, um die geistliche Dimension des Sees zu erfassen.

Eigentlich dürfte die 1937 erbaute Kirche gar nicht in Murphy O'Connors *Oxford Archaeological Guide to the Holy Land* auftauchen, denn archäologisch ist sie ganz und gar bedeutungslos. Sie gehört nicht zu den „Altertümern" im Heiligen Land, denen der „Archaeological Guide" gewidmet ist, und zu denen nur Bauwerke zählen, die vor dem Jahr 1700 entstanden sind. Allerdings gibt es eine Reihe von Spuren aus alter Zeit in unmittelbarer Nähe, deren Bedeutung die heutige Kirche an sich gezogen hat. Sie steht nicht zufällig an diesem Ort.

Etwas weiter unterhalb am Hügel befindet sich die sogenannte *Eremoshöhle,* die in der Antike als Ort der Bergpredigt galt. Egeria, die antike Reiseschriftstellerin, die mir bei meinen Erkundungen des Heiligen Landes oft begegnet ist, meinte, dass Jesus seine Bergpredigt in dieser Höhle gehalten hat. Das hängt vielleicht damit zusammen, dass es auch in Jerusalem, auf dem Gelände der heutigen Paternosterkirche am Ölberg, eine Höhle gibt, in der Jesus seine Jünger gelehrt haben soll. Höhlen spielten in der christlichen Antike eine bedeutende Rolle, und manchmal kommt es mir vor, als hätten sie für die frühen Christen jenen Stellenwert gehabt, den Berge für den Verfasser des Matthäusevangeliums haben.

Im 5. Jahrhundert wurde neben der „Höhle der Seligpreisungen“ ein Kloster gebaut, das der Bergpredigt gewidmet war, das aber im Zuge der muslimischen Eroberung Palästinas im 7. Jahrhundert zerstört wurde. Von der Straße aus kann man noch die Fundamente im wild wuchernden Gestrüpp erkennen.

Wir stehen im offenen Umgang der eleganten kleinen Kirche, die mit ihren acht Seiten heute an die acht Seligpreisungen erinnern soll. Ein milder Wind kräuselt die Wasseroberfläche des Sees. Die Abendsonne hat die Golanhöhen am gegenüberliegenden Ostufer in ein warmes Licht getaucht. Dort drüben verläuft, nur etwa 30 Kilometer Luftlinie von uns entfernt, die syrische Grenze. Dahinter herrscht immer noch Krieg. Etwas ratlos hängt die siebte Seligpreisung in der Luft: „Selig, die Frieden stiften, denn sie werden Kinder Gottes genannt werden.“ (Mt 5,9)

Die acht Seligpreisungen sind der Inbegriff biblischer Frömmigkeit. Aber ein Leben vor Gott und das Leben in dieser Welt waren noch nie leicht zu versöhnen. Das wild wuchernde Gestrüpp unten an der Straße, das die Ruinen des alten Klosters überwuchert hat, bringt vermutlich viel Wahres zum Ausdruck, wenn man heute nach Spuren der Bergpredigt sucht, nicht nur im Heiligen Land.

„Im Anfang war das Wort“ – Eine Reise durch das Johannesevangelium

Andreas Leinhäupl

Die Reise durch das Johannesevangelium (Joh) startet tatsächlich ganz am Anfang. Mit dem viel zitierten Satz „Im Anfang war das Wort“ beginnt der Autor seine individuelle und programmatische Neuinterpretation von Leben, Wirken, Sterben und Auferstehen Jesu von Nazaret, die sich sehr deutlich von den synoptischen Evangelien unterscheidet. Das bezieht sich sowohl auf die szenische Darstellung und das Aufrufen einzigartiger Erzählfiguren, als auch auf die besondere Sprachwelt sowie die spezifisch theologische Pointierung.

Johanneisches Reisegepäck

Reisevorbereitungen: Allgemeine Hintergrundinformationen

Das Joh ist nach überwiegender Forschungsmeinung als letztes der vier Evangelien zwischen 90 und 100 n.Chr. entstanden. Neben der Tatsache, dass das älteste Textzeugnis für das Joh (P^{52} zu Joh 18) um das Jahr 125 datiert wird, lässt sich eine solche Entstehungszeit im Buch selbst durch die dreimalige Verwendung des Begriffs „aus der Synagoge hinausstoßen“ (Joh 9,22; 12,42; 16,2) festmachen: Angespielt wird auf den sogenannten Ketzersegen, der im Jahre 90 n.Chr. auf der Synode von Jabne als zwölfte Bitte in das jüdische Achtzehnbittengebet eingefügt wurde, was wiederum eine Datierung des Joh nach 90 n.Chr. wahrscheinlich macht.

Über den Entstehungsort ist man sich nicht ganz einig, hier werden v.a. Kleinasien oder Syrien diskutiert. Das Buch ist durch eine eher einfache Sprache geprägt, die allerdings auf ihre Weise eine sehr individuelle theologische Klangfarbe entwickelt.

Das Joh zitiert an vielen Stellen ersttestamentliche Texte oder verarbeitet ihre Traditionen weiter. Zudem zeigen sich immer wieder Berührungspunkte zu den synoptischen Evangelien (z.B. Passions- und Ostergeschichten), so dass man zumindest eine Kenntnis der entsprechenden Erzählstoffe voraussetzen darf. Vermutlich hat der Autor darüber hinaus auf weitere Quellen zurückgegriffen, die sich aber heute nicht mehr eindeutig identifizieren lassen.

Den Kompass ausrichten: Anfang und Ende des Buches in den Blick nehmen

Wenn wir über den Autor und seine Zielgruppe nachdenken, hilft ein Blick in die Rahmenteile des Buches: In seiner lyrisch einmaligen Form beschreibt der Prolog (1,1–18) das Kommen Gottes zu den Menschen in der Gestalt des *Logos*, der im weiteren Verlauf des Buches dann als Jesus von Nazaret identifiziert wird. Es wird hier literarisch die Bewegung von der Ewigkeit in die Zeit umgesetzt. Mit einem solchen Einstieg ermöglicht der Autor den Leser*innen die richtige Entschlüsselung der nachfolgenden Erzählung, es handelt sich um den Reflexionsrahmen, innerhalb dessen sich gelingende Lektüre abspielt:

Logbucheintrag: „Und das Wort ist Fleisch geworden und wohnte unter uns, und wir sahen seine Herrlichkeit ..." (1,14)

Über die Leser*innen des Evangeliums erfahren wir mehr im ersten Buchschluss (20,30f.): V. 30 berichtet zunächst davon, dass Jesus noch viele andere Zeichen getan hat, die nicht in diesem Buch aufgeschrieben sind. Wichtiger sind offensichtlich die, die hier aufgeschrieben sind, denn sie sind aufgeschrieben, „damit ihr glaubt, dass Jesus der Messias ist, der Sohn Gottes, und damit ihr durch den Glauben das Leben habt in seinem Namen" (V. 31) – eine deutliche Ansprache an das avisierte Publikum.

Am Ende von Joh 21 finden sich dann Informationen über den Autor:

Logbucheintrag: „Dieser Jünger ist es, der all dies aufgeschrieben hat. Und wir wissen, dass sein Zeugnis wahr ist." (21,24)

Gemeint ist der *Lieblingsjünger,* der im zweiten Teil des Buches immer wieder an entscheidenden Stellen in Beziehung zu Jesus gebracht wird. In 21,25 wird dann ein konkretes „ich" genannt, das offensichtlich noch mehr Taten Jesu kennt, und zwar so viele, dass die ganze Welt die Bücher nicht fassen könnte, die man darüber schreiben müsste. Beide Hinweise geben Auskunft über den Autor: Er möchte theologisch einwandfrei und höchst durchdacht *Zeugnis ablegen* und sein Buch damit absichern.

Land und Leute kennenlernen: Eine bedrängte Gemeinde

Weitere Einzelheiten ergeben sich aus der Situation der Gemeinde. Das gesamte Buch ist als Kontroverse zwischen der Gruppe um Jesus und „den Juden" bzw. dem *Kosmos* angelegt. Dies wird inhaltlich durch unterschiedliche Gegensatzpaare wie „Licht – Finsternis", Wahrheit – Lüge", „erkennen – nicht erkennen", „glauben – nicht glauben" usw. zum Ausdruck gebracht. Allerdings geht es nicht darum, ein pauschales Urteil über das jüdische Volk zu fällen, als vielmehr darum, die Unwissenheit der jüdischen Autoritäten aufzudecken und so plausibel zu machen, dass sich die Offenbarung Gottes johanneisch gelesen am Erkennen des Jesus von Nazaret bemisst. Beschrieben wird das Ringen einer Erzählgemeinschaft um ihre Identität innerhalb der Grenzen der eigenen jüdischen Kultur. Mit Hilfe des Buches entsteht die Möglichkeit, die gegenwärtige Ausgrenzungssituation zu bewältigen.

Lesetipp: Wengst, Klaus: Bedrängte Gemeinde. Ein Versuch über das Johannesevangelium, München: Kaiser 1990.

Orientierung für die Reise: Die johanneische Landkarte

1,1–18	Prolog
1,19–12,50	**1. Hauptteil: Das Wirken Jesu vor der Menschenwelt**
1,19–2,12	Große Exposition: Jüngerberufung und Hochzeit zu Kana
2,13–3,21	Tempelaktion und Nikodemus-Episode (Jerusalem)
3,22–4,54	Jesus und Johannes, die Frau am Jakobsbrunnen (Galiläa)
5,1–47	Heilung und Rede über die Vollmacht (Jerusalem)
7,1–10,39	Im Tempel, Streit im hohen Rat, Reden Jesu (Jerusalem)
7,1–10,39	Im Tempel, Streit im hohen Rat, Reden Jesu (Jerusalem)
10,40–11,54	Lazarus-Episode und Tötungsbeschluss (Betanien)
11,55–12,50	Einzug in Jerusalem, letzte öffentliche Rede (Jerusalem)
13,1–20,31	**2. Hauptteil: Die Offenbarung Jesu vor den Seinen**
13,1–17,26	Fußwaschung und Abschiedsreden (im Haus)
18,1–19,42	Passion (im Garten, vor und im Prätorium, auf Golgota)
20,1–31	Ostergeschichten
21,1–25	Großer Epilog

Besondere Reiseziele – oder: In Stippvisiten durch das Johannesevangelium

Auf der Reise durch das Joh treffen wir an sehr unterschiedlichen Orten auf verschiedene Figuren oder Figurengruppen, die sich alle durch ihre Beziehung zu Jesus von Nazaret auszeichnen.

Die Hochzeit zu Kana – Zwei Welten treffen aufeinander

Ein erster kleiner Höhepunkt findet sich in der Erzählung der Hochzeit zu Kana (2,1–12). Dieser Text bildet im Anschluss an die Jüngerberufungsszenen den Abschluss der großen Exposition. Es ist das erste der „sieben Zeichen", mit deren Hilfe das Johannesevangelium in besonderer Weise das Wirken Gottes in seinem Gesandten Jesus zum Ausdruck bringt. Diese Zeichen stehen für eine tiefere Wirklichkeit und müssen dahin gedeutet werden.

Was hier erzählt wird, ist eigentlich keine originäre Wundergeschichte, denn im Verlauf der Episode vermisst man die ausdrückliche Darstellung der Verwandlung von Wasser in Wein. Vielmehr scheint sich das Hauptsächliche in der Gegenüberstellung zwischen der Mutter und dem Festordner abzuspielen. Die Mutter verkörpert in dieser Episode ein alternatives Angebot: sie weiß offensichtlich mehr als die anderen Figuren und beharrt trotz Zurückweisung auf ihrer Position. Der Festordner auf der anderen Seite zeichnet sich durch Unwissenheit aus und versucht diese durch eine klassische Redewendung zu kompensieren. Letztlich aber zentriert sich das Fest auf Jesus hin, der aus der Rolle des Sohnes seiner Mutter heraustritt und zum Verkündiger von Gottes Wirken wird. In ihm wird das Lebensnotwendige (Wasser) zur Überfülle der Lebenslust (Wein). Diese Geschichte, die als „Anfang der Zeichen Jesu" qualifiziert wird (2,11), steht als Beispiel dafür, wie sich die Herrlichkeit Gottes in der Welt offenbart, und der Text selbst konstatiert gegen Ende die notwendige Konsequenz: „die Jünger glaubten an ihn".

Logbucheintrag: „So tat Jesus sein erstes Zeichen, in Kana in Galiläa, und offenbarte seine Herrlichkeit und seine Jünger glaubten an ihn. Danach zog er mit seiner Mutter, seinen Brüdern und seinen Jüngern nach Kafarnaum hinab. Dort blieben sie einige Zeit." (Joh 2,11f.)

Top-Lesenswertes (I): Die sieben Zeichen

Die Wundertaten Jesu werden im Joh „Zeichen" genannt, weil sie (wie gerade in der Kana-Geschichte gelesen) die Herrlichkeit Gottes in Jesus von Nazaret offenbaren und zum Glauben führen. Das Joh kennt sieben solcher Zeichen-Geschichten, von denen vier in Galiläa und drei in Jerusalem und Umgebung spielen. Man kommt auf der Reise durch den ersten Teil des Buches immer mal wieder an einem dieser Texte vorbei: Hochzeit zu Kana (2,1–12), Heilung des Sohnes des königlichen Beamten (4,43–54), Heilung des Gelähmten beim Teich Bethesda (Joh 5,1–18), Die Speisung des Volkes (6,1–15), Seewandel (6,16–21), Heilung des Blindgeborenen (Joh 9,1–41), Die Auferweckung des Lazarus (Joh 11,1–57).

Die johanneische Zeichensprache setzt darauf, die göttliche Offenbarung in elementaren menschlichen Beziehungen zu realisieren. Sie zeigen alle, wie heilsam und erleuchtend die Begegnung mit dem „Licht der Welt" sein kann.

Die Heilung des Blindgeborenen: Eine „Zeichen"-Geschichte mit Auslegung

In der Geschichte des namenlosen Blindgeborenen, die in Joh 9,1–41 erzählt wird, werden ähnlich wie in der Kann-Episode zwei Modelle gegenübergestellt: Der Blindgeborene verkörpert eine alternative Konzeption, denn durch das Wissen um die göttliche Offenbarung in der Person Jesu wird ihm – jedenfalls innerlich – Schritt für Schritt eine produktive Auseinandersetzung mit der gesellschaftlichen Isolation ermöglicht, auch wenn das letztendlich nur auf dem Weg der Trennung von der Gesellschaft realisierbar ist. Er war blind und kann nun sehen. Die skeptischen Autoritäten dagegen treten den umgekehrten Weg an: trotz ihres theologischen Wissens kulminiert ihre negative Entwicklung in der Katastrophe von Blindheit und Sünde.

Logbucheintrag: „Da sprach Jesus: Um zu richten, bin ich in diese Welt gekommen: damit die nicht Sehenden sehen und die Sehenden blind werden. 40 Einige Pharisäer, die bei ihm waren, hörten dies. Und sie fragten ihn: Sind etwa auch wir blind? 41 Jesus sagte zu ihnen: Wenn ihr blind wärt, hättet ihr keine Sünde. Jetzt aber sagt ihr: Wir sehen. Darum bleibt eure Sünde." (Joh 9,40f.)

Mit dieser Geschichte setzt der Autor die Situation der johanneischen Gemeinde in Szene: Geschildert wird die Auseinandersetzung dieser johanneischen Gruppe „mit der Synagoge“, das heißt mit den Pharisäern, die nach dem jüdischen Krieg mit dem Neuaufbau des Judentums beginnen und die in diesem Zusammenhang mit allen zur Verfügung stehenden Mitteln um ihre jüdische Identität kämpfen. Bei diesem Kampf sehen sie sich auch von solchen Menschen bedroht, die an Jesus als den Messias glauben, und sie finden keine andere Möglichkeit, die Gruppierung als Dissidenten zu verfolgen und aus der Synagoge auszuschließen. Der Blindgeborene symbolisiert diese Gruppe und zeigt, was die Begegnung mit Jesus von Nazaret auslösen kann. Er wird zum Gewährsmann der johanneischen Gemeinde, die ihre Identität durch Abgrenzung innerhalb der eigenen kulturellen Grenzen erringt.

Ein besonderer Wegweiser auf halber Strecke: Die Fußwaschung

Mit der Fußwaschungsepisode (Joh 13) hat der Autor den aus den synoptischen Evangelien bekannten Bericht des letzten Abendmahles in seinem Buch in besonderer Weise theologisch umgestaltet. Mit diesem Text beginnt der zweite große Teil des Johannesevangeliums und die Perspektive wird gleich zu Beginn durch die Aussage verdeutlichet:

> **Logbucheintrag:** „Und Jesus wusste, dass seine Stunde gekommen war, um aus dieser Welt zum Vater hinüber zu gehen. Da er die Seinen liebte, die in der Welt waren, liebte er sie bis zur Vollendung.“ (Joh 13,1)

Die umfängliche Erzählung von der Fußwaschung und den sich anschließenden Erläuterungen fasst das vorausgegangene Wirken Jesu zusammen und weist gleichzeitig auf seinen letzten und abschließenden Liebesdienst, den Kreuzestod hin. Dabei wird den Jüngern in mehreren Argumentationsdurchgängen verdeutlicht, welche Konsequenzen das Tun Jesu für ihr eigenes Tun hat („Wenn nun ich, der Meister und Herr, euch die Füße gewaschen habe, dann müsst auch ihr einander die Füße waschen“, V. 14). Es geht darum, dass alle zum gegenseitigen Dienst bereit sind.

Top-Lesenswertes (II): Die sieben Ich-bin-Worte

Die Ich-bin-Worte durchziehen das Joh wie ein roter Faden und pointieren an exponierten Stellen in einer außergewöhnlich klaren Symbolsprache die besondere heilsgeschichtliche Bedeutung des Auftretens Jesu von Nazaret: Brot des Lebens (Joh 6,35.41.48.51), Licht der Welt (Joh 8,12), die Tür (Joh 10,7.9), der gute Hirt (Joh 10,11.14), die Auferstehung und das Leben (Joh 11,25), der Weg und die Wahrheit und das Leben (Joh 14,6), der wahre Weinstock (Joh 15,1).

Logbucheintrag: „Jesus sagte zu ihr: Ich bin die Auferstehung und das Leben. Wer an mich glaubt, wird leben, auch wenn er stirbt, 26 und jeder, der lebt und an mich glaubt, wird auf ewig nicht sterben. Glaubst du das?" (Joh 11,25f.)

Die Ich-bin-Worte gehen auf die ersttestamentliche Offenbarungsformel zurück, mit der sich der Gott Israels seinem Volk zu erkennen gibt und ansprechbar macht, v.a. also auf Ex 3,14: „Ich bin, der ich bin". Der Autor formatiert mit diesen besonderen Worten den messianischen Anspruch seiner Hauptfigur und bindet sein theologisches Gesamtkonzept mithilfe diese zentralen Symbole in den großen religionsgeschichtlichen Zusammenhang zwischen Judentum und entstehendem Christentum ein.

Besondere Touren (I): Draußen und Drinnen – Die johannische Passionsgeschichte

Die Reise durch die johanneische Passionsgeschichte (Joh 18,1–19,41) ist absolut empfehlenswert, weil sie die theologischen Pointen sowie die umstrittene Frage, ob und warum Jesus gekreuzigt werden soll, szenarisch durch den Wechsel von draußen und drinnen zum Ausdruck bringt.

- Die Verhaftung Jesu (18,1–11): im Garten
- Jesus vor Hannas (18,12–27): Wechsel zwischen dem Verhör und den Verleugnungen durch Petrus
- Jesus vor Pilatus (18,28–19,16) Wechsel zwischen dem Verhör Jesu (im Prätorium) und der Verhandlung mit der Menge (draußen)

Besondere Touren (II): Die Ostergeschichten – Wie man dem abwesenden Jesus begegnet

Das johanneische Osterkapitel (Joh 20) bietet einen höchst kunstvoll gestalteten individuellen Zugang zur Auferstehung Jesu. In mehreren aufeinander folgenden Szenen wird gezeigt, dass und wie man dem Auferstandenen begegnet.

Im Zeitraffer stellt sich die Inszenierung Folgendermaßen dar: (V. 1–2) Maria von Magdala kommt, sieht und läuft fortz. (V. 3–10) Petrus und der Lieblingsjünger überbrücken die Distanz durch einen Wettlauf und steigen nacheinander in das Grab hinein. (V. 11–18) Maria von Magdala kommt erneut zum Grab, verwechselt Jesus mit dem Gärtner und erkennt ihn erst, als sie mit ihrem Namen angesprochen wird. (V. 19–23) Die Jünger haben sich in einen verschlossenen Raum zurückgezogen, wo Jesus ihnen begegnet und ihnen die Wundmahle zeigt. (V. 24–29) Thomas reagiert mit Skepsis und nennt für seinen Glauben die Bedingungen, die Wundmale zu sehen und die Wunden zu berühren (V. 25). Nach acht

Tagen tritt Jesus erneut auf und erfüllt die Bedingungen des Thomas, (V. 27), der seinerseits mit einem Lippenbekenntnis reagiert: „Mein Herr und mein Gott!". Der Annäherungsprozess kommt somit zum Abschluss: Sehen, Berühren und Glauben – viel näher kommt man an den Auferstandenen wirklich nicht heran.

Die Ostergeschichten zeigen den besonderen literarischen und theologischen Charakter des Joh. Hier geht es darum, Jesus als den Sohn Gottes vorzustellen und die Leser*innen darauf hinzuweisen, dass sie gerade durch das Wissen und den Glauben an diesen Jesus zu jener Gruppe gehören, der trotz ihrer Minderheitensituation die endzeitliche Rettung gewiss ist.

Souvenirs aus dem Johannesevangelium

Der johanneische Dualismus:
Alles ist „Licht oder Finsternis", „Glaube und Unglaube"

Die johanneische Christologie:
„Das Wort ist Fleisch geworden" – „der Vater und der Sohn sind eins"

Der Paraklet als Beistand:
Der Geist ist der von Gott gesandte Beistand der Jünger - ... und der Anwalt der Glaubenden

Die johanneische Eschatologie:
Rettung und Heil sind gegenwärtig – „Ich bin die Auferstehung und das Leben"

Kein(!) judenfeindliches Evangelium:
„Die Juden" = Gegenspieler – gemeint sind jüdische Autoritäten, keine generelle Zurückweisung des jüdischen Volkes – Joh = Schnittstelle der Emanzipierung der christlichen von der jüdischen Gemeinde.

Lesetipp: Schenke, Luder: Das Johannesevangelium. Vom Wohnen Gottes unter uns, Freiburg 2018.

Ganz ohne Wasserzauber: Das topographische Streiflicht vom Betesda-Teich

Andrea Pichlmeier

Pfadfinderabordnungen aus Gaza und der Westbank sind in ihren Uniformen und mit Dudelsäcken angereist, die Angehörigen der Ritterorden präsentieren sich in den traditionellen Umhängen, die adeligen Damen mit schwarzen Spitzenschleiern. Tausende haben teilgenommen an der großen Jerusalemer Palmsonntagsprozession, die alljährlich im Garten der Weißen Väter endet, wo der Lateinische Patriarch seine Abschlussansprache hält. Es herrscht eine ausgelassene Stimmung. Die palästinensischen Jugendlichen tanzen, es ist ihr Fest, ein Fest der Christen im Land.

Im 5. Kapitel des Johannesevangeliums kommt Jesus zu einem Fest nach Jerusalem. Es ist ein „Fest der Juden“, doch das Evangelium verrät nicht, um welches Fest es sich handelt. Wir begegnen Jesus auch nicht im Tempel, sondern in einem Heilbad, das sich genau dort befand, wo unsere Palmsonntagsprozession endet. Es wurde *Betesda* genannt und soll „beim Schaftor“ gelegen haben. Als Archäologen der École biblique Ausgrabungen auf dem Gelände vornahmen, stießen sie auf ein historisches Wasserreservoir mit zwei großen Speicherbecken, zu denen auch dieses Heilbad gehört hatte.

Als Jerusalem im Jahr 70 erobert wurde, fielen die Badeanlagen der Zerstörung durch die römische Armee zum Opfer. Nach dem zweiten jüdischen Krieg in den Jahren 132–135 entstand an ihrer Stelle ein neues Heilbad, das dem Asklepioskult gewidmet war, und manche Forscher vermuten deshalb, dass auch schon die antiken Bewohner Jerusalems von der Heilkraft dieses Wassers überzeugt gewesen seien. Der Mann, dem Jesus begegnet, hat hier jedenfalls 38 Jahre seines Lebens zugebracht, um vergeblich auf seine Heilung zu warten. Umständlich erklärt er Jesus, warum es nie geklappt hat: Man müsse in das Wasser steigen, sobald es „aufwallt“, doch habe er niemanden gehabt, der ihn im entscheidenden Moment hingetragen habe. Jesus interessiert sich nicht für den Wasserzauber, sondern allein dafür, ob der Mann gesund werden wolle. Auch bemüht er keinen

Ritus, sondern fordert den Kranken auf, seine Liege zu nehmen und zu gehen. Und der Mann nahm seine Liege und ging, ohne jeden Wasserzauber. Die schlichte Aufforderung eines fremden Besuchers hatte genügt.

Als sich die römischen Kaiser dem Christentum zuwandten, trat Christus an die Stelle des griechischen Heilgottes, und die Badeanlagen verschwanden unter einer mächtigen Basilika, die dem Gedächtnis des Gelähmten und „der Herrin Maria“ gewidmet war. Die Episode „beim Schaftor“ trat nach und nach in den Hintergrund, die Marienverehrung blühte auf. Seit dem 2. Jahrhundert gab es Legenden, die sich um die Geburt Marias in einer Grotte bei den antiken Bädern rankten. Da es diese Bäder nun aber nicht mehr gab und die Speicherbecken nicht mehr genutzt wurden, verkam das ehemalige Wasserreservoir zu einer Kloake. So jedenfalls schrieb es im späten 6. Jahrhundert ein italienischer Pilger aus Piacenza. Zu seiner Zeit spielte die Heilungsgeschichte hier kaum noch eine Rolle, denn wer wollte schon in einer Kloake baden.

Es ist still geworden, die palästinensischen Pfadfinder haben ihre Dudelsäcke eingepackt, der Garten der Weißen Väter leert sich allmählich. Die weichen Zweige der Pfefferbäume wiegen sich in der warmen Frühlingsluft, der Jasmin duftet. Ich lasse den Blick über die Ausgrabungen gleiten, wo ich mit allen meinen Reisegruppen die Heilungsgeschichte von Betesda lese. Diesen Namen könnte man übrigens von dem hebräischen Wort *Bet-chesda* ableiten: „Haus der Gnade“. Dtn 2,14 zufolge ist Israel 38 Jahre lang unterwegs, bis es Gottes Gnade erfährt. Das ist ein ganzes Leben. Es ist das Leben des Mannes, der warten muss, bis er, auf Jesu Wort hin, aufsteht. Vermutlich ist es auch das Leben Jesu selbst, das in dieser Woche jäh enden wird, nur wenige Schritte von Betesda entfernt, am anderen Ende der Via Dolorosa. Auch dort beginnt eine neue Geschichte.

„Bis ans Ende der Welt“ – In der Apostelgeschichte unterwegs

Andreas Leinhäupl

Eine größere Landkarte in den Blick nehmen: Zwei Bücher – eine Idee

Ein heilsgeschichtlicher Gesamtentwurf

Das Lukasevangelium und die Apostelgeschichte (Apg) bilden zusammen das sogenannte lukanische Geschichtswerk. Die enge Verbindung der beiden Bücher lässt sich sowohl literarisch als auch inhatlich-theologisch begründen. Der Autor schafft einen Gesamtentwurf, dessen innerstes Anliegen darin besteht, mit Geschichten Geschichte zu erzählen. Die beiden Bücher sind zu verstehen wie zwei große Handlungszüge, die sich aufeinander beziehen. Während das erste Buch davon erzählt, dass und wie durch Jesus von Nazaret innerhalb des Judentums ein spezifisches Wissen gestiftet wird, wie also eine alternative kulturelle Identität entsteht, fasst das zweite Buch zusammen, wie die Zeugen Jesu mit diesem Wissen umgehen und es verkündigen. Das lukanische Geschichtswerk beschreibt in festgelegten zeitlichen Strukturen die Heilsgeschichte als lineare Entwicklung, die sich als Dialog zwischen Gott und Mensch ereignet.

Zwei Bücher für dich, lieber Theophilus

Über den Autor und die Leser*innen bieten unsere Texte jeweils zu Beginn einige ganz interessante Informationen. So eröffnet der Autor das Lukasevangelium mit der Anmerkung, dass es schon viele Berichte über all das gibt, was sich unter uns ereignet hat und dass sich diese ganzen Berichte an den Überlieferungen derer orientieren, die von Anfang an dabei waren (Lk 1,1–2). Im gleichen Atemzug teilt er seinen Entschluss mit, ebenfalls all dem nachzugehen und für einen ganz konkret benannten Adressaten mit Namen Theophilus aufzuschreiben.

Logbucheintrag:
„Schon viele haben es unternommen, eine Erzählung über die Ereignisse abzufassen, die sich unter uns erfüllt haben (...) Nun habe auch ich mich entschlossen, nachdem ich allem von Beginn an sorgfältig nachgegangen bin, es für dich, hochverehrter Theophilus, der Reihe nach aufzuschreiben. So kannst du dich von der Zuverlässigkeit der Lehre überzeugen, in der du unterwiesen wurdest." (Lk 1,1–4)

Auch die Apg hat ein Vorwort (Apg 1,1–3), in dem der Autor wiederum seinen verehrten Leser Theophilus anspricht und ihn noch einmal daran erinnert, was er im ersten Buch beschrieben hatte. Es besteht daher kaum Zweifel, dass beide Bücher vom selben Autor stammen. Die Ereignisse des ersten Buches – so die Ausführungen im Vorwort der Apg – enden am Tag der Himmelfahrt Jesu und der Autor weist darauf hin, dass Jesus zuvor seinen Apostel durch den Heiligen Geist noch Anweisungen gegeben hatte. Und genau um die Umsetzung dieser Anweisung, d.h. um die Fortführung und Ausweitung des Wissens Jesu geht es in der Apg.

Logbucheintrag: „Im ersten Buch, lieber Theophilus, habe ich über alles berichtet, was Jesus von Anfang an getan und gelehrt hat, bis zu dem Tag, an dem er in den Himmel aufgenommen wurde. Vorher hat er den Aposteln, die er sich durch den Heiligen Geist erwählt hatte, Weisung gegeben. Ihnen hat er nach seinem Leiden durch viele Beweise gezeigt, dass er lebt; vierzig Tage hindurch ist er ihnen erschienen und hat vom Reich Gottes gesprochen." (Apg 1,1–3)

Was wir über die Situation der Leser*innen wissen

Weitgehende Einigkeit besteht darüber, dass die lukanische Gemeinde dem Bereich des Heidenchristentums zuzurechnen sein dürfte, einem Heidenchristentum allerdings, das in gutem Kontakt zum Judenchristentum steht und sich mit diesem in bleibender Verbindung weiß. Dafür spricht, dass der Autor seinen Leser*innen eine durchaus gehobene Sprache zumuten kann und dass sie auch die durchgängigen Zitate aus der Septuaginta einzuordnen wissen. Mit einer Ausrichtung auf die gehobenen Schichten ist allerdings nicht ausgesagt, dass sich das lukanische Geschichtswerk an Privilegierte richtet, um die Botschaft Jesu zu glätten und anzupassen. Ganz im Gegenteil: *Reichtum und Armut* in der Gemeinde sind ein Schwerpunktthema der Ausführungen und es wird immer wieder betont, dass den vorhandenen sozialen Ungerechtigkeiten die Urgemeinde als freiwillige Liebesgemeinschaft gegenüber zu stellen ist.

Ein weiterer Faktor, der die Situation der Leser*innen charakterisiert, ist das *Schwinden der Naherwartung*. Jesus kündigt in seiner Botschaft das kurz bevorstehende Anbrechen des Gottesreiches an. Die Ausführungen des Geschichtswerkes zeigen, dass man mittlerweile dem ungewissen Zeitpunkt der Ankunft des Herrn mit Geduld und Wachsamkeit gegenüberstehen muss.

Weiterhin fällt auf, dass das Geschichtswerk die Begegnung Jesu mit den Vertretern der offiziellen Behörde bereits im Hinblick auf die Situation der Gemeinde im Römischen Reich darstellt. Die Gemeinde beansprucht den Freiraum für die praktische Gestaltung ihres religiösen Lebens, verhält sich von daher loyal gegenüber den Behörden und wird auch umgekehrt von den Behörden fair behandelt. Auch mit anderen religiösen Strömungen und Ideen aus der paganen Umwelt setzt sich die Gemeinde durchaus produktiv auseinander, wie etwa die Areopag-Rede des Paulus (Apg 17,22–32) zeigt. Schließlich weisen einige Teiltexte darauf hin, dass es in der Gemeinde selbst zu Auseinandersetzungen mit Irrlehrern gekommen ist (Apg 20,29.30), worauf man mit dem Verweis auf die Kontinuität der rechten Lehre reagiert.

Das Lukasevangelium und die Apg schauen auf die Zerstörung Jerusalems zurück (vgl. Lk 21,24) und setzen den Tod des Paulus voraus (Apg 20,25; 21,13). Damit können wir das Entstehen des Werkes in die dritte Generation datieren. Beide Bücher sind in kurzem Abstand nacheinander in der Zeit zwischen 90 und 100 n.Chr. entstanden.

Reiserouten: Die Apostelgeschichte im Überblick

1,1–3	Vorwort
1,4–14	Einleitung: Anknüpfung an das Lukasevangelium
1,15–8,3	Das Zeugnis der Apostel in Jerusalem
8,4–12,25	Ausbreitung des Evangeliums in Samaria und in den Küstengebieten
13,1–15,35	Die antiochenische Mission
15,36–21,26	Die Mission des Paulus in Kleinasien und Griechenland
21,18–26,32	Paulus in Jerusalem
27,1–28,31	Die Reise des Paulus von Jerusalem nach Rom

Besondere Reiseziele: Von Jerusalem bis ans Ende der Welt

Der Heilige Geist wirkt wo er will

Der Beginn der Apg ist durch die Wiederholung der Himmelfahrtserzählung direkt verschränkt mit dem Ende des Lukasevangeliums. Der Autor erzählt im zweiten Teil seines Doppelwerkes Geschichten um Geschichte, d.h. er gibt uns einen Einblick darüber, wie das Evangelium in die Welt hinaus getragen wird. Ein entscheidendes theologisches Moment dabei stellt das Wirken des Geistes dar (vgl. Apg 1,8). Auf diesem Weg ist die Apg davon geprägt, dass sie stets die Erfüllung der Hoffnung Israels vor Augen hat, d.h. der Gott, von dem hier die Rede ist, ist der Gott Israels, der die Verheißungen an sein Volk in der Endzeit erfüllt. Und genau in diesem Zusammenhang stehen auch das Pfingstereignis (2,1–13) und die Pfingstrede des Petrus (2,14–36) als Schlüsselepisoden im ersten größeren Erzählzusammenhang. Vor allem wird in der Rede des Petrus die Auferweckung Jesu konsequent die Offenbarungsgeschichte des Gottes Israels gestellt. Für die Leser*innen bedeutet das, dass sie gerade aufgrund dieser Tatsache in der Lage sind, eine religiöse Identität auszubilden und dass diese religiöse Identität mit großem Abstand alle anderen Entwürfe hinter sich lässt. Ohne Israels Hoffnungswissen wäre die Verbreitung des Evangeliums auch unter den Heidenvölkern nicht denkbar. Von daher erstaunt es auch nicht, dass im direkten Anschluss an die Pfingstrede mehrere tausend Menschen sich von dieser Idee begeistern und taufen lassen und langfristig an der Lehre der Apostel festhalten.

> **Logbucheintrag:** „Die nun, die sein Wort annahmen, ließen sich taufen. An diesem Tag wurden ihrer Gemeinschaft etwa dreitausend Menschen hinzugefügt. Sie hielten an der Lehre der Apostel fest und an der Gemeinschaft, am Brechen des Brotes und an den Gebeten." (Apg 2,41f.)

Stephanus – eine herausragende Persönlichkeit des Urchristentums

Die ersten beiden großen Teile der Apg beschäftigen sich mit der Organisation und dem Leben in der Urgemeinde sowie mit den Anfängen der Mission in Samaria. Dabei wird von unterschiedlichen Taten und Reden der Apostel erzählt, aber auch davon, dass es aufgrund solcher Aktionen immer wieder zu Auseinandersetzungen mit dem Hohen Rat als der offiziellen Behörde des Judentums kommt. Zudem erfahren die Leser*innen von einem ersten inneren Konflikt in der mittlerweile gewachsenen Gemeinde zwischen den *Hebräern* (Griechisch sprechende Diasporajuden) und den *Hellenisten* (Aramäisch sprechende Juden aus Palästina), der sich offenbar an der ungerechten Verteilung von Gütern entzündet. Zur Lösung dieser Problematik wird der Siebenerkreis gegründet (6,1–7), dessen herausragendes Mitglied Stephanus ist, dessen Schicksal direkt im Anschluss beschrieben wird (6,8–8,1a). Stephanus, der „voll Gnade und Kraft" Wunder und große Zeichen vollbringt, wird von diasporajüdischen Gegnern wegen Lästerung gegen Mose und Gott bzw. wegen Lästerung gegen „diesen heiligen Ort und das Gesetz" (6,13) beim Hohe Rat angeschwärzt. Auf Nachfrage der Hohepriester hält

Stephanus seine berühmte Rede (Apg 7), in der er die gesamte Geschichte Israels von Abraham bis in die Gegenwart hinein rekapituliert und die Offenbarung Gottes in Jesus von Nazaret in diese kontinuierliche Geschichte einordnet. Die Gestalt des Stephanus, der daraufhin von der Menge zur Stadt hinaus getrieben und gesteinigt wird, spielt zu Beginn der Apg eine zentrale Rolle: Über ihn transportiert der Autor seine Theologie der Kontinuität der Geschichte Israels.

Bekehrungsgeschichten

Die Missionsbemühungen der Urgemeinde schlagen sich in verschiedenen *Bekehrungsgeschichten* nieder. In Kapitel 8 wird die Taufe des äthiopischen Kämmerers durch Philippus erzählt (8,26–40) und eine ganz einfache Formel für die Zugehörigkeit zur Gemeinschaft der Gläubigen entwickelt: wer die Heilige Schrift (und im Zusammenhang dieser Geschichte ist damit natürlich das Alte Testament gemeint) liest und versteht, dessen Taufe steht nichts im Wege. In Kapitel 9 beschreibt der Autor die Bekehrung des Saulus aus Tarsus, jenes Mannes, der bereits bei der Steinigung des Stephanus anwesend war und der sich besonders hervortat, die Anhänger des neuen Weges zu verfolgen und zu ermorden. Aufgrund einer Vision bei Damaskus und den anschließenden Begegnungen mit den Aposteln wird er zu jener bekanntesten und zugleich umstrittensten Gestalt des Urchristentums, die ab Apg 13,9 dann den Namen Paulus trägt. Schließlich erfahren die Leser*innen im Kapitel 10 etwas über die Taufe des Hauptmanns Kornelius inklusive seines gesamten Anhangs. Diese drei Bekehrungsgeschichten bilden den Auftakt für die Ausbreitung der Kirche über Judäa hinaus.

> **Logbucheintrag:** „In Cäsarea lebte ein Mann namens Kornelius, Hauptmann in der sogenannten Italischen Kohorte; er lebte mit seinem ganzen Haus fromm und gottesfürchtig, gab dem Volk reichlich Almosen und betete beständig zu Gott. Er sah um die neunte Tagesstunde in einer Vision deutlich, wie ein Engel Gottes bei ihm eintrat und zu ihm sagte: Kornelius! Kornelius blickte ihn an und fragte erschrocken: Was ist, Herr? Er sagte zu ihm: Deine Gebete und Almosen sind zu Gott gelangt und er hat ihrer gedacht."
> (Apg 10,1–4)

Das Apostelkonzil – Eine Versammlung mit folgenreicher Entscheidung

Beim sogenannte *Apostelkonzil* in Jerusalem (15,1–35; vgl. auch Gal 2,1–10) werden zwei entscheidende Fragen geklärt: Wie wird ein Heide als Nichtjude Christ? Wie leben Juden und Heiden als Christen zusammen? Ausgangsproblem dafür ist die Frage, ob man sich zur Erlangung des Heils beschneiden lassen und die Tora befolgen muss. Die Lösung: eine beschneidungsfreie Heidenmission wird neben der Mission unter den Juden anerkannt. Allerdings legt die Versammlung für die Heidenmission die von Jakobus vorgeschlagenen Klauseln fest: „man weise sie nur an, Verunreinigung durch Götzenopferfleisch und Unzucht zu meiden und weder Ersticktes noch Blut zu essen" (15,20). Unter Auflage dieser Klauseln werden daraufhin die Missionsgebiete aufgeteilt: Paulus zu den Heiden, Petrus zu den Juden. Die oben genannten Fragen sind damit beantwortet: Christ wird man in jedem Fall durch die Taufe. Ein Heide muss sich weder beschneiden las-

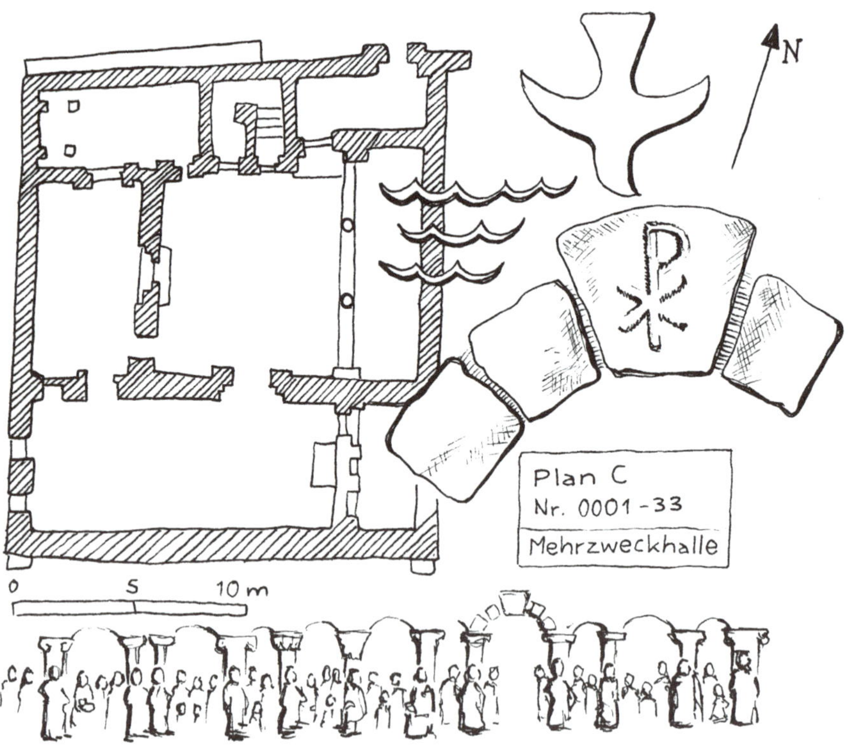

sen, noch muss er die Tora befolgen, es gelten für ihn allerdings die genannten Bedingungen, um das Zusammenleben mit den Judenchristen zu ermöglichen. Damit legt der Autor einen Entwurf einen ersten Entwurf für die Überwindung konfessionsüberschreitender Probleme vor.

Mit Paulus unterwegs

Ohne Zweifel handelt es sich bei Paulus um den einflussreichsten und bekanntesten Vertreter des Urchristentums. So ist es kaum verwunderlich, dass er von Kapitel 9 bis zum Schluss der Apg die Hauptrolle übernimmt. Im Blick stehen dabei v.a. seine drei Missionsreisen sowie seine letzte Reise nach Rom.

Die erste Missionsreise

Seine erste Reise (13,1–14,28) unternimmt Paulus zwischen 46 und 48 auf Geheiß der Gemeinde in Antiochia gemeinsam mit Barnabas. Die Reiseroute: von Seleukia nach Zypern, von der Hafenstadt Paphos nach Perge in Pamphylien, weiter nach Antichia in Pisidien sowie nach Ikonien, Lystra und Derbe, schließlich Rückkehr per Schiff nach Antiochien in Syrien. Auf dieser Reiseroute fällt unter anderem die Rede des Paulus in der Synagoge im pisidischen Antiochien ins Auge, in deren Mittelpunkt eine komprimierte Darstellung der Geschichte Israels steht. Mit diesem Rpückgriff wird verdeutlicht, dass das offenbarungsgeschichtliche Drama des Todes und der Auferstehung Jesu in den Gesamtentwurf des geschichtlichen Handelns Gottes hineingehört.

Die zweite Missionsreise

Die zweite Missionsreise (15,36–18,22) tritt Paulus im Anschluss an das bereits beschriebene Apostelkonzil gemeinsam mit Silas an. Grobe Reiseroute: Von Antiochien über Tarsus zu den auf der ersten Reise gegründeten Gemeinden in Pamphylien, über Galatien weiter an die kleinasiatische nördliche Mittelmeerküste (Troas und Assos), mit dem Schiff nach Philippi, sodann nach Thessaloniki, Beröa sowie schließlich nach Athen und Korinth. Der Rückweg führt von Korinth über Ephesos nach Cäsarea. Auf dieser Reise schreibt Paulus seinen ersten Brief an die Korinther, das älteste Schriftstück im Neuen Testament, und er hält wiederum eine entscheidende Rede: die sogenannte Areopag-Rede in Athen (17,22–31).

Es geht erneut um die Offenbarung Gottes in der Auferweckung Jesu, nur diesmal steht die Verbindung zwischen jüdisch-christlicher Offenbarungstheologie und griechischer Philosophie im Mittelpunkt.

Die dritte Missionsreise

Die dritte Missionsreise (18,23–21,26) findet zwischen 51 und 56 n.Chr. statt und lässt sich in drei Abschnitte unterteilen: Vom Ausgangspunkt Antiochia reist Paulus nach Ephesus, wo er bis Herbst 54 verweilt. Von hier aus schreibt er Briefe nach Korinth sowie nach Philippi und an Philemon. Während dieser ersten Phase stattet er der Gemeinde von Korinth einen Besuch ab und kehrt über den Landweg nach Ephesus zurück. Von hier aus unternimmt Paulus im zweiten Abschnitt der Reise (Herbst 54 bis Sommer 55) Besuche in Philippi und Thessalonich sowie aufgrund der Verschlechterung der Situation in Korinth. Während dieses Korinthaufenthalts entsteht der Römerbrief. Der dritte Teil der Reise (Sommer 55 bis Frühjahr 56) führt ihn wieder zurück über Mazedonien an die Küste Asiens, die er südwerts entlang fährt, um schließlich nach Jerusalem zu gelangen. Aus dem Textbestand der Apg sticht besonders die Abschiedsrede des Paulus in Milet (20,17–38) hervor. In einer Art Vermächtnis vertraut Paulus die Gemeinde Gott und dessen rettendem Wort an, ermahnt sie zur Wachsamkeit gegenüber Irrlehrern und ruft zu sozialgerechtem Handeln auf.

Von Jerusalem nach Rom

Die Kapitel 21 bis 28 beschreiben die letzten Stationen des Paulus: Zurück in Jerusalem wird er verhaftet und von verschiedenen Instanzen verhört. Paulus nimmt in 25,11 das Appellationsrecht in Anspruch, das ihm als römischer Bürger zusteht: er beruft sich auf den Kaiser und muss von daher in Rom verhört werden. Die Beschreibung der Schiffsreise nach Rom am Ende der Apg stellt einen letzten Höhepunkt im lukanischen Doppelwerk dar. Als das Schiff in Seenot gerät (27,14–20), beruhigt Paulus die Seeleute und kann aufgrund einer Engelerscheinung die sichere Rettung aller voraussagen (27,21–26). Diese Rettung der Schiffbrüchigen ist verbunden mit einem Zwischenhalt auf der Insel Malta. In zwei Episoden (28,1–6 und 28,7–10) wird von Menschenfreundlichkeit und Freundschaft erzählt und davon, wie die Unwissenheit der sogenannten *Barbaren* zu überwinden ist. Schlussendlich erreicht Paulus Rom (28,11–31). An dieser Stelle endet die Apg offen mit der Information, dass Paulus drei volle Jahre in der ihm zugewiesenen Mietswohnung wohnen blieb und das Reich Gottes und die Lehre von Jesus Christus verkündete.

Souvenirs aus der Apostelgeschichte

Geschichtsschreibung

In der Apg verfolgt Lukas in der Form antiker Geschichtsschreibung das Ziel, die Verkündigung der Botschaft Jesu durch seine Zeugen dingfest zu machen.

Reisen und Reden

Die Inszenierung der Apg folgt in ihrem erzählerischen Duktus dem Motto „Reise und Reden“: von Jerusalem bis an das Ende der Welt wird Juden und Heiden die Offenbarung Gottes in Jesus von Nazaret vorgestellt.

Apostel/Zeugen

Ausgehend von den zwölf Aposteln, die die Zeugen des Lebens Jesu sind, bietet die Apg eine kontinuierliche Weitergabe der Heilsbotschaft durch verschiedene Persönlichkeiten (Barnabas, Paulus) von der Jerusalemer Urgemeinde in alle Teile der damaligen Welt.

Heilsgeschichte

Mit der Apg zeigt Lukas, dass und wie sich die Geschichte Gottes im entstehenden Christentum weiter fortsetzt. Auch wenn Judentum und Christentum zur Zeit der Entstehung schon getrennte Größen sind, so sind doch gerade die heilsgeschichtliche Kontinuität und Ausweitung mit Blick auf die Heidenmission ein Markenzeichen der Apg.

Lesetipp: Heinrich Kraus, Markus Lau: Kirchenträume. Ein Kommentar zur Apostelgeschichte, Fribourg 2014.

Wo seine Füße standen: Das topographische Streiflicht von der Himmelfahrtsmoschee

Andrea Pichlmeier

An der höchsten Stelle des Ölbergs – in alten Pilgerberichten ist von einem *monticulus*, einem „Hügelchen“ die Rede – gedachte die altkirchliche Tradition der sogenannten Himmelfahrt Jesu. Diese Episode finden wir nur bei Lukas, bei ihm dafür aber gleich zweimal: im Evangelium und in der Apostelgeschichte. Diese Doppelung scheint zunächst überflüssig zu sein, doch bei genauerem Hinsehen erkennt man einen entscheidenden Unterschied. In Lk 24,50–52 wird die Entrückung Jesu als letzte in einer Reihe von Episoden erzählt, die sich alle am Ostertag ereignen. Am Beginn der Apostelgeschichte knüpft der Autor an diese letzte Episode an, lässt vorher aber Jesus „vierzig Tage hindurch“ den Jüngern erscheinen und vom Reich Gottes sprechen (Apg 1,3). Dann erzählt er noch einmal, wie der Auferstandene in den Himmel aufgenommen wird (Apg 1,4–12). Die „Himmelfahrt“ Jesu bildet ein Scharnier zwischen der Geschichte Jesu und der seiner Kirche. Wenn Jesus am Tag der Auferstehung, dem ersten Tag der Woche, der zugleich der erste Tag einer neuen, unvergänglichen Schöpfung ist, in die Vollendung eingeht, so bleibt er doch bei seiner Kirche, und zwar „vierzig Tage“ lang. In biblischer Symbolsprache ist das die Spanne einer Generation bzw. eines ganzen Menschenlebens, nicht nur der Jünger Jesu am Anfang, sondern der Kirche bis heute. Damit lässt der Autor erkennen, daß es sich bei der Entrückung Jesu nicht um ein historisch fassbares Ereignis handelt, sondern um eine Überzeugung der frühen Kirche, die wie auf zwei Seiten einer Medaille ihre eigene Geschichte mit der Geschichte Jesu verbindet.

Wir lassen uns vom 75er-Bus der arabischen Busgesellschaft auf den Gipfel des Ölbergs bringen, auf dem sich heute das Ostjerusalemer Stadtviertel *At-Tur* ausbreitet, und steigen ganz in der Nähe der Himmelfahrtsmoschee aus. Der alte griechische Name des oktogonalen Bauwerks, *Imbomon*, stammt aus dem Griechischen und sagt nichts Anderes, dass es sich *en bomo*, „auf dem Hügel“ befindet. Die Leser und Leserinnen des Lukasevangeliums und der Apostelgeschichte kannten den Ort noch nicht, denn die „Kirche von der heiligen Himmelfahrt Jesu", wie ein antikes armenisches Lektionar sie bezeichnete, wurde erst in den letzten Jahren des 4. Jahrhunderts ganz oben auf dem Ölberg errichtet. Damit hatte die Himmelfahrt Jesu einen Ort „in der Welt" erhalten.

Der byzantinische Rundbau wurde mehrfach zerstört und wiederaufgebaut und ging schließlich von christlicher in islamische Hand über. Als Saladin im Jahr 1187 Jerusalem eroberte, zerstörte er zwar die Kirche und das Kloster, das die Kreuzfahrer errichtet hatten, die kleine achteckige Kapelle im Zentrum aber tastete er nicht an, denn hier waren Pilgern die Fußabdrücke Jesu präsentiert worden, die den Muslimen ebenfalls heilig waren. Auch der Islam bekennt die Himmelfahrt Jesu, wie im Koran in Sure 4,158 zu lesen ist.

Das Imbomon ist bis heute in islamischer Hand, kann aber jederzeit von christlichen Pilgern besucht werden. Sie alle betrachten mit ungläubigem Staunen den Stein, auf dessen unregelmäßiger Oberfläche man mit viel gutem Willen so etwas wie Fußspuren ausmachen könnte. Fußabdrücke hinterlässt man normalerweise jedoch nur auf weichem Grund, und das war ursprünglich wohl auch hier der Fall. Paulinus, Bischof im italienischen Nola, schreibt um das Jahr 403 an einen Freund, dass der Boden jeden Versuch, Marmorplatten anzubringen, vereitelt habe. Statt dessen habe die widerspenstige Erde „sichtbar und handgreiflich" den Abdruck der heiligen Füße bewahrt, „sodass wahrhaft gesagt werden kann: Wir beten dort an, wo seine Füße standen." *(Nachzulesen in: Max Küchler, Ein Handbuch und Studienreiseführer zur Heiligen Stadt, Göttingen (Vandenhoeck & Ruprecht) 2007, 884)*

Ich aber hoffe nur, dass jeder Boden, auf dem meine Füße einmal gestanden haben, einen guten Eindruck von mir bewahrt hat.

Sie haben Post! – Einführung in die neutestamentliche Briefliteratur

Christian Schramm

Für eine *Lese-Reise* ins Neue Testament bieten die unterschiedlichen Großteile (s. Teil 1) eine gute Vielfalt an möglichem *Terrain* an. Ich möchte im Folgenden für den dritten Teil werben, die neutestamentliche Briefliteratur. Und zugleich möchte ich Sie auf eine *Reise* hierhin vorbereiten, darauf einstimmen.

Viel Post!

Rein zahlenmäßig ist dieser Teil der umfänglichste im Neuen Testament: Von den 27 Schriften insgesamt zählen 21 zur Briefliteratur.

Zudem: Die vermutlich älteste Schrift des Neuen Testaments ist hier zu finden, der erste Brief an die Gemeinde in Thessalonich (1 Thess) – so die Mehrheitsmeinung der Forschung, die den Brief in die Jahre 50/51 n. Chr. datiert. Auch begegnen wir hier den kürzesten Büchern der Bibel: 2.

Johannesbrief (2 Joh, 13 Verse), 3. Johannesbrief (3 Joh, 15 Verse), Philemonbrief (Phlm, 25 Verse) und Judasbrief (Jud, 25 Verse). Und wir können *Spitzenaussagen* wie Gal 3,28 oder 1 Kor 13,13 als *Souvenir* mit nach Hause nehmen.

> **Logbucheintrag:** „Es gibt nicht mehr Juden und Griechen, nicht Sklaven und Freie, nicht männlich und weiblich; denn ihr alle seid einer in Christus Jesus." (Gal 3,28)

> **Logbucheintrag:** „Für jetzt bleiben Glaube, Hoffnung und Liebe, diese drei; doch am größten unter ihnen ist die Liebe." (1 Kor 13,13)

Post mit Anregungspotenzial

Zugleich finde ich persönlich gerade die Briefliteratur von daher eine lohnende Lektüre, weil wir hier *Theologie und Gemeinde im Entstehen* beobachten können. Wir gewinnen Einblicke in Gemeindezusammenhänge, erleben die teils heftigen Diskussionen theologischer und praktischer Fragen hautnah mit und erhaschen manchmal geradezu einen *Schlüssellochblick* auf das Leben, Glauben, Beten, Fragen und Ringen der ersten Christ*innen.

Das ist in zweifacher Hinsicht anregend:

Zum einen wird deutlich, dass weder die Glaubenslehren noch die strukturell-organisatorische Verfasstheit der ersten Gemeinden und der entstehenden *Kirche* vom Himmel gefallen sind. Nahezu alles musste erst mühevoll erarbeitet, ausgehandelt, manchmal erstritten werden. Veränderungen, (regionale) Weiterentwicklungen, Anpassungen an neue Zeitumstände und Herausforderungen waren dabei selbstverständlich.

Zum anderen kann das Miterleben dieser ersten Phase christlicher Identitätsbildung auch für heutige Fragen und Herausforderungen wegweisende Impulse bereithalten – wohl wissend, dass wir uns heute in einer völlig anderen Situation befinden.

Post, die Orte und Zeiten überdauert

Die neutestamentliche Briefliteratur ist in mehrfacher Hinsicht am *Puls ihrer Zeit*, was mit dem Grundcharakter eines Briefes zu tun hat (wobei manche Briefe im Neuen Testament stärker *echte* Briefe sind, wohingegen sich andere eher als Lehrschreiben in brieflicher Form lesen): Ein Brief ist ein Gelegenheitsschreiben, situativ bestimmt, kontextbezogen, adressatenorientiert, mit einem – manchmal mehr, manchmal weniger klaren – Kommunikationsanliegen. Durch einen Brief wird eine abwesende Person präsent; es können Austausch und Kontakt über größere Entfernungen hinweg und auch Zeitabstände überbrückend stattfinden.

Das kann ein Nachteil sein: Die Unmittelbarkeit und Dynamik einer persönlichen Begegnung kann eine Briefkorrespondenz nicht ersetzen. Manchmal ist aber gerade das ein Vorteil, da vertieftes Nachdenken möglich wird. Ja, manch einer ist in der brieflichen Schriftform eloquenter als in der direkten Ansprache, wie es Paulus vorgeworfen wird.

> Logbucheintrag: „Ich, Paulus, der ja im persönlichen Umgang mit euch zu unterwürfig, aus der Ferne aber so unerschrocken sein soll ..." (2 Kor 10,1)

Nicht zuletzt überdauern Briefe oft die konkrete Kommunikationssituation – was uns eben in die glückliche Lage versetzt, mit Hilfe der neutestamentlichen Briefe in die Zeit der ersten Christ*innen *zurückreisen* zu können.

Post mit unterschiedlichen Anliegen

Wenn wir in die neutestamentliche Briefliteratur *reisen*, dann erleben wir Beziehungs- und Kontaktpflege ebenso wie die tastende Klärung theologischer Fragen.

Die Briefe wollen höchst Unterschiedliches: manchmal ermahnen und belehren, manchmal trösten und stärken. Manchmal steht die Verkündigung zentraler Glaubensinhalte im Vordergrund, manchmal sollen konkrete Fragen einer Gemeinde beantwortet werden. Manchmal wird Partei in Streitpunkten ergriffen, manchmal zu Versöhnung und Vergebung aufgerufen. Manchmal werden Schwierigkeiten im Zusammenleben der Gemeinde thematisiert, manchmal werden seelsorgerlich-pastorale Anweisungen erteilt.

So vielfältig wie die Anliegen, Gemeinden, Briefautoren – so vielfältig sind auch die Schreiben selbst. Das gilt auch in sprachlicher Hinsicht sowie bzgl. des Briefstils.

Postsortierung

Wer sich auf eine *Reise* in die neutestamentliche Briefliteratur vorbereitet, für den mag ein erster orientierender Überblick über die unter dieser Oberüberschrift versammelten 21 Schriften hilfreich sein. Es lassen sich nämlich ein paar Gruppierungen vornehmen.

Den Auftakt machen die *paulinischen Briefe* (*Corpus Paulinum*), wobei hier meistens 13 Briefe zusammengefasst werden. Das verbindende Merkmal: Alle führen den Namen des Apostels Paulus als Autor an. Hierzu zählen, im Großen und Ganzen nach der Länge sortiert: der (erste/zweite) Brief an die Gemeinde in ... Rom (Röm); Korinth (1 Kor, 2 Kor); Galatien (Gal); Ephesus (Eph); Philippi (Phil); Kolossä (Kol); Thessalonich (1 Thess, 2 Thess). Außerdem vier Briefe, die nicht an Gemeinden, sondern an Einzelpersonen adressiert sind: Der (erste/zweite) Brief an ... Timotheus (1 Tim, 2 Tim); Titus (Tit); Philemon (Phlm). Letztere Briefe werden meist als „Pastoralbriefe" bezeichnet (v. a. 1/2 Tim, Tit), da sie an „Hirten" (= „pastores") von Gemeinden, also Gemeindeleiter, gerichtet sind. Alle diese 13 Briefe behaupten jeweils von sich, dass sie von Paulus verfasst worden seien. Die (historisch-)kritische Forschung hat gerade hier fleißig geforscht und trotz aller nach wie vor bestehenden Kontroversen werden zumeist sieben Briefe für *echt (authentisch) paulinisch* gehalten, nämlich: Röm, 1 Kor, 2 Kor, Gal, Phil, 1 Thess, Phlm. Bei den restlichen ist dies umstritten, viele Forschende ordnen sie einer späteren Zeit (und ggf. einer *Paulusschule*) zu (Fachbegriff: deuteropaulinisch).

Der Hebräerbrief (Hebr) findet sich in den Bibelausgaben zumeist bei den paulinischen Briefen, doch reklamiert er maximal indirekt Paulus als Verfasser für sich.

Die weiteren Briefe lesen sich stärker als diejenigen des *Corpus Paulinum* eher wie Lehr- oder Rundschreiben. Adressaten: die christliche Welt insgesamt. Deshalb finden wir sie oft unter der Überschrift „katholische Briefe" vereint (*katholikos* = „allumfassend"). Benannt werden sie nach den vermeintlichen/behaupteten Verfassern (und sortiert in der Reihenfolge von Gal 2,9): Der (erste/zweite/

dritte) Brief des ... Jakobus (Jak); Petrus (1 Petr, 2 Petr); Johannes (1 Joh, 2 Joh, 3 Joh); Judas (Jud).

Antike Postformalia

Damit dürfte für die Orientierungsfähigkeit im Großen erst einmal ausreichend Hintergrund geschaffen sein. Für die Orientierung im Kleinen ist ein Blick auf das antike Briefformular hilfreich. Formelhafte Passagen finden wir überwiegend am Anfang und am Ende des Briefes (unserem heutigen „Sehr geehrte Damen und Herren ...“ und „Mit freundlichen Grüßen“ vergleichbar).

Aufbauschema eines antiken Briefes

1. Briefeingang

- 1.1. Präskript
  Absender – Adressat – Eingangsgruß
- 1.2. Proömium
  z. B. Wohlergehens-/Gesundheitswunsch; Dank(sagungen); Gedenken und Fürbitte; Freudenäußerung; Lobpreis Gottes

2. Briefkorpus

- 2.1. Korpuseröffnung
- 2.2. Korpusmitte
- 2.3. Korpusabschluss

3. Briefschluss

- 3.1. Epilog
  z. B. Schlussmahnungen; Nachdenken über Schreibakt; Besuchswunsch/Reisepläne
- 3.2. Postskript
  z. B. Grüße; Wünsche („Lebe wohl!“); Eigenhändigkeitsvermerk

Besonders das Proömium als (standardisierter) Teil der Brieferöffnung hat es mir persönlich angetan. Hier findet sich mitunter etwas, das als „captatio benevolentiae" bezeichnet wird – als „Haschen nach Wohlwollen". Schmeichelhafte Worte zu Beginn wollen den Boden dafür bereiten, dass die anschließend folgenden Anliegen, Bitten, Forderungen positiv gestimmt aufgenommen werden und der Brief seine intendierte Wirkung entfalten kann.

> **Logbucheintrag:** „Ich danke meinem Gott jedes Mal, wenn ich bei meinen Gebeten deiner gedenke. Denn ich höre von deinem Glauben an Jesus, den Herrn, und von deiner Liebe zu ihm und zu allen Heiligen. Ich bete, dass unser gemeinsamer Glaube in dir wirkt und du all das Gute in uns erkennst, das auf Christus gerichtet ist. Denn viel Freude und Trost hatte ich an deiner Liebe, weil durch dich, Bruder, das Innerste der Heiligen erquickt worden ist." (Phlm 4–7)

Schreib mal wieder!

Ob und inwiefern einzelne neutestamentliche Briefe mit ihren Anliegen erfolgreich gewesen sind oder nicht, das lässt sich kaum ermitteln. Konkrete Resultate kennen wir so gut wie nicht – haben wir doch stets nur die eine Seite der Kommunikation vor Augen/Ohren. So bleibt vieles unserer eigenen Fantasie und Vorstellungskraft überlassen.

Und wer weiß: Vielleicht bringt Sie Ihre *Reise* in die neutestamentliche Briefliteratur ja dazu, selbst ein wenig zu schreiben – ob kleine *Reisepostkarten* von unterwegs oder lange *Antwortbriefe* an Paulus. So lebt die Heilige Schrift fort bzw. wird fortgeschrieben in unser (Glaubens-)Leben hinein. Paulus wäre entzückt.

Souvenirs:

- Eine wichtige Erkenntnis: Theologie und Gemeinde sind immer im Entstehen – Veränderung und Weiterentwicklung eingeschlossen.
- Mein *Handgepäck* ist reichlich mit Briefen gefüllt. Es wurde viel geschrieben und gestritten. Das ist anregend, wenn sich heute ab und an in Kirchen und Gemeinden Sprachlosigkeit, Desinteresse und ein oberflächlich-unehrliches Harmoniebedürfnis breit zu machen drohen.
- Für mein Kommunizieren in unterschiedlichen Formen ein anregendes Mitbringsel: die „captatio benevolentiae“, das „Haschen nach Wohlwollen“. Damit gelingt so manches besser und leichter.

Gewichtige Korrespondenz mit Schliff – Die beiden Briefe an die Gemeinde in Korinth

Christian Schramm

Alle, die einen literarischen *Ausflug* ins *Corpus Paulinum* (s. Einführung Briefliteratur) unternehmen möchten, haben unterschiedliche Optionen. Wer (vermutlich) *Original-Paulus* in knappster, aber nicht minder eindrücklicher Form genießen möchte, dem sei der Phlm empfohlen. Wer es dagegen ausgiebig und hochtheologisch mag (und auch Spaß am *Durchkauen* hat), der wird mit Röm vermutlich glücklich werden. Wer Paulus so richtig leidenschaftlich und kämpferisch in Fahrt erleben möchte, sollte mal in den Gal hineinlesen.

Und wer thematische Vielfalt bevorzugt und gerne in entstehende christliche Gemeinden mit ihren Fragen, Sorgen, Nöten, Herausforderungen hineinschnuppert, dem möchte ich besonders die beiden Briefe an die Gemeinde in Korinth (1 Kor, 2 Kor) ans Herz legen.

Kopfzerbrechen zu Beginn I: Von Briefteilungs- und Briefzusammenstellungshypothesen

1 und 2 Kor stehen im Kanon unmittelbar nach dem Röm, was schon auf ihre Länge hinweist: Nach dem Röm sind dies die beiden längsten Briefe im Neuen Testament (1 Kor: 16 Kapitel; 2 Kor: 13 Kapitel) und zählen zu den paulinischen *Hauptbriefen*.

Eventuell sind in den beiden uns vorliegenden Briefen mehrere paulinische Einzelbriefe verarbeitet; derartige Briefteilungs- und Briefzusammenstellungshypothesen werden in der Wissenschaft immer wieder diskutiert. Für Ihre *Reise* in 1 und 2 Kor ist dies allerdings nur am Rande von Belang. Sollten Sie mal stark über Ungereimtheiten, Stimmungswechsel oder literarische Brüche stolpern, dann kann das an einer Schreibpause des Paulus liegen oder daran, dass ursprünglich selbstständige Einzelschreiben redaktionell zusammengefügt worden sind.

Was jedoch aus den Briefen selbst ersichtlich wird: Zwischen Paulus und der Gemeinde in Korinth hat ein reger Austausch stattgefunden und zumindest die Schreiben der Korinther sind verloren gegangen und nur aus Hinweisen bei Paulus zu erschließen (vgl. 1 Kor 7,1; ggf. 1 Kor 8,1). Doch vermutlich sind auch Briefe von Paulus nicht erhalten geblieben (vgl. 1 Kor 5,9).

Kopfzerbrechen zu Beginn II: Von Interpolationshypothesen

Noch ein Punkt ist bei Paulusbriefen bedeutsam: Da sie schon früh gesammelt, zusammengestellt, abgeschrieben und weitergegeben worden sind, kann es natürlich sein, dass Änderungen und/oder Ergänzungen vorgenommen worden sind. Das ist im Einzelfall argumentativ äußerst schwierig nachzuweisen und dementsprechend ebenfalls meist sehr strittig.

In 1 Kor findet sich jedoch eine Passage, die stark danach *riecht*, später eingetragen worden zu sein (man spricht dann von einer *nachpaulinischen Interpolation*): In 1 Kor 14,33b–36 wird den Frauen geboten, in der Gemeindeversammlung zu schweigen. Das mag so überhaupt nicht zu Paulus passen (vgl. Gal 3,28) und steht auch im Widerspruch zu 1 Kor 11,2–16. An letzterer Stelle steht nicht zur Diskussion, dass Frauen in der Gemeindeversammlung den Mund auftun – die Frage ist nur, wie sie dabei auszusehen haben. Zugleich klingt 1 Kor 14,33b–36 ziemlich ähnlich wie 1 Tim 2,8–15 – und dies wiederum wird zumeist als deuteropaulinisch angesehen (s. Einführung Briefliteratur; s. Pastoralbriefe).

Von daher halte ich persönlich die Einschätzung, dass 1 Kor 14,33b–36 eine nachpaulinische Ergänzung darstellt, für plausibel – wohl wissend, dass hier auch der Wunsch Vater des Gedankens sein kann (ich will mein Bild von Paulus als frauenfreundlich-liberalem Theologen retten).

Die Zieladresse: Korinth – eine Hafenstadt mit allem Drum und Dran

Für Ihre *Reisevorbereitung* ist auf jeden Fall ein Blick auf die Adressaten der beiden Briefe und deren Lebensverhältnisse spannend. Die Gemeinde in Korinth ist von Paulus selbst gegründet worden, vermutlich 50/51 n. Chr., wobei Paulus längere Zeit in Korinth weilt.

Seit 27 v. Chr. ist Korinth die Hauptstadt der römischen Provinz Achaia (während Jesus eher ein *Landkind* war und größere Städte scheinbar bewusst gemieden hat, zieht es Paulus durchweg in die Metropolen der antiken Welt), eine pulsierende, aufstrebende Stadt, näherhin Handels- und Hafenstadt. Über gleich zwei Häfen (Kenchreä und Lechaion) verfügt Korinth, was für eine gute Verkehrsanbindung und florierende Geschäfte sorgt.

Zugleich zeichnet Korinth das aus, was großen Hafenstädten bis heute anhaftet: Auch Lust und Laster, Kriminalität und dunkle Machenschaften blühen auf; salopp gesagt: Auch Korinth hat sein *St. Pauli*. In der Antike ist das geradezu *sprichwörtlich* bzw. sprachbildend geworden: Es gibt ein eigenes Verb, das den *korinthischen Lebenswandel* nicht gerade eben sehr schmeichelhaft ins Wort bringt.

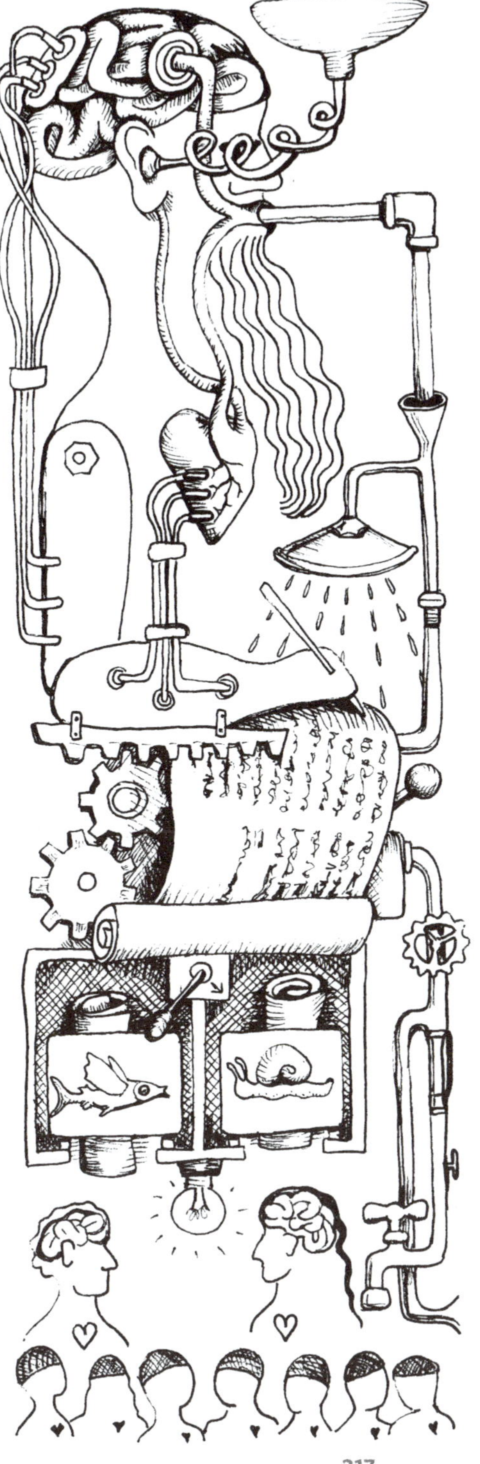

Kleiner Sprachführer:
Κορινθιάζομαι = *Korinthiazomai* = „Unzucht/Hurerei praktizieren".

Korinth hat somit, heutigen Großstädten gut vergleichbar, eine bunte Vielfalt zu bieten – auch in sozialer Hinsicht. Und die korinthische Gemeinde wiederum scheint ein gut repräsentatives Abbild dieser Vielfalt darzustellen; das zumindest lässt die Nebenbemerkung in 1 Kor 1,26 erahnen.

Logbucheintrag: „Seht doch auf eure Berufung, Brüder und Schwestern! Da sind nicht viele Weise im irdischen Sinn, nicht viele Mächtige, nicht viele Vornehme" (1 Kor 1,26).

Hinsichtlich der Einwohnerzahl sind Aussagen zu antiken Städten immer schwierig und mit Unsicherheiten behaftet. Paulus dürfte ein Korinth mit etwa 100.000 Einwohnern angetroffen haben. Noch schwieriger wird es mit Blick auf die Größe der christlichen Gemeinde dort: Die Schätzungen schwanken zwischen 30/40 bis zu 200 Personen.

Vor Ort in Korinth dürfte sich Paulus ziemlich gut zurecht gefunden haben, da Korinth einen ähnlichen Stadtplan wie andere antike Großstädte aufweist, mit Toren, Cardo und Decumanus (den beiden Hauptverkehrsachsen), Agora/Forum (= Marktplatz und Kommunikationszentrum), Stadion, Theater, Thermen (= Badehaus), Gymnasium (= Erziehung für Körper und Geist, also Schule/Universität und Sportanlage in einem) sowie zahlreichen Tempeln und Heiligtümern.

Zwei antike Briefe durch und durch – Ein Blick auf die Komposition

Damit dürften wir für unsere *Lese-Reise* in die beiden Korintherbriefe mit ausreichend Hintergrundinfos versorgt sein. Ein letzter vorbereitender Blick soll dem zu *bereisenden* literarischen *Gelände* gelten, sprich: Zur Orientierung ist ein Blick auf die Gliederung der beiden Briefe hilfreich. Gerade 1 Kor lässt sich sehr schön nach einzelnen Themen/Streitfragen aufteilen; hier arbeitet Paulus phasenweise richtiggehend einen *Fragenkatalog* ab. Beide Briefe folgen dem Grundbauplan eines antiken Briefes (s. Einführung Briefliteratur)

1 Kor	
1. Briefeingang	1,1–9
2. Briefkorpus	1,10–15,58 (zahlreiche Themen werden behandelt, u. a. Spaltungen, Missstände vor Ort, Götzenopferfleisch-Problematik, Fragen des Gottesdienstes, Totenauferweckung)
3. Briefschluss	16,1–24
2 Kor	
1. Briefeingang	1,1–11
2. Briefkorpus	1,12–13,10 (thematisch geht es u. a. um den Dienst als Apostel, die Kollekte für Jerusalem, Auseinandersetzungen mit Gegnern)
3. Briefschluss	13,11–13

Verfasst hat Paulus den 1 Kor vermutlich 54/55 n. Chr. in Ephesus; der 2 Kor dürfte wenig später (55 n. Chr.) in Makedonien entstanden sein.

Reisezielmöglichkeiten: Paulus kennenlernen oder Souvenirs sammeln

Jetzt sind wir gut gerüstet, um in die beiden Korintherbriefe *hineinzureisen*. Allen, die Denkart, Theologie und Leidenschaft des Apostels Paulus erforschen und kennenlernen wollen, sei eine ausgiebige *Rundreise* empfohlen. Gerade in 1 und 2 Kor wird die Prägung des Paulus deutlich: Er ist und bleibt ein umtriebiger *pastoraler Networker*, ein emsiger *Gemeindemanager*.

Allen, die eher stichpunktartig *Tagesausflüge* unternehmen möchten, möchte ich im Folgenden ein paar persönliche Highlights und *Souvenirs* aus der bunten Vielfalt vorstellen. Zur Inspiration und zum Ausprobieren. Dabei wird – persönlich bedingt – der Schwerpunkt auf 1 Kor liegen. Aber vielleicht packt es Sie ja und Sie finden ganz andere persönliche *Schätze* in 1 und 2 Kor.

Reise-Highlight I: „Nur die Liebe zählt!" (1 Kor 13)

Mein erstes *Reise-Highlight* in 1 Kor ist ein *Klassiker*, der manchmal schon ein wenig *abgenutzt* wirken kann – leider. 1 Kor 13, das „Hohelied der Liebe", ist vermutlich mit eine der beliebtesten Hochzeitslesungen und Teile daraus finden auch oft auf Grußkarten Verwendung.

So kann es sein, dass gerade dieser poetisch unglaublich starke und eindrückliche Text eher Gähnen denn Herzklopfen hervorruft – was sehr schade wäre. Sollte bei Ihnen auch eine Art *Ermüdungseffekt* mit Blick auf 1 Kor 13 einsetzen, dann mag die Verwendung unterschiedlicher deutscher Übersetzungen hilfreich sein. Einen allzu bekannten Text einmal anders und neu zu hören, kann heilsam sein. Die Botschaft von 1 Kor 13 auf eine Kurzformel gebracht: „Ohne die Liebe ist alles doof bzw. nichts!" Dieses Kapitel ist für einen längeren *Aufenthalt* ebenso lohnend wie für regelmäßige *Stippvisiten*.

> **Logbucheintrag:** „Wenn ich in den Sprachen der Menschen und Engel redete, hätte aber die Liebe nicht, wäre ich dröhnendes Erz oder eine lärmende Pauke." (1 Kor 13,1)

> **Logbucheintrag:** „Die Liebe ist langmütig, die Liebe ist gütig. Sie ereifert sich nicht, sie prahlt nicht, sie bläht sich nicht auf." (1 Kor 13,4)

Reise-Highlight II: Von Charismen und Gliederpolitik (1 Kor 12)

Auch das Kapitel davor zählt vermutlich zu den bekannteren Passagen von 1 Kor – bei meiner *Highlight-Empfehlungsliste* darf 1 Kor 12 auf keinen Fall fehlen. Hier entwickelt Paulus zum einen seine *Charismenlehre* (Charismen = Geistesgaben). In meinen Augen besonders inspirierend dabei: die *Nutzenorientierung*, und zwar mit Blick auf andere.

> **Logbucheintrag:** „Jedem aber wird die Offenbarung des Geistes geschenkt, damit sie anderen nützt." (1 Kor 12,7)

Ein Charisma habe ich also nicht, damit ich davon profitiere oder mich gut oder gar als etwas Besseres fühle, sondern ein Charisma ist ein Geschenk des Heiligen Geistes an mich, damit ich es zum Wohl anderer einsetze. Diese Haltung gibt zu allen Zeiten eine gute Orientierung!

Vergleichbares gilt für den zweiten Teil von Kap. 12, das Bildwort vom einen Leib mit seinen vielen Gliedern. Paulus ist sich sehr wohl bewusst, dass es in den Gemeinden vor Ort nicht immer friedlich und harmonisch zugeht (vgl. auch 1 Kor 1,10–17). Gerade in Korinth scheint es jede Menge Konfliktpotenzial gegeben zu haben. Mit der Leibmetapher will Paulus hier ein starkes, eine gemeinsame Identität und den Zusammenhalt beschwörendes Bild dagegensetzen – gegen Parteiungen, Überheblichkeiten und Spaltungen.

> **Logbucheintrag:** „Wenn darum ein Glied leidet, leiden alle mit; wenn ein Glied geehrt wird, freuen sich alle Glieder mit. Ihr aber seid der Leib Christi und jeder Einzelne ist ein Glied an ihm." (1 Kor 12,26–27)

Dabei verwendet Paulus das in der Antike durchaus bekannte Bild vom „Leib", aber deutlich anders als in der paganen Umwelt (nachzulesen bei Livius, Ab urbe condita Buch 2,32–33): Bei Livius wird erzählt, wie eine beginnende Revolution der unterdrückten Schichten gegen den Staatsapparat sowie die hierarchische Ständeordnung mit Hilfe der Erzählung vom Leib befriedet wird (wobei hier der Magen eine zentrale Rolle spielt – bei Paulus begegnet dieser nicht!). Das Bildwort vom Leib hat bei Paulus keine unterdrückenden Tendenzen und will einen ungerechten *Status Quo* nicht bewahren – ganz im Gegenteil. Gerade auch in aktuellen kirchlich-gemeindlichen Herausforderungen kann 1 Kor 12 höchst anregend sein.

Reise-Highlight III: Eine Art Mahl-Knigge (1 Kor 8 und 10)

Das dritte Highlight meiner persönlichen *Reise* durch 1 Kor offenbart seine aktuelle Relevanz erst auf einen zweiten Blick. Zunächst scheint es sich eher um Probleme einer vergangenen Zeit zu drehen.

In 1 Kor 8 und 10 findet sich so etwas wie ein *Mahl-Knigge* des Paulus. Hier geht es um das Essen von Götzenopferfleisch; kurz gesagt: von Fleisch, das aus kultisch-rituellen Schlachtungen im Zusammenhang mit heidnischen Opfern stammt und das damit ggf. heidnisch *kontaminiert* ist. Die Streitfrage: Darf ich derartiges Fleisch als Christ*in essen oder würde dies bedeuten, dass ich Götzendienst tue? Letzteres darf ich als Christ*in auf gar keinen Fall tun – aber wie verhält es sich nun mit dem Götzenopferfleisch?

Paulus selbst scheint eine eher liberal-offene Haltung zu haben (was soll schon passieren?!), doch plädiert er leidenschaftlich dafür, auf diejenigen Rücksicht zu nehmen, die damit ein Problem haben. Der Blick auf den „schwachen Bruder" muss mein Handeln bestimmen – nicht meine Erkenntnis oder meine Stärke.

> **Logbucheintrag:** „Doch gebt Acht, dass diese eure Freiheit nicht den Schwachen zum Anstoß wird. ... Wenn darum eine Speise meinem Bruder zum Anstoß wird, will ich bis in Ewigkeit kein Fleisch mehr essen, um meinem Bruder keinen Anstoß zu geben." (1 Kor 8,9.13)

> **Logbucheintrag:** „Alles ist erlaubt – aber nicht alles nützt. Alles ist erlaubt – aber nicht alles baut auf. Denkt dabei nicht an euch selbst, sondern an die anderen." (1 Kor 10,23–24)

Die hier ausgesprochenen Grundmaximen finde ich sehr inspirierend, auch wenn das konkrete Thema Götzenopferfleisch wirklich eines einer vergangenen Zeit ist. Inspirierend zumal, wenn wir bedenken, dass in diesem Konflikt hintergründig eventuell vorhandene soziale Spannungen in der Gemeinde zum Ausdruck kommen: Wer kann denn Fleisch auf dem Markt kaufen oder wird zu Gastmählern eingeladen? – Eher Angehörige der Oberschicht. Und wer sieht dies (aus der Ferne) und bekommt Gewissensprobleme? – Eher Angehörige der Unterschicht. Eben!

Reise-Highlight IV: Die rote Nase aufgesetzt und ab in die Bütt! (2 Kor 11–12)

Ein letztes persönliches Highlight, diesmal aus 2 Kor, das ich als *Reiseziel* empfehlen kann: 2 Kor 11,16–12,13. Hier redet Paulus als „Narr", weswegen diese Passage meist als „Narrenrede" bezeichnet wird.

> Logbucheintrag: „Noch einmal sage ich: Keiner soll mich für einen Narren halten. Tut ihr es aber doch, dann lasst mich auch als Narren gewähren, damit auch ich ein wenig prahlen kann!" (2 Kor 11,16)

Was Paulus hier tut: Er stimmt in einen Selbstrühmungschor des Prahlens ein – wie scheinbar seine Gegenspieler auch. In der Folge zählt er seine Verdienste, seine Leiden als Apostel, seinen Eifer, sein Engagement ... auf – womit er sich selbst über den grünen Klee lobt.

Das könnte peinlich werden („Eigenlob stinkt"), wenn Paulus nicht alles unter das Vorzeichen „Narr" stellen würde: „ich rede jetzt als Narr" (2 Kor 11,21), „jetzt rede ich ganz unvernünftig" (2 Kor 11,23). Offensichtlich kann sich Paulus diesem apostolischen Überbietungswettbewerb nicht entziehen, doch konterkariert er seine eigenen Worte, indem er immer die entscheidende Distanz auch zu sich selbst wahrt, die vor Hochmut, Überheblichkeit, Selbstüberschätzung und Weltfremdheit bewahrt.

> Logbucheintrag: „Ich muss mich ja rühmen; zwar nützt es nichts, trotzdem will ich jetzt ..." (2 Kor 12,1)

> Logbucheintrag: „Jetzt bin ich wirklich ein Narr geworden; ihr habt mich dazu gezwungen." (2 Kor 12,11)

Den Paulus der „Narrenrede“ finde ich ausgesprochen heilsam, wenn ich mich selbst mal wieder zu wichtig nehme oder ungebührlich hervortun möchte. Dann holt mich Paulus augenzwinkernd auf den Boden zurück: „Du Narr!“

Mit dieser *närrischen* Pointe ist meine Highlight-Auslese an ihr Ende gekommen, aber Ihre eigenen *Reisen* durch 1 und 2 Kor werden mit hoher Wahrscheinlichkeit noch jede Menge eigene *Souvenirs* zutage fördern. Gutes Gelingen dabei!

Souvenirs:

- Der (Heilige) Geist weht und wirkt und gestaltet. Und der Geist beschenkt auch mich mit Gaben (Charismen) – die ich zum Nutzen anderer einsetzen soll.
- Ich habe jede Menge Schnappschüsse aus dem Leben der korinthischen Gemeinde im Gepäck – und kann da wunderbar Schnappschüsse aus Gemeinden heute dazupacken.
- Das Motto: „Sei kein Narr!“ bzw. „Handle/rede nicht als Narr!“ Und wenn es trotz allem sein muss: „Dann sei dir stets bewusst, dass du als Narr agierst!“ – sprich: „Vergiss nie, dass du eine rote Nase aufgesetzt hast!“ Also: „Nimm dich selbst nicht so todernst und nicht so wichtig!“

In der Stadt der vielen Götter: Das topographische Streiflicht aus Korinth

Andrea Pichlmeier

Es ist ein stürmischer Tag. Wir sind auf den Spuren des Völkerapostels unterwegs und haben den Kanal von Korinth überquert, der erst im 19. Jahrhundert geschaffen wurde, um Schiffen den mühsamen Landtransport über den Isthmus, jene sechseinhalb Kilometer breite Landenge zwischen dem Golf von Korinth und dem Saronischen Golf, zu ersparen. In der Antike mussten Seefahrer, wollten sie die gefährliche Umsegelung der Südspitze des Peloponnes vermeiden, ihre Schiffe über eine eigens angelegte Straße, den sogenannten *Diolkos*, ziehen, wobei untergelegte Walzen zum Einsatz kamen.

In Kenchreä, einem der beiden Häfen von Korinth, soll Paulus sich auf seiner zweiten Missionsreise nach Syrien eingeschifft haben. Hier soll es außerdem nicht nur eine Gemeinde, sondern auch eine Diakonin (*diakonos*) namens Phöbe gegeben haben, die Paulus in Röm 16,1 den Gemeindemitgliedern in Rom wärmstens empfiehlt.

In einem Gottesdienst an Ort und Stelle gedenken wir der Christen und Christinnen von Kenchreä. Ein großer Stein wird zum Altar ernannt, und die Lesung muss natürlich aus der Feder des Paulus stammen. Die Wahl fällt auf die abschließenden Mahnungen im Schlussteil des zweiten Korintherbriefs: „Im Übrigen, Brüder und Schwestern, freut euch, kehrt zur Ordnung zurück, lasst euch ermahnen, seid eines Sinnes, haltet Frieden!“ (13,11) Alles das scheint nicht ganz einfach gewesen zu sein in Korinth. Die Stadt war ein multikultureller Schmelztiegel, und die Mentalität, die religiösen Prägungen und sozialen Schichten auch der Christen ließen sich vermutlich nur schwer auf einen Nenner bringen.

In Korinth verehrte man zahlreiche Götter und praktizierte verschiedene Kulte. Vor allem die heidnischen Opfer konnten Christen bei ihrer Gratwanderung zwischen Abgrenzung und Integration verunsichern. Durfte man Fleisch essen, das bei solchen Opferhandlungen übrigblieb? Konnte man sich dabei mit den heidnischen Göttern „infizieren“? Wie sollte man sich bei Einladungen in ein heidnisches Haus verhalten?

Wir wollen das antike Korinth befragen und begeben uns zu den „heidnischen Häusern“ bzw. zu dem, was von ihnen übriggeblieben ist. Aus meinem Rucksack hole ich Pausanias' „Beschreibung Griechenlands“ hervor. Der griechische Reiseschriftsteller und Geograph hat Korinth gut hundert Jahre nach Paulus besucht. Er interessierte sich nicht nur für Städte und Landschaften, sondern auch für Rituale und Kulte und ließ so gut wie kein Detail unerwähnt. Von der christlichen Gemeinde in Korinth allerdings findet sich kein Wort in seinen Beschreibungen. Offenbar ist sie in unserer Wahrnehmung größer und bedeutender, als sie es in der historischen Realität gewesen ist.

Das Korinth, das Paulus kannte, war eine römische Stadt. Nachdem die griechische Handelsmacht 146 v. Chr. von den Römern zerstört worden war, ließ Cäsar sie 44. v. Chr. neu gründen, ganz nach den Standards römischer Stadtarchitektur. Von den Stätten, die im Neuen Testament erwähnt werden, ist kaum etwas zu finden. Die Archäologen haben zwar Architekturfragmente von Synagogen entdeckt, darunter ein schönes Relief mit drei Menorot (siebenarmigen Leuchtern), aber die hat weder Paulus noch der Synagogenvorsteher Krispus gesehen, der nach Auskunft der Apostelgeschichte „mit seinem ganzen Haus zum Glauben an den Herrn“ gekommen ist. Das Relief stammt aus späterer Zeit. Das Bema hingegen, jener Richterstuhl, vor den Paulus nach Apg 18,12 von jüdischen Bewohnern der Stadt gebracht wird, um ihn vor dem Prokonsul Gallio anzuklagen, ist erhalten. Und vieles andere, was weder die Apostelgeschichte noch Paulus selbst erwähnen, auch.

Wir spazieren die antike Straße entlang, die vom Lechaionhafen bis zu den Propyläen des Forums führt, besichtigen die Peirene-Quelle mit dem Frauenbad und bestaunen den Apollontempel mit seinen sieben Säulen, die erhalten geblieben sind und heute, weithin sichtbar, als Wahrzeichen von Korinth gelten. Zur Zeit des Paulus wohnte hier noch ein griechischer Gott.

Ordnung muss sein – auch auf Reisen: Die Pastoralbriefe

Andreas Leinhäupl

Reisevorbereitungen: Begriffsklärungen und Hintergründe

Urlaubspost: Drei Briefe – ein Paket

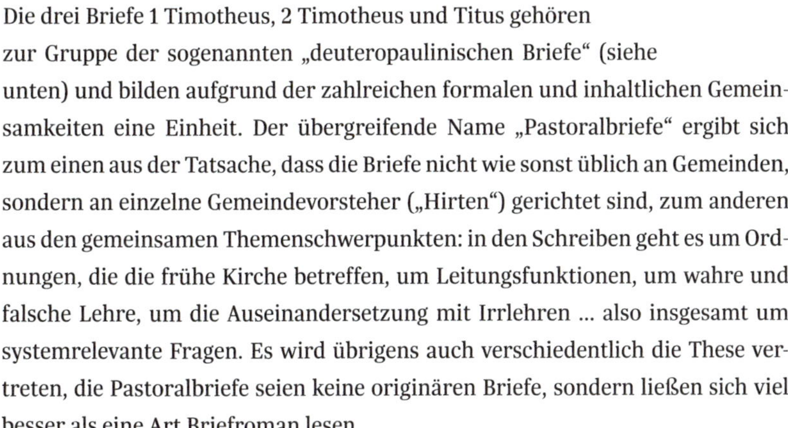

Die drei Briefe 1 Timotheus, 2 Timotheus und Titus gehören zur Gruppe der sogenannten „deuteropaulinischen Briefe“ (siehe unten) und bilden aufgrund der zahlreichen formalen und inhaltlichen Gemeinsamkeiten eine Einheit. Der übergreifende Name „Pastoralbriefe“ ergibt sich zum einen aus der Tatsache, dass die Briefe nicht wie sonst üblich an Gemeinden, sondern an einzelne Gemeindevorsteher („Hirten“) gerichtet sind, zum anderen aus den gemeinsamen Themenschwerpunkten: in den Schreiben geht es um Ordnungen, die die frühe Kirche betreffen, um Leitungsfunktionen, um wahre und falsche Lehre, um die Auseinandersetzung mit Irrlehren ... also insgesamt um systemrelevante Fragen. Es wird übrigens auch verschiedentlich die These vertreten, die Pastoralbriefe seien keine originären Briefe, sondern ließen sich viel besser als eine Art Briefroman lesen.

Besondere Reisebekanntschaften: Timotheus und Titus

Die drei Schreiben richten sich explizit an zwei der wichtigsten Mitarbeiter des Paulus, die damit als so etwas wie exemplarische Gemeindemitglieder fungieren. Timotheus wird in Apg 16,1 und 20,4 als Begleiter des Paulus auf dessen zweiter und dritter Missionsreise ausgewiesen, gilt als Mitabsender verschiedener Paulusbriefe (vgl. 1 Thess) und taucht darüber hinaus in mehreren Grußlisten der Paulusbriefe auf (vgl. nur Röm 16,10). In Apg 16,1–5 erfährt man noch, dass Timotheus als Sohn einer gläubig gewordenen Jüdin und eines Griechen aus Lystra stammt und dass Paulus ihn aus Rücksicht auf die Juden beschneiden ließ.

Logbucheintrag: „Er kam auch nach Derbe und nach Lystra. Und siehe, dort lebte ein Jünger namens Timotheus, der Sohn einer gläubig gewordenen Jüdin und eines Griechen. Er war Paulus von den Brüdern in Lystra und Ikonion empfohlen worden. Paulus wollte ihn als Begleiter mitnehmen und ließ ihn mit Rücksicht auf die Juden, die in jenen Gegenden wohnten, beschneiden; denn alle wussten, dass sein Vater ein Grieche war." (Apg 16,1–3)

Titus war einer der ersten Mitarbeiter des Paulus und offensichtlich viele Jahre mit ihm unterwegs. Er weist nach 2 Kor 7 eine enge Beziehung zu Korinth auf und begleitet Paulus zum Apostelkonvent (Gal 2).

Logbucheintrag: „Vierzehn Jahre später ging ich wieder nach Jerusalem hinauf, zusammen mit Barnabas; ich nahm auch Titus mit." (Gal 2,1)

Gemeindesituation

Aufgrund der deutlichen Mahnungen des Briefschreibers kann man schließen, dass es innerhalb der Gemeinde bereits eine Art Organisation sowie verschiedene Amtsträger gibt, die verschiedene Aufgaben übernehmen. Zudem scheint die Gemeinde von Irrlehrern bedroht zu sein, so dass in den Briefen immer wieder die Aufforderung ergeht, an der richtigen Lehre festzuhalten.

Verfasser

Weitgehend unumstritten ist in der Forschung die Annahme, dass Paulus nicht selbst der Verfasser der Pastoralbriefe ist. Dafür sprechen vor allem die völlig veränderte Gemeindesituation im Gegensatz zu den „echten" Paulusbriefen sowie ein neues Verständnis der Autorität des Apostels, das sich im Zusammenhang der deuteropaulinischen Briefe deutlich wandelt. Zu rechnen ist also mit einer pseudepigrafischen Verfasserschaft, das heißt ein unbekannter Verfasser, oder eine Verfassergruppe haben Paulus als Absender eingesetzt, um unter Rückgriff auf die Autorität des Paulus die eigenen Gemeinden auf Missstände und Fehlentwicklungen hinzuweisen. Mithilfe dieser (in der Antike nicht unüblichen) literarischen Fiktion entsteht eine Kontinuität der Christusbotschaft in Rückbindung an das Lebens- und Lehrvorbild des Paulus.

Reihenfolge und Datierung der Briefe

Die drei Briefe sind im Gegensatz zur Anordnung im biblischen Kanon ursprünglich wohl eher in der Reihenfolge 1 Tim – Tit – 2 Tim erschienen. Darauf lässt der abschließende Charakter des 2 Tim schließen: Dieser Brief setzt die Gefangennahme des Paulus in Rom als Schreibsituation voraus und wird gewöhnlich als das „Testament des Paulus" deklariert. Timotheus wird als enger Mitarbeiter mit dem Auftrag betraut, nach dem Lebensvorbild des Paulus dessen Werk als Verkünder der Botschaft Jesu fortzusetzen.

Da alle drei Briefe einmütig bereits eine mehr oder weniger deutliche Gemeindestruktur voraussetzen, ist eine Datierung der Briefe zu Beginn des 2. Jahrhunderts wahrscheinlich. Die mehrfache Erwähnung von Ephesus (1 Tim 1,3; 2 Tim 1,18; 4,12) weist auf eine Kommunikationssituation ebendort in Kleinasien hin.

Lesetipp: Herrmann von Lips: Timotheus und Titus. Unterwegs für Paulus, Leipzig 2008.

Ausflüge in die Pastoralbriefe

Der erste Brief an Timotheus

1,1–20	Briefeingang
2,1–3,16	Briefkorpus Teil 1: Weisungen für die Gemeinde
4,1–6–2	Briefkorpus Teil 2: Weisungen an Timotheus
6,3–21	Briefschluss

Nachdem Timotheus im Präskript als Adressat genannt und als „rechtmäßiges Kind des Glaubens" (1 Tim 1,2) ausgewiesen wird, erinnert der Briefautor ihn an seinen Auftrag, die Gemeinde zu führen und sie vor Irrlehrern zu schützen.

Logbucheintrag: „Paulus, Apostel Christi Jesu gemäß dem Auftrag Gottes, unseres Retters, und Christi Jesu, unserer Hoffnung, an Timotheus, sein rechtmäßiges Kind im Glauben. Gnade, Erbarmen und Friede von Gott, dem Vater, und Christus Jesus, unserem Herrn." (1 Tim 1,1f.)

Der Brief zeigt dann im ersten großen Durchgang grundsätzliche Richtlinien für die gesamte Gemeinde, wobei die Gemeindeleiter, die Diakonie und nicht zuletzt die Kirche „als Säule und Fundament der Wahrheit" im Vordergrund stehen. Es sei darauf hingewiesen, dass sich innerhalb dieser Gemeindeordnung die viel diskutierten und umstrittenen Aussagen über die Unterordnung der Frauen finden (1 Tim 2,8–15), die heute sicher nur schwer nachvollziehbar sind und die einer umfangreichen zeit- und religionsgeschichtlichen Einordnung bedürfen.

Lesetipp: Jürgen Roloff: Der erste Brief an Timotheus (EKK 15), Neukirchen-Vluyn 1988, S. 125–147.

Im zweiten Teil erfolgen dann direkte Anweisungen an Timotheus, die sich auf die Gemeindeleitung beziehen: die Bewehrung der Gemeinde vor Irrlehrern, die Frage nach dem Umgang mit Witwen, Regeln für die Gemeindeältesten sowie Ermahnung an die Sklaven. Im Briefschluss wendet sich der Briefschreiber wieder direkt an Timotheus, ermahnt ihn zur Treue gegenüber seinem Christusbekenntnis und fordert ihn auf, sich vor der „falschen Erkenntnis" fernzuhalten.

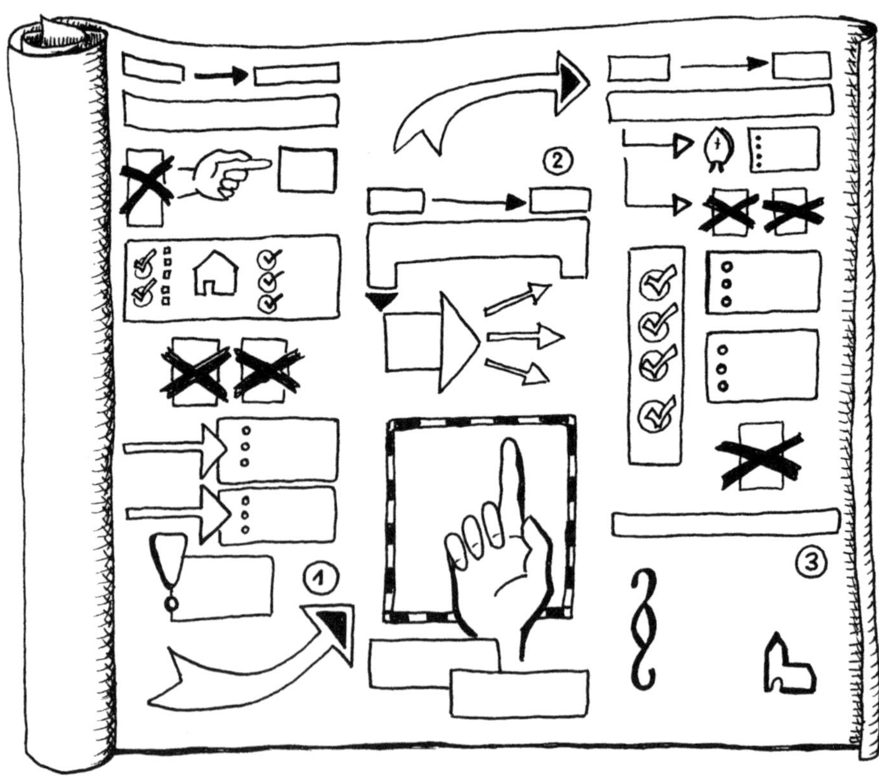

Der zweite Brief an Timotheus

1,1–18	Briefeingang
2,1–4,8	Briefkorpus: Mahnungen an Timotheus
4,9–22	Briefschluss

Zu Beginn dieses Schreibens wird Timotheus als „geliebtes Kind“ angesprochen. Die Ausgangslage des Briefes wird mehrfach angedeutet: Aus der Gefangenschaft in Rom heraus setzt Paulus den Timotheus als seinen Nachfolger ein und gibt ihm für diese Aufgabe verschiedene Anregungen und Ermutigungen. Dabei geht es neben den Selbstaussagen des Paulus um Details für die Weitergabe des Glaubens sowie wiederum um den Umgang mit Irrlehrern, d.h. den kämpferischen Einsatz für den Glauben an Jesus Christus. Im Rückgriff auf seine eigene Vorbildfunktion sowie mit Blick auf die endzeitliche Situation der Menschen übergibt der Apostel seine Lehre an den ebenso vorbildlichen Leiter der Gemeinde, sichert damit die Weitergabe derselben und installiert auf diese Weise das apostolische Kontinuitätsprinzip in Kleinasien.

Der Brief an Titus

1,1–4	Präskript
1,5–3,7	Briefkorpus
3,12–15	Briefschluss

Im Brief an Titus geht es – wie in den Timotheus-Briefen auch – um die Verteidigung der „richtigen“ Lehre innerhalb einer Gemeindeordnung und damit um die Auseinandersetzung mit den Irrlehrern. Titus, der im Präskript als „rechtmäßiges Kind“ bezeichnet wird, soll diesbezüglich auf Kreta für Ordnung sorgen. Neben den aus den beiden anderen Briefen nun schon bekannten Argumentationsschemata fällt in diesem Schreiben vor allem die ausführliche Haustafel, oder auch Ständeordnung genannt, in Tit 2,1–10 ins Auge, in der sittliche Werte für die verschiedenen sozialen Gruppen innerhalb der Gemeinde zusammengestellt sind. Diese Verhaltensregularien werden im Anschluss (2,11–15) mit dem Christusgeschehen korreliert und abschließend (3,1–8) in eine Reihe von allgemeinen Anweisungen für das Gemeindeleben überführt, die „gut und für die Menschen nützlich“ (3,8) sind.

Logbucheintrag: „Denn die Gnade Gottes ist erschienen, um alle Menschen zu retten. Sie erzieht uns dazu, uns von der Gottlosigkeit und den irdischen Begierden loszusagen und besonnen, gerecht und fromm in dieser Welt zu leben, während wir auf die selige Erfüllung unserer Hoffnung warten: auf das Erscheinen der Herrlichkeit unseres großen Gottes und Retters Christus Jesus." (Tit 2,11–13)

Drei Souvenirs aus Kleinasien

Gemeindeordnung und Bekenntnis zu Jesus Christus

Das Zusammenspiel von struktureller Ordnung innerhalb der Gemeinde und dem uneingeschränkten Bekenntnis zu Jesus Christus dürften die beiden sich gegenseitig ergänzenden Grundoptionen der Pastoralbriefe sein.

Die in verschiedene soziale Bereiche hinein ausformulierte Gemeindeordnung scheint tatsächlich dazu zu dienen, die Christ*innen innerhalb der damaligen Gesellschaft als perfekte Gruppierung erscheinen zu lassen. Die Hinweise auf das Gremium der Presbyter sowie auf die Leitungsämter der Bischöfe und Diakone lässt auf eine abgestuftes Autoritäts- und Leitungsstruktur schließen, die verschiedene Funktionsbereiche aufweist – eine hierarchische Struktur, die sich dann im weiteren Verlauf der (Kirchen)Geschichte verfestigen wird.

Was das in den Briefen immer wieder aufgerufene Christusbekenntnis angeht, sei auf den berühmten Christushymnus in 1 Tim 3,16 hingewiesen:

> **Logbucheintrag:** „Wahrhaftig, groß ist das Geheimnis unserer Frömmigkeit: Er wurde offenbart im Fleisch, gerechtfertigt durch den Geist, geschaut von den Engeln, verkündet unter den Heiden, geglaubt in der Welt, aufgenommen in die Herrlichkeit". (Tit 3,16)

Der Briefschreiber betont das Zusammenspiel von Menschwerdung und himmlischer Offenbarung des Gottessohnes und verknüpft damit einen weltweiten Verkündigungsauftrag.

Die Pastoralbriefe als kleiner Kanon der Paulusschule

Was wären die Pastoralbriefe ohne das Neue Testament? Und was wäre das Neue Testament ohne die Pastoralbriefe? Anders formuliert: Welche Funktion haben die Pastoralbriefe als „kleiner Kanon" innerhalb des Gesamtkanons neutestamentlicher Theologieentwürfe? Die drei Schreiben stellen einen inhaltlichen, strukturellen und sprachlichen Gesamtentwurf vor, der zeigt, wie man in nachpaulinischer Zeit aus dem Schatten des Paulus heraustreten kann. Der literarische Zugang über die Pseudepigraphie ist der erste Schritt zur Emanzipation von der ausschließlichen Orientierung an Paulus, ohne dabei gleichzeitig die Rückendeckung durch den „Über-Apostel" zu verlieren. Die Pastoralbriefe sind zum Teil Auseinandersetzung mit Paulus, darüber hinaus aber vor allem Reflexion über die grundlegende Rolle des Paulus in der Geschichte und über den heilsgeschichtlichen Ort seiner Mission. Wichtig dabei sind die eingearbeiteten Bezüge zum Judentum, zum Urchristentum, zur griechisch-römischen Welt. Dahinter steckt ein Antwortversuch auf die Frage, auf welcher Grundlage sich das nachpaulinische Heidenchristentum selbst und seinen Anspruch auf Dauer artikulieren kann. In Analogie zur Jesusbewegung, in der es ja um die Verlagerung der geistlichen Kompetenz vom Wandercharismatiker zur Ortsautorität geht und wo (häusliche) Strukturen und „Bürgerlichkeit" Ausdruck der Konsolidierung der Gemeinden sind, könnten wir die Pastoralbriefe als ein Modell der „Soziologie der Paulusbewegung" ausweisen.

Mein besonderes Mitbringsel: Die Pastoralbriefe als Katechese-Programm

Die Pastoralbriefe bieten ein umfassendes Modell von religiöser Erziehung und gruppenspezifischem Glaubenswissen (= christliche Existenz) im Rahmen bzw. in Auseinandersetzung mit ihrer kulturellen, politischen und religiösen Umwelt! Ansgar Wucherpfennig hat darauf hingewiesen, dass sich im Hintergrund der Pastoralbriefe aufgrund der immer wieder aufgerufenen „gesunden Lehre" bereits eine systematische Katechese abzeichnet, die wegweisend ist für ein innovatives missionarisches Konzept. Dabei wird einerseits auf die Ebene des häuslichen Unterrichts verwiesen, bei dem Glaubensüberzeugungen genrationsübergreifend weitergegeben werden (vgl. 2 Tim 1,5), andererseits auf den Bereich des öffentlichen Unterrichts, wo es um die Vermittlung der „weise machenden und zum Heil führenden" heiligen Schriften geht (vgl. 2 Tim 3,15–17), die schlussendlich auch die Grundlage für das Zusammenleben in der Gemeinde bilden kann.

> **Logbucheintrag:** „Du aber bleibe bei dem, was du gelernt und wovon du dich überzeugt hast. Du weißt, von wem du es gelernt hast; denn du kennst von Kindheit an die heiligen Schriften, die dich weise machen können zum Heil durch den Glauben an Christus Jesus. Jede Schrift ist, als von Gott eingegeben, auch nützlich zur Belehrung, zur Widerlegung, zur Besserung, zur Erziehung in der Gerechtigkeit, damit der Mensch Gottes gerüstet ist, ausgerüstet zu jedem guten Werk." (2 Tim 3,14–17)

Eine solche biblisch-katechetische Grundlegung ließe sich wohl sehr gewinnbringend für einen pastoraltheologischen Ansatz von Glaubenskommunikation weiterdenken.

Lesetipp: Ansgar Wucherpfennig: Missionarische Kirche im Neuen Testament, in: Geist und Leben 76/6 (2003) S. 434–445.

Vom Hirten zur Hierarchie: Das topographische Streiflicht aus Rom

Andrea Pichlmeier

Das *Museo Pio Cristiano* ist vielleicht die einzige Abteilung in den Vatikanischen Museen, die von den Touristenströmen verschont wird. Es zählt offenbar nicht zu den Highlights. Hier befinden sich Zeugnisse aus der Frühzeit des Christentums: Sarkophage mit biblischen Motiven, Tafeln mit Inschriften und vor allem viele gute Hirten. Das Motiv muss bei den Christen der Antike populär gewesen sein.

Tatsächlich ist der „gute Hirt" eine der ältesten und am meisten verbreiteten Bezeichnungen für Jesus Christus. Sie geht auf eines der sieben Ich-bin-Worte Jesu im Johannesevangelium (Joh 10,11.14) zurück. Das Hirtenbild selbst trifft man im gesamten Alten Orient und auch bei den Griechen und Römern an. Es wurde auf Herrscher und Verantwortungsträger bezogen. Die alttestamentlichen Könige galten als Hirten ihres Volkes und mussten es sich dabei gefallen lassen, im Namen Gottes als dem wahren Hirten Israels kritisiert zu werden. Die Gemeindeleiter der frühen Kirche wurden ebenfalls als Hirten bezeichnet, die im Auftrag des eigentlichen Hirten Jesus Christus handeln sollten.

Mit zunehmendem Wachstum der christlichen Gemeinden wurden stabile Strukturen erforderlich, bei denen man sich vor allem am monarchisch geführten römischen Haushalt orientierte, wie sich an den sogenannten Pastoralbriefen aus dem 2. Jahrhundert erkennen lässt. Dabei handelt es sich nicht um „Hirtenbriefe", wie sie in katholischen Diözesen zu Beginn der Fastenzeit verlesen werden, sondern um Schreiben an „Hirten" bzw. „Pastoren", die für die rechte Ordnung in ihren Gemeinden sorgen sollten. Wer das Amt eines Bischofs anstrebte, musste „untadelig, Mann einer einzigen Frau, nüchtern, besonnen" sein, außerdem „von würdiger Haltung, gastfreundlich, fähig zu lehren" (1 Tim 3,2). Von einer Frau als Gemeindeleiterin ist keine Rede. Das Christentum ist angekommen im römischen Patriarchat. Und da befindet es sich heute noch. Der erste Timotheusbrief stellt unmissverständlich klar, wie Frauen sich zu verhalten hatten: „Eine Frau soll sich still und in Unterordnung belehren lassen. Dass eine Frau lehrt, erlaube ich nicht, auch nicht, dass sie über ihren Mann herrscht; sie soll sich still verhalten" (1 Tim 2,11–12).

Es mag Gründe gegeben haben, das römische Modell einer monarchischen Organisation zu übernehmen, die vom *pater familias* regiert und kontrolliert wurde. Das Christentum hat sich vor allem in den Städten des Römischen Reichs entfaltet und sich an den Strukturen und Rollenmustern orientiert, die bekannt und anerkannt waren. Dabei gab es jedoch Verlierer bzw. Verliererinnen. Frauen hatten in den frühen paulinischen Gemeinden eine zentrale Rolle gespielt, in der römischen Gesellschaft hatten sie, jedenfalls in der Öffentlichkeit, nichts zu sagen.

Im 4. Jahrhundert hatte sich das römische Modell gegenüber dem paulinischen durchgesetzt, und wenn die Bischöfe bis heute als Hirten oder gar „Oberhirten" in der Kirche gelten, so weigern sich im 21. Jahrhundert nicht nur Frauen zusehends, sich mit der komplementären Rolle eines Schafs zu identifizieren.

Katholiken seien „Individuen und Herdenmenschen, Demokraten und Untertanen, treu und treudoof", schreibt mit spitzer Feder die Journalistin und nach eigener Auskunft hartnäckige Katholikin Christiane Florin. (Nachzulesen in Christiane Florin, Trotzdem! Wie ich versuche, katholisch zu bleiben, München (Kösel-Verlag) 2020, 12) Und: Die katholische Konditionierung habe vor allem Frauen zur Dauerdemut verdonnert. Diese Konditionierung funktioniert allerdings längst nicht mehr. Immer mehr „Schafe" verlassen die Herde und empfinden sich dabei alles andere als verloren.

Ich möchte das Bild vom guten Hirten nicht missen. Es ist irgendwie zeitlos, auch wenn es heutiger Lebenswirklichkeit nicht mehr entspricht. Auch die Pastoralbriefe möchte ich nicht missen. Sie sind allerdings nicht zeitlos, und sie sollten auch nicht das letzte Wort haben, wenn es darum geht, wer in der Kirche Leitung und Verantwortung übernehmen kann.

Eine apokalyptische *Achterbahnfahrt* mit *Happy End* – Die Offenbarung des Johannes

Christian Schramm

„Das Beste kommt zum Schluss“ (so der Titel einer Tragikomödie aus dem Jahr 2007)– unter diesem Motto möchte ich Sie dazu verführen, ganz ans Ende Ihrer Bibel zu blättern und ein Buch als mögliches *Reiseziel* in Betracht zu ziehen, das gemeinhin als schwierig-sperrig, anstrengend, gewalttätig-blutrünstig gilt: die Offenbarung des Johannes (Offb).

Kleiner Sprachführer:
Der Name „Offenbarung des Johannes“ stammt aus Offb 1,1. „Offenbarung“, im Griechischen Ἀποκάλυψις/*Apokalypsis* – von daher begegnet auch manchmal die Bezeichnung „Apokalypse (des Johannes)“.

Das „Buch mit sieben Siegeln“ stammt aus ihr (Offb 5,1) – und meist wird dieses geflügelte Wort mit Blick auf ein sich dem einfachen Verstehen widersetzenden Buch auf die Offb selbst angewandt.

Logbucheintrag: „Und ich sah auf der rechten Hand dessen, der auf dem Thron saß, eine Buchrolle; sie war innen und auf der Rückseite beschrieben und mit sieben Siegeln versiegelt.“ (Offb 5,1)

Kleiner Sprachführer:
Mehrere Ausdrücke aus der Offb sind gewissermaßen *sprichwörtlich* geworden: „das Buch mit sieben Siegeln" (Offb 5,1); „Harmagedon" (Offb 16,16); die „144.000", die gerettet werden (Offb 7,4).

Wer bis zum Schluss durchhält, wird belohnt

Viele, die mit der Offb schon mal in Berührung gekommen sind, dürften vermutlich direkt an Unheil, Feuer, Tod und Vernichtung, Blut und Gewalt, den Untergang der Welt in einer Katastrophe kosmischen Ausmaßes denken. Von daher mag es irritieren, dass ich eine *Reise* in die Offb unter das Leitwort „Das Beste kommt zum Schluss" stelle.

Aber ich finde zum einen, dass die Offb einen wirklich genialen Abschluss des Kanons darstellt. Zum anderen gilt das benannte Motto auch für die Offb als Buch selbst: Nach aller Zerstörung und Vernichtung folgt in Offb 21–22 ein nicht überbietbares heilvolles Ende – quasi *Weltuntergang mit Happy End*.

Logbucheintrag: „Dann sah ich einen neuen Himmel und eine neue Erde; denn der erste Himmel und die erste Erde sind vergangen, auch das Meer ist nicht mehr. ... [Gott; C. S.] wird in ihrer Mitte wohnen und sie werden sein Volk sein; und er, Gott, wird bei ihnen sein. Er wird alle Tränen von ihren Augen abwischen: Der Tod wird nicht mehr sein, keine Trauer, keine Klage, keine Mühsal. Denn was früher war, ist vergangen." (Offb 21,1.3–4)

Das klingt nach paradiesischen Aussichten – womit ganz am Ende der Bibel der Bogen zurück zum allerersten Anfang geschlagen wird, zur (ersten) Schöpfung von Himmel und Erde sowie zum (ersten) Paradies (Gen 1–2; s. Genesis). Damit schafft der Kanon aufs Ganze gesehen eine ausgesprochen inspirierende Rahmung.

Dieses Ende der Offb mag uns angesichts der vielfältigen Schreckensszenarien davor sehr willkommen sein. Ja, man mag versucht sein, einen *Kurzausflug* direkt zu Offb 21–22 zu unternehmen – und den Rest des Buches geflissentlich auszublenden. Davon möchte ich jedoch abraten, denn die überzeugende Wucht ihrer Botschaft entfaltet die Offb erst, wenn wir eine etwas längere literarische *Reise* durch sie auf uns nehmen.

Reisevorbereitung I: Eindenken und Einschwingen

Für eine derartige *Reise* durch die Offb ist ein wenig Vorbereitung nötig – zumindest, wenn die *Reise* fruchtbar und gewinnbringend sein soll. Die Offb ist nämlich in mehreren Punkten speziell und etwas gewöhnungsbedürftig. Die Offb ist das einzige *apokalyptische* Buch im Neuen Testament (nur in Mk 13 und den Parallelen Mt 24 und Lk 21 finden sich ähnliche Bilder und Aussagen; im Alten Testament gehört zu dieser Gattung das Buch Daniel) – und damit das einzige Buch im vierten Kanonteil des Neuen Testaments (s. Teil 1).

Apokalyptisches Denken zeichnet an erster Stelle eine Art *Weltpessimismus* aus. Der Apokalyptiker nimmt die Welt, in der er lebt, als schlecht, verdorben, sündhaft, gottlos wahr. Da ist schlechterdings nichts mehr zu machen: Die Welt geht unweigerlich auf ihren Untergang zu, ja sie muss es; und das ist gut so – so die Meinung des Apokalyptikers.

Innerweltlich ist eine Verbesserung nämlich nicht zu erwarten; der Neubeginn ist einzig und allein von Gott zu erhoffen. Dafür braucht es einen radikalen

Schnitt: Der „neue Himmel“ und die „neue Erde“ sind eben erst möglich, wenn das Alte vergangen ist (Offb 21,1). Gott rettet nicht vor der Katastrophe, sondern Gott rettet durch die Katastrophe (hindurch).

Vorher wird abgerechnet im großen kosmischen Endgericht. Jede*r bekommt, was er oder sie verdient. Dass der Apokalyptiker darum weiß und auch in groben Zügen den verborgenen Plan Gottes kennt, verschafft ihm einen entscheidenden Vorteil.

Kein Mainstream-Reiseziel: Eine spezielle Fan-Gemeinde am Rande

Weltuntergangsszenarien mit Feuersbrünsten, Krieg und Gewalt – derartige Schreckensbilder klingen erst einmal nicht nach einem besonders attraktiven Zukunftsplan. So verwundert es nicht, dass die Offb nicht bei allen Leser*innen auf begeisterte Gegenliebe stößt. Das war damals so und das ist heute so. Apokalyptische Literatur ist zu allen Zeiten Rand- und Außenseiterliteratur, *Untergrundliteratur*; mainstreamtauglich war sie nie.

Apokalyptiker*innen finden sich nie in den Zentren der Macht, nie in der Mitte der Gesellschaft, nie im Verbund mit der prosperierenden Wirtschaft. Sie sind vielmehr an den Rändern zuhause, werden oft an den Rand gedrängt, sozial isoliert (der Seher Johannes befindet sich auf Patmos – vermutlich nicht ganz freiwillig) und sie leiden unter den Gegebenheiten ihrer Zeit.

Angesprochen sind Menschen, die verfolgt, unterdrückt, benachteiligt, ausgebeutet werden, die nicht zu den gesellschaftlichen Gewinnern oder den herrschenden Eliten zählen, die sich zugleich nicht dem Anpassungsdruck einer Mehrheitsgesellschaft einfach beugen und die es in der Folge schwer haben im Leben. In dieser Situation der Anfeindung und Gefährdung erleben sie sich als zutiefst ohnmächtig.

Apokalyptiker*innen sind Propheten*innen, die die positive Zukunftshoffnung für diese Welt verloren haben, die das Vertrauen in eine innerweltliche, menschengemachte Verbesserung der Zustände aufgegeben haben. Deshalb: aus, vorbei, Ende – und dann ein Neustart durch Gott, der alles Dagewesene überbietet. Gott ist und bleibt der Herr der Geschichte und alles folgt dem (verborgenen) Plan Gottes.

Standortabhängige Reiseerlebnisse und -erfahrungen

Die Bilder von Vernichtung und Weltuntergang sowie die zeitliche Perspektive, dass es bis dahin nicht mehr lange dauern wird, können unterschiedliche Empfindungen auslösen: Dies kann Angst machen oder Hoffnung und Trost spenden – je nachdem, ob ich von den gegenwärtigen Zuständen eher profitiere oder darunter leide.

Bin ich Profiteur, dann ersehne ich vermutlich keine Veränderung. Leide ich zutiefst darunter, dann hat das Weltende plötzlich einen befreienden Geschmack.

Der Apokalyptiker fragt nicht angstvoll, wann das Gericht Gottes denn kommen wird, sondern er geht Gott ungeduldig an, wie lange es denn noch dauert.

> **Logbucheintrag:** „Sie riefen mit lauter Stimme und sagten: Wie lange zögerst du noch, Herr, du Heiliger und Wahrhaftiger, Gericht zu halten und unser Blut an den Bewohnern der Erde zu rächen?" (Offb 6,10)

Die Antwort der Offb: nur noch eine kurze Zeit. Daraus erwächst die Parole: Haltet durch! Das Wissen, dass nicht mehr lange auszuhalten ist, macht Mut, tröstet, lässt Hoffnung schöpfen. Dabei ist der eigene Standort entscheidend.

> **Logbucheintrag:** „Die Könige der Erde, die mit ihr gehurt und in Luxus gelebt haben, werden über sie weinen und klagen, wenn sie den Rauch der brennenden Stadt sehen. ... Freu dich über ihren Untergang, du Himmel – und auch ihr, Heilige, Apostel und Propheten, freut euch! Denn den Urteilsspruch zu euren Gunsten hat Gott an ihr vollstreckt." (Offb 18,9.20)

Reisevorbereitung II: räumlich, zeitlich, kulturell

In konkret räumlicher Hinsicht führt uns unsere *Reise* in die Offb nach Kleinasien (die heutige Türkei), damals Teil des römischen Weltreiches. In Offb 2–3 finden sich sieben Sendschreiben an sieben Gemeinden, nämlich: Ephesus, Smyrna, Pergamon, Thyatira, Sardes, Philadelphia, Laodikia. Dieser Rundkurs steckt die Welt des Sehers Johannes gut ab.

Zeitlich ist die Offenbarung gegen Ende des 1. Jh. n. Chr. zu verorten. Der Kaiser in Rom, meist wird in der Forschung Domitian (Kaiser von 81–96 n. Chr.) als zeitgenössischer Kaiser vermutet, hat seine Macht gefestigt und nicht nur in Kleinasien gehört es zu den zentralen Loyalitätspflichten aller Untertanen, für den Kaiser zu opfern, ja sogar dem Kaiser als Gott zu opfern. Der Kaiserkult zählt mit zu den zentralen Bestandteilen eines umfassenden Propaganda-Konzepts. Außerdem ist er verbindendes Element im römischen Weltreich: Er stiftet Identität und Zusammenhalt.

Gleichzeitig: Wer sich nicht am Kaiserkult beteiligt, fällt auf, macht sich verdächtig und kann in existenzielle Bedrängnis geraten. Man schließt sich selbst zum Teil vom gesellschaftlichen und sozialen Leben aus. In der Folge können sich Nachteile in wirtschaftlicher Hinsicht einstellen; karriereförderlich ist eine derartige Verweigerungshaltung auf jeden Fall nicht. Und dies kann sogar lebensgefährlich werden.

Besonders für Christ*innen stellt sich die drängende Frage: Was tun? Nur Gott ist Gott, der Kaiser nicht – das ist klar. Aber wie mit dem Kaiserkult umgehen? Gerade angesichts der zu befürchtenden Nachteile kann es verlockend sein, mal das eine oder andere Auge zuzudrücken, um eine gesellschaftliche Isolierung zu vermeiden. Einfach in der Masse mitschwimmen. Diese Haltung stößt bei Johannes auf erbitterten Widerstand. Er plädiert in aller Schärfe für Eindeutigkeit und Entschiedenheit; er ist kein Freund von Anpassungen: Keine – in seinen Augen: faulen – Kompromisse! Johannes denkt so radikal, weil er in seiner Weltzeit die dämonischen Mächte des Bösen am Werk sieht.

Unsere literarische Reise: kein lineares Unterfangen, sondern ein spiralförmiges Einkreisen

Derart gerüstet können wir in die Offb hineinschnuppern. Wer die sieben kleinasiatischen Gemeinden in der meist vernichtenden Beurteilung des Sehers Johannes kennenlernen möchte, der ist in Offb 2–3 goldrichtig. Vorher lohnt sich aber auch ein Stopp in Offb 1, denn hier wird das Grundverständnis der Schrift inkl. Berufung/Beauftragung des Johannes wunderbar klargestellt.

Wenn Sie bei Ihrer weiteren Lektüre immer wieder denken „Das habe ich doch bereits gelesen!“, dann haben Sie ein wesentliches Kompositionsprinzip der Offb aufgespürt: Mehr als einmal stellt sich das Gefühl ein, die Offenbarung würde in permanentem Kreisen verharren und nicht von der Stelle kommen. Sieben Siegel, sieben Posaunen, sieben Schalen – und dazwischen blitzt immer wieder das göttliche Heil auf, Jubel ertönt im Himmel.

Der kreisende Charakter der Offb ist nicht zu leugnen, doch bleibt sie nicht am selben Fleck stehen. Das Bild der Spirale trifft es: Auch hier geht es immer wieder im Kreis herum und zugleich doch vorwärts bzw. aufwärts. Ähnlich ist es in der Offb: Das Gerichtsszenario steigert sich von Mal zu Mal, bis es in Offb 18–20 in das große Endgericht Gottes mündet. Und das Heil, das von Gott her erwartet wird, taucht immer wieder – punktuell und blitzlichtartig – in heilvollen Aus-

und Vorausblicken auf, bevor in Offb 21–22 das große endgültige Heil erreicht ist, der „neue Himmel" und die „neue Erde". Hier begegnen wir dem Gipfel- und Schlusspunkt, der das Paradies aufscheinen lässt, ja es sogar überbietet.

Hinsichtlich der Komposition sowie des Inhalts pointiert auf den Punkt gebracht: Die Offb ist ein brieflich gerahmtes (🖂) Prophetenbuch apokalyptischen Inhalts:

Offb 1,1–3	Vorwort
Offb 1,4–8	🖂 Briefeinleitung: Präskript
Offb 1,9–20	Autor und Beauftragungsvision
Offb 2,1–3,22	Die sieben Sendschreiben
Offb 4,1–5,14	Thronsaalvision
Offb 6,1–8,1	Die sieben Siegel
Offb 8,2–11,19	Die sieben Posaunen
Offb 12,1–14,20	Drache vs. Lamm
Offb 15,1–16,21	Die sieben Schalen
Offb 17,1–19,10	Gericht über die Hure Babylon
Offb 19,11–22,5	Die endzeitliche Neuschöpfung
Offb 22,6–20	Nachwort
Offb 22,21	🖂 Briefschluss: Gnadenwunsch

Aufgemerkt und mitgezählt: eine Zahlen-Vorliebe gibt Orientierung

In der Gliederungsübersicht der Offb kommt eine Zahl bereits mehrfach vor: „7". Die Offb hat ein Faible für Zahlenspielereien und -symbolik, wobei die „7" eine herausgehobene Position einnimmt: Sie steht für Fülle, Vollkommenheit, das Göttliche.

So verwundert es die *Eingeweihten* nicht, dass das teuflische Tier zwar versucht, Gott zu imitieren, damit aber auf ganzer Linie scheitert: 666 ist die Zahl des Tieres (Offb 13,18), dreimal (3 = Zahl Gottes!) bleibt es hinter der göttlich-vollkommenen „7" zurück.

Auch die Zahl „12" ist für das Denken der Offb wichtig: Die 144.000 Geretteten sind je 12 x 1000 aus den 12 Stämmen Israels.

Bildgewaltig und chiffriert: ein Reisehinweis vorab

Daneben besticht die Offenbarung durch ihre kraftvolle Sprache und die beeindruckenden Bilder, die Angst, aber auch Hoffnung und Mut machen können. Die Offenbarung ist *sprachgewaltig*, zugleich anschaulich, greifbar, aber auch drastisch, teils verstörend.

An zentralen Stellen begegnen uns *Frauen*, mal positiv („Himmelsfrau", Offb 12), mal negativ („Hure Babylon", Offb 17–18). Die „Hure Babylon" symbolisiert dabei Rom als die Verkörperung des widergöttlichen Unrechts – entsprechend ist ihr Geschick im Gericht: brutal und grausam. An mancher Stelle ist die bildhafte Rede so von (auch sexueller) Gewalt geprägt, dass es unseren heutigen Ohren weh tut. Viele Bilder in der Offenbarung sind irritierend, schockierend, mitunter sogar abstoßend.

Bildgewaltig ist die Offenbarung durch und durch, allerdings produzieren viele dieser Bilder Fragezeichen im Kopf, was durchaus gewollt ist: Apokalyptiker als Außenseiter schreiben für apokalyptische Insider; eine offene Sprache wäre u. U. lebensgefährlich. So wird nahezu alles chiffriert – und es braucht jede Menge „Kenntnis" und „Verstand" (vgl. Offb 13,18), um die Bilder zu entschlüsseln. Die Offenbarung spricht eine Art *Geheimsprache*, die gedeutet werden muss.

Logbucheintrag: „Hier ist die Weisheit. Wer Verstand hat, berechne den Zahlenwert des Tieres. Denn es ist die Zahl eines Menschennamens; seine Zahl ist sechshundertsechsundsechzig." (Offb 13,18)

Noch ein paar Reiseempfehlungen zum Schluss

Ich hoffe, dass Sie durch diese knappe Vorbereitung ein wenig gerüstet sind, sich produktiv mit der Offb auseinandersetzen und von Ihrer *Lese-Reise* mit der ein oder anderen Frucht zurückkehren zu können.

Persönlich würde ich auf jeden Fall den himmlischen Thronsaal besuchen (Offb 4–5) sowie das Himmelszeichen ausgiebig betrachten (Offb 12). Und natürlich lasse ich Offb 21–22 nicht aus: das himmlische Jerusalem ist stets eine Reise wert – diese Schlussperspektive der Offb als Höhepunkt finde ich anregend und stark.

Unterm Strich vermittelt uns die Offb, wenn wir uns von ihrer Dynamik in Bann ziehen lassen, ein wenig *Achterbahnfeeling* in der *Horror-Grusel-Show* – skurrile Tiere und andere Monster inklusive (wer hart im Nehmen ist: Offb 9,3–11; 9,17–19; 13). Freund*innen von Strand- oder Badeurlaub werden an der Offb kaum Freude haben: Das Meer spuckt unheimliche Tiere aus (Offb 13) und der Schwefelsee lädt auch nicht gerade zum Sonntagsspaziergang ein (Offb 19,20; 20,10.14; 21,8).

Doch hält die Offb ansonsten viel für uns bereit – auch heilsam Irritierendes und Anfragendes.

Souvenirs:

- Eine tröstende Hoffnung nehme ich mit: Die totale Vernichtung wird auf gar keinen Fall das letzte Wort haben – egal, was kommt. Vielmehr leuchtet von Gott her eine heilvolle Zukunft auf („neuer Himmel", „neue Erde").
- Ohne Gericht und Vergeltung geht es nicht, soll der Begriff „Gerechtigkeit" nicht hohl und leer werden. Doch das ist Sache Gottes und nichts für menschliche Selbstjustiz.
- Mit ihrer Forderung nach Ernsthaftigkeit und Überzeugtheit kann die Offb mir ein mahnender Begleiter sein: Die hier aufscheinende Entschiedenheit und Geradlinigkeit können mich inspirieren, dem Weg mit Gott treu zu bleiben und ihn unbeirrt zu gehen – im Vertrauen auf Gott als „Herrn der Geschichte".

Auf Blei geschrieben: Das topographische Streiflicht aus der Unterwelt

Andrea Pichlmeier

Ich hatte nicht gedacht, dass es so leicht sei, auf Blei zu schreiben. Man braucht keinen Druck auszuüben, sondern lässt den Griffel leicht über das Material gleiten, um jenen flüchtigen Eindruck zu hinterlassen, der ursprünglich gar nicht für die Nachwelt bestimmt war, sondern allein für die Götter.

Wir befinden uns im Heiligtum der Isis und Mater Magna mitten in der Mainzer Innenstadt. Hier war man 1999 beim Bau eines Geschäftshauses auf die Fundamente eines römischen Heiligtums gestoßen, das die Archäologen in der Zeit von Kaiser Nero oder Domitian, also im ersten Jahrhundert unserer Zeitrechnung, verorten. Unser Begleiter hat uns dünne Bleiplatten in die Hände gedrückt, ähnlich jenen, auf denen Menschen die gesamte Antike hindurch ihre Verwünschungen hinterließen. Diese Flüche, auf Lateinisch *defixiones* genannt, gaben den Täfelchen ihren Namen: *tabellae defixionum.* In Mainz hat man 34 Exemplare davon gefunden. Insgesamt sind mehr als 1600 Defixionen bekannt, die meisten davon aus dem Mittelmeerraum.

Was haben Flüche in einem Heiligtum zu suchen? Wenn man die Inschriften auf den Täfelchen entziffert, erkennt man, dass es sich dabei nicht um derbes Fluchvokabular handelt, sondern um feierliche Formeln, die an eine Gottheit gerichtet sind. Wer Unrecht erlitten hatte, einen Konkurrenten fürchtete oder unglücklich verliebt war, suchte Hilfe bei den Göttern des Himmels oder, häufiger, bei den Herrschern der Unterwelt.

Die Defixionen waren eine Art Bindezauber. Der Gegner wurde buchstäblich „festgesetzt“, indem man ihn symbolisch auf dem Bleiplättchen „fixierte“. „Binde, binde ihn hinunter!“ Mit diesen Worten wird die Gottheit auf einem dieser Fluchtäfelchen aufgefordert, den Kontrahenten aus dem Weg zu räumen. Mit „hinunter“ war die Richtung vorgegeben: Er sollte in die Unterwelt geschickt werden.

Die Magie gehörte selbstverständlich zur religiösen Praxis der Antike, auch in der Bibel finden sich Spuren davon. Es lässt sich keine Grenze ziehen zwischen

„offizieller“ und gelebter Religion, und vermutlich lässt sich auch keine so klare Grenze ziehen zwischen dem biblischen Glauben und dem Pantheon der griechisch-römischen Kultur. Die verschiedenen Vorstellungswelten existierten nebeneinander, sie durchdrangen und beeinflussten einander.

In der Offenbarung des Johannes finden sich auffallend viele Parallelen zum Standardvokabular der antiken Fluchtäfelchen. Im 20. Kapitel dieser kryptischen Schrift ist von einem Engel die Rede, der den Schlüssel zum Abgrund und eine schwere Kette in der Hand hält. Er ergreift „den Drachen, die alte Schlange, das ist der Teufel oder der Satan“ (Offb 20,2). Er fesselt ihn „für tausend Jahre“ und wirft ihn in den Abgrund. Auch hier wird ein Gegner dingfest gemacht und „hinuntergebunden“, aber es handelt sich nicht um irgendeinen Gegner, sondern um den kosmischen Kontrahenten Christi, des Siegers über Sünde und Tod.

Die antiken Christen waren sicher mehr mit der Religion der griechisch-römischen Kultur als mit der jüdisch-biblischen Tradition vertraut. Wenn vom „Binden“ oder von der „Unterwelt“ die Rede war, mussten sie die Beiklänge vernehmen, die in der späteren christlichen Tradition verstummt sind. Der Seher von Patmos, der uns unbekannte Verfasser der letzten, apokalyptischen Schrift des Neuen Testaments, muss sie ebenfalls gekannt haben. Hat er die Begriffe bewusst eingesetzt, um die Menschen in ihrer Vorstellungswelt abzuholen? Setzte er sich auf diese Weise gar mit der antiken Magie auseinander, benutzte er ihre Sprache, um etwas zu sagen, was sich eigentlich gar nicht sagen lässt?

Gern hätte ich ihn befragt auf jener Insel in der griechischen Ägäis, wo er seine Schrift verfasst haben soll. Doch dann kam eine Pandemie über die Welt, die meine Reisepläne vereitelte. Wir schreiben das Jahr 2020, das Logbuch Bibel ist erschienen. Die Welt ist noch nicht an ihr Ende gekommen, doch die Pandemie hat, einmal wieder, enthüllt, wie es um sie steht. Auch das ist eine Art Apokalypse.

Teil 4:

Angekommen: Ein Nachwort

Angekommen – Ein Ausblick

Andrea Pichlmeier

Nun sind Sie uns durch weite Teile der Bibel gefolgt, haben sich unserer Reiseleitung anvertraut. Es mag sein, dass Sie nicht an jedem Ausflug, nicht an jeder Exkursion teilgenommen haben. Das macht nichts. Wichtig ist, dass Sie Lust und Geschmack gewonnen (oder neu gewonnen) haben an diesem Buch, das so viele Menschen in Geschichte und Gegenwart fasziniert und inspiriert und (nicht nur) die abendländische Kultur nachhaltig geprägt hat. Ich bin überzeugt: Diese Reise muss jeder und jede mindestens einmal im Leben unternommen haben.

Und jetzt – sind Sie angekommen, mit uns. Wir haben Ihnen schon im Verlauf der Reise immer wieder einen Blick in unseren Koffer gewährt, haben Ihnen gezeigt, welche Souvenirs wir eingepackt, welche überraschenden Einsichten und Erkenntnisse wir uns notiert haben. Möglicherweise haben auch Sie ein Reisetagebuch geführt und Ihre ganz eigenen Souvenirs gesammelt. Das würde uns besonders freuen.

Es könnte aber auch sein, dass Sie sich von diesen abschließenden Zeilen anregen lassen, die Reise noch einmal Revue passieren zu lassen und aufzusammeln, was hier und da interessant war. Es könnte auch sein, dass Sie Lust bekommen haben, noch einmal loszuziehen, um die eine oder andere Exkursion auf eigene Faust zu unternehmen, in ein biblisches Buch, das wir auf dieser Reise nicht besucht haben.

Dazu möchten wir Ihnen nun keine weiteren Reiserouten mehr vorlegen, denn wir sind überzeugt, dass Sie sich inzwischen selbst sehr gut zurechtfinden. Nur zwei kleine Hinweise möchten wir Ihnen mit auf den Weg geben. Es sind zwei Blickrichtungen, die sich im Rahmen der geistlichen Schriftlesung bewährt haben:

Ich lese den Text: Was steht da genau? Wer begegnet mir in diesem Text? Wer spricht? Worum geht es? Die Fragen können Sie beliebig erweitern. Es geht nur darum, vorgefasste Bilder zu hinterfragen, dem eigenen Vor-Urteil der Bibel gegenüber kritisch zu sein und sich ganz neu auf ihre Texte einzulassen, so als läse man sie zum ersten Mal. Nur dann wird man auch wirklich etwas Neues entdecken.

Theologisch gesprochen: Wenn die Bibel Gottes Wort ist, dann begegne ich, in irgendeiner Weise, Gott. Und Gott zitiert sich nie selbst, sondern spricht immer neu, unerwartet und anders. Man muss nur genau hinhören, oder hinschauen, sprich: lesen.

Und: Der Text liest mich: Dieser Aspekt schließt an die erste Perspektive unmittelbar an. Ich bin angesprochen. Daher: Was geschieht mit mir, wenn ich diesen Text lese? Was regt sich in mir? Vom Widerspruch über das Aha-Erlebnis bis zur tiefen Freude ist da alles möglich.

Reisen bildet, sagt man. Das gilt auch und ganz besonders für eine Bibel-Reise. Probieren Sie es aus. Sammeln Sie Ihre ganz persönlichen Souvenirs oder schreiben Sie vielleicht sogar Ihr eigenes Reise-Tagebuch. Ein kleiner Tipp dazu: Es ist auch erlaubt, persönliche Beobachtungen direkt in die Bibel zu kritzeln. Wenn es die eigene ist.

Für eigene Logbucheinträge

Umschlag: Finken & Bumiller, Stuttgart
Layout und Satz: wunderlichundweigand, Schwäbisch Hall
Illustrationen: Christiane Becker, Oyten
Hersteller gemäß ProdSG:
Druck und Bindung: Finidr s.r.o., Lípová 1965, 737 01 Český Těšín, Czech Republic
Verlag: Verlag Katholisches Bibelwerk GmbH, Deckerstraße 39, 70372 Stuttgart

www.bibelwerkverlag.de
ISBN 978-3-460-25321-6